인도-파키스탄 분쟁의 이해

신현실주의 이론으로 바라보는 양국의 핵개발과 안보전략 변화

김태형

1969년에 태어나 고려대학교 철학과를 졸업하고 2005년 켄터키 대학교에서 한국안보정책으로 정치학 박사학위를 받았다. 미국 Daemen College에서 5년 간 조교수로 지낸 후 2011년 가을부터 숭실대학교 정치외교학과에서 국제정치를 담당하고 있다. 주요 연구분야는 동북아 안보, 핵억지 전략, 비강대국 외교정책 등이며, 『국제관계학: 인간과 세계 그리고 정치(공저)』, 『신중견국이란 대외관계의 구조적 메커니즘과 경제발전전략(공저)』을 출간하였다.

서강학술총서
115

인도-파키스탄 분쟁의 이해

- 신현실주의 이론으로 바라보는 양국의 핵개발과 안보전략 변화

김태형 지음

서강대학교출판부

서강학술총서 115

인도-파키스탄 분쟁의 이해:
신현실주의 이론으로 바라보는 양국의 핵개발과 안보전략 변화

초판 1쇄 발행 | 2019년 9월 10일
　　2쇄 발행 | 2023년 9월 20일

지 은 이 | 김태형
발 행 인 | 심종혁
편 집 인 | 하상응
발 행 처 | 서강대학교출판부
등록 번호 | 제2002-000170호

주 소 | 서울특별시 마포구 백범로 35(신수동)
전 화 | (02) 705-8212
팩 스 | (02) 705-8612

ISBN 978-89-7273-354-6 94300
ISBN 978-89-7273-139-9 (세트)

값 24,000원

* '서강학술총서'는 SK SUPEX 기금의 후원으로 제작됩니다.

책머리에

학술서적을 저술한다는 것은 대단한 도전이다. 상당한 시간, 노력, 에너지를 요구할 뿐만 아니라 무엇보다도 해당 분야에 대한 깊은 내공이 필요하다. 국제정치학자로서의 길을 걸은 지 어느덧 꽤 되었지만 내 단독으로 학술서적을 집필한다는 것은 항상 필요성을 느끼면서도 여러 가지 이유로 회피하고 미루게 되는 과제였다. 책을 쓸 수 있게 도움이 될 수 있는 논문들이 하나, 둘 쌓여가도 이들을 하나의 포괄적이고 유기적인 집합체로 확대재생산하는 것은 엄청난 인내와 용기를 필요로 한다. 무엇보다도 먼저 무엇에 관한 책을 쓸 것인가가 중요하다. 이제는 시간이 꽤 흘러가 버린 박사논문을 포함하여 이제까지 나의 학문적 관심사를 보면 군사전략, 핵확산, 동맹 등의 전통적 군사안보 개념과 직결된 주제들인데 이러한 안보이슈의 행위 주체는 주로 강대국이 아닌 한국과 같은 어느 정도 규모와 역량이 되는 비강대국이었다. 최근 많이 사용하는 중견국(middle power)에 해당되겠으나 학문적으로 자주 쓰이는 중견국, 특히 중견국 외교(middle power diplomacy) 개념은 북미나 서유럽을 벗어난 다른 지역의 중견국에는 적용되기 힘든 것으로 보여 내가 애용하는 개념이라고 할 수는 없다. 어쨌든 이런 관심사를 기반으로 어느 정도 역량이 있고 지정학적으로 중요한 비강대국들, 이를테면 폴란드, 이란, 나이지리아, 파키스탄과 같은 국가들의 외교안보정책을 분석, 설명하는 연구를 수행하였다. 나름 보람 있고 흥미로운 작업이었으나 문제는 내가 학문적 진득함이 부족하여 한 국가 혹은 한 지역에 대한 연구, 분석을 수행하면 바로 흥미를 잃고 다른 국가, 지역, 분야로 이동하였다는 것이다. 하지만 이번에 저술하게 된 인도-파키스탄의 남아시아 지역은 (항상 자발적인 것은 아니었으나) 짧지 않은 기간 동안 진득함을 유지하였기에 마침내 책으로 탄생하게 되었다.

사실 인도-파키스탄이 속한 남아시아 지역이 나와 학문적 인연을 맺게 된 것도 그리 오래 되었다고 할 수 없다. 내가 켄터키 대학(University of Kentucky)에서 박사학위를 마치고 미국 내 학계에 구직활동을 위해 많은 양의 지원서를 보내었지만 별 성과가 없을 때 켄터키대 정치학과에서도 강의를 전담할 교원을 찾고 있었기에 서로의 이해가 맞아 떨어져 1년 동안 강의전담교수의 형식으로 머물게 되었다. 나는 당시 박사과정 종합시험 합격 후부터 꾸준히 한 학기 한두 과목 이상 내 단독의 강의를 개설, 수행하여 강의 경험은 꽤 풍부했었다고 할 수 있다. 이와 함께 그 학과에서의 나의 오랜 경험상 학과에서 반드시 개설되어야 했지만 가르칠 교원이 부재하여 오랫동안 개설되지 못한 과목이 꽤 되었다는 것을 내가 잘 인지하고 있었다는 사실도 중요했다. 1년(두 학기) 동안 한 학기 각기 다른 세 과목을 가르치는 것이 당시 계약 조건이었는데 이에 따라 여섯 과목 중 '남아시아 정치,' '중동정치,' '미국안보정책'이라는 내게도 생소했던 세 과목을 개설해서 가르쳐야 했다. 물론 학기 중에는 준비하느라 무척 고생했지만 정말 많이 배웠고

이 경험은 아직까지도 소중한 자산으로 내게 남아 있다. 나와 남아시아와의 인연은 이렇게 2006년 봄에 시작되었다. 그 전에는 인도에 대해 얄팍하게 아는 것이 전부였으나 한 학기가 지나면서 남아시아 각국의 역사, 정치, 사회, 문화, 갈등구조 등에 대해 많이 알게 되면서 이 지역에 대해 무척이나 흥미를 갖게 되었다. 민주주의/권위주의, 국가건설/국민건설, 핵확산, 정체성 분쟁, 국경분쟁, 테러리즘 등 온갖 이슈들이 망라되어 있는 정치학계의 보고와 같은 곳이라는 생각을 갖게 되었던 것이다. 이후에도 이 지역에 대한 몇 번의 강의와 인도 주요 도시 현장 견학을 통해 관심과 흥미는 더욱 커져갔다. 2011년 여름 귀국하면서 숭실대에 안착한 후에도 남아시아에 대한 관심의 지속은 대학원 강의와 파키스탄 외교정책에 대한 논문으로 표출되었다. 그러면서 내가 느낀 것은 한국 학계의 이 지역에 대한 관심이 지극히 희박하다는 것이었다. 최근 북한 핵문제가 심각하게 대두되면서 북한보다 먼저 핵보유국가 지위 획득에 성공한 인도, 파키스탄에 대한 연구가 수행되기는 했지만 이 지역의 중요성에 비추어 볼 때 아직 상당히 미흡하다고 생각된다. 그러는 와중에 '핵보유 국가의 군사전략 변화' 관련 프로젝트에 참가하게 되면서 파키스탄의 핵보유 이유, 과정, 핵보유 이후의 전략 변화 등에 대하여 심도 깊게 연구할 수 있는 기회를 얻었다. 이후 이러한 관심과 기존 성과물을 기반으로 이론적 틀, 인도-파키스탄 분할의 역사적 과정과 이유, 인도 핵개발과 핵보유 이후 전략 변화, 최근의 지역위기 상황과 최신의 연구성과들을 종합하여 하나의 일목요연하게 정리된 저술로 발간하게 되었다.

이 책에서 주목하고자 한 것은 크게 두 가지이다. 먼저 주목할 것은 왜 인도 아대륙(Indian Subcontinent)이 영국의 오랜 식민지에서 독립을 쟁취할 때 인도와 파키스탄으로 분할 독립(partition)했어야 하는가이다. 그 이유는 석연치 않고, 그 과정은 너무나 파괴적이었으며, 그 결과는 지금도 지속되는 적대와 반목이기에 이러한 분할 독립에 이르게 되는 상황에 대한 이해가 인도-파키스탄 간의 대결과 갈등의 이해에 필수적이다. 다른 하나는 인도와 파키스탄이 각각 핵무기를 보유한 이후 자국의 안보전략을 어떻게 변화시켰는가 이다. 이제까지 쏟아져 나온 수많은 핵확산, 핵전략, 핵억지 저서들을 종합하면 인도와 파키스탄의 사례는 일반적인 듯하면서도 나름의 특색을 갖고 있다. 양국의 핵개발 이후 전략변화와 핵라이벌 관계의 발전도 냉전 시기 미-소 양국의 사례와 유사한 점이 상당히 있으면서도 그들 나름의 독특한 게임의 방법을 발전시켜 가고 있는 듯하다. 그러하기에 인도-파키스탄의 핵대결 사례는 학문적으로 큰 도움을 줄 수 있을 것으로 사료된다. 하지만 인도-파키스탄 간의 실제 핵무기 관련 대립과 작용/반작용의 심화를 살펴보면 우려스러운 점이 상당히 많은 것도 사실이다. 핵무기를 보유한 라이벌 관계의 국가들이 상대방의 핵무기 사용을 억지하려 한다면 무엇이 최상의 방책인가? 그 국가는 어떠한 핵태세와 핵독트린을 발전시켜야 하는가? 이러한 핵태세와 핵독트린을 확실하게 상대방에 알려야 하는가, 아니면 의도적으로 모호하게 해야 억지력 증대효과를 가져올 수 있는가? 나의 의도에 대한 상대방의 오해와 불신을 어떻게 해소할 것인가? 보다 구체적으로 파키스탄의 전술핵무기(Tactical Nuclear Weapons, TNWs)는 인도의 선제 대(對)군사시설(counterforce) 공격을 불러오지 않고 인도 기갑군의 진격을 억지할 수 있을까? 위기 발생시 파키스탄이 주로 행하는 확전(escalation) 불사 위협은 전쟁 발발의 가능성을 증대시켜 오히려 위기 해소의 효과를 가져올 수 있을까? 인도의 대량보복과 핵선제불사용(No-First-Use) 핵독트린은 파키스탄의 비대칭 재래식 공격의 방지와 공격 발생 후 보복에 얼마나 효과적인가?

이러한 질문은 인도-파키스탄 사례에만 해당되는 것은 아니다. 최근 전략적 안정에 획기적으로 공헌했다고 칭찬받던 INF 조약을 폐기하기로 한 미국과 러시아의 사례도 이러한 질문에서 자유롭지 않다. 예를 들어 러시아의 경우 유사시 전술핵무기 사용을 불사하겠다고 하는데 그 '유사시'가 무엇을 의미하는지 분명하게 밝히는 것은 거부하였다. 이는 의도적으로 모호성(ambiguity)을 유지함으로서 상대방이 확신을 갖고 대응하기 힘들게 하여 결과적으로 억지효과를 증대시키겠다는 것이다. 유명한 핵억지 이론 학자인 셸링(Schelling)은 핵억지 전략에 대하여 '어느 정도 우발성에 맡겨 두는 위협'("threat that leaves something to chance")라고 하였는데 이러한 접근이 계속 유효할까? 러시아는 지속적으로 위기시 위기 상태를 격상(escalate)할 듯한 위협을 취하여 전쟁 발발의 위험성을 고조시킴으로서 위기를 순화시키는 전략(escalate to de-escalate)도 즐겨 사용한다. 이는 최근 미국의 핵전략과도 유사성이 많다. 이러한 전략은 위기 상황이 낮은 레벨에서 제한적으로 통제될 수 있을 것이라는 믿음에서 기인하는데 과연 그럴까? 이러한 위협이 통제되지 않을 경우 위협을 통한 억지는 실패하고 오히려 전쟁 발발의 위험성이 고조되지 않을까? 작금의 한반도의 대치 상황은 어떠한가? 인도-파키스탄 간의 대결 사례에서 우리가 명심하고 배울 점이 꽤 있지 않을까?

이렇듯 핵전략, 핵억지 이론과 관련하여 무수한 논쟁이 있었고 다양한 주장이 제기되었으나 다행히도(?) 어느 이론, 주장이 맞는지 검증된 적은 없다. 아직 핵무기 보유 국가 간의 분쟁이 핵무기 사용까지 확전된 적은 없기 때문이다. 핵억지 이론은 보면 볼수록 어렵고 상식에서 벗어난다는 생각이 든다. 국제정치학 분야에도 창조적 상상력이 반드시 필요하지 않을까 하는 생각도 해본다. 본문에서 제시한 인도-파키스탄 간의 개발경쟁과 핵억지 전략의 발전사에 관한 나의 설명이 가슴이 뻥 뚫리는 사이다 역할은 못해도 효과적 핵억지와 전쟁 방지에 대해 한 번 더 고민해 보는 계기가 되길 바란다.

이 책을 저술하게 되기까지 큰 도움을 주신 분들이 많다. 먼저 서강대 이근욱 교수에게 감사드린다. 이근욱 교수는 항상 엄청난 학문적 열정과 번뜩이는 논리로 영감을 주는데 이번 책과 관련하여 내게 강력한 권고와 부추김이 없었더라면 나의 안식년은 이런저런 생각만 하다 별 성과없이 종료되었을 것이다. 물론 이 책의 출간은 안식년 종료 한참 후에야 가능하게 되었지만 반 이상의 역할을 한 저술의 시작은 이근욱 교수 덕분이다. 그리고 이근욱 교수의 주도로 정기적 모임을 갖는 안보모임 참석자 분들께도 깊이 감사드린다. 이 모임에의 참석은 항상 신선한 자극의 원천이자 학문적 지속성과 연계성의 끈을 유지하는 장이 되었다. 특히 현역 공무원, 장교의 신분으로 한국 안보의 최일선에서 눈코 뜰 새 없이 바쁜 와중에도 안보모임에의 꾸준한 참석과 토론은 물론 학문적 연구도 게을리 하지 않아 소위 학자인 나를 항상 몸 둘 바 모르게 만들었던 두 분께 감사드린다. 이 두 분의 학문적, 실천적 헌신은 내게 강한 자극이자 동기부여가 되었다.

이 책을 집필하는 데 더 이상 훌륭할 수 없는 환경을 제공해 준 숭실대 정치외교학과의 서병훈, 조홍식, 이정철, 김지영, 신정섭 교수에게 깊이 감사드린다. 숭실대 정외과의 학생들도 나의 일상을 언제나 행복하고 보람있는 삶으로 만들어 줌으로서 이 책 저술을 포함한 나의 모든 학문적 작업에 가장 큰 도움과 자극이 되고 있기에 너무나 감사하다. 특히 책 저술과정에서 컴퓨터와 한글 작업에 미숙한 나에게 기술적 도움을 준 학과 최현진, 황주은, 이재영 조교와 근로학생들에게 감사드린다. 엉성한 문장과 매끄럽지 못한 표현을 인내심 있게 읽고 교정해 준 김로미에게도 깊은 감사를 드린다. 학문적 생산을 위한 나의 정신활동은 내가 강건한 육체를 유지해야만 가능하였다. 이번 저술과 관련하여 건강한 신체를 유지케 하여 건실한 두뇌활동을 할 수 있게 도와준 보광 fc 축구동호회 회원들과 별내 3R 복싱 & 크로스핏의 관장님과 회원들에게도 감사하다는 말씀을 전한다. 나의 졸고에 대한 집필을 가능케 하고 학술총서의 하나로 발간하게 해 준 서강학술총서 기획위원회 분들께도 감사함을 전한다. 그 누구보다도 이 책의 저술에 큰 도움을 준 분들은 나의 가족이다. 오늘의 나를 있게 하고 언제나 후원해 주시는 부모님께 깊이 감사드린다. 나의 아내와 두 딸 지후, 정후에게는 어떻게 고마움을 표현해야 할지 모르겠다. 건강하게 성장하는 아이들의 미래가 조금이라도 나은 세상이 되도록 아빠가 학문적으로 할 수 있는 모든 노력을 하겠다는 각오를 새삼 다지며 이 졸저를 세상에 내 놓는다.

2019년 여름날

김 태 형

목 차

제1장
서론

제1장
서론

인도와 파키스탄이 위치한 남아시아 지역은 역사적으로 자랑스러운 정신적, 종교적, 예술적 문화유산을 축적하여 인류문명의 발전에 크게 기여한 곳이다. 또한 이 지역은 냉전과 탈냉전 시 강대국 간 세력균형 변화와 그 영향, 국가건설과 국민건설(state-building & nation-building), 민족 · 종교 등의 정체성 갈등, 테러리즘, 핵개발 등 국제정치에서 상당히 중요하게 다루는 주제들이 풍부한 곳이기도 하다. 특히 이미 4차례의 전면전과 여러 차례의 위기상황이 벌어진 바 있는 남아시아의 대표국가 인도와 파키스탄의 경우, 양국 모두 핵무기를 보유한 상태에서의 갈등과 긴장이 지속되고 있어 북한핵문제가 무엇보다 시급한 한반도의 현 상황에 주는 함의가 지대하다고 할 수 있다. 하지만 이러한 남아시아의 국제정치적 중요성에도 불구하고 이들 국가 간의 대립, 경쟁, 갈등의 원인, 과정, 국제정치적 함의 등이 국내에는 잘 알려져 있지 않은 실정이다.

인도와 파키스탄 간의 대립과 경쟁의 역사에 관해서는 조길태 교수의 『인도와 파키스탄』이라는 우수한 저서가 있다. 이 책은 인도-파키스탄 간의 대립의 역사가 종파적 민족주의의 산물인지 아니면 영국 제국주의 정책의 일환이었는지에 주목하여 그 원인에 대하여 상세하게 설명한다. 또한 양국의 분리독립 이후 4차에 걸친 양국 간의 전쟁에 대해서도 기술한다. 그러나 이 책은 역사학자의 시각으로 저술되어 지정학적 측면, 강대국과의 관계 등은 그리 강조되지 않았고 무엇보다 양국의 핵개발은 거의 언급되지 않았기에 이 분야를 집중적으로 분석, 설명할 연구서가 반드시 필요하다. 조길태 교수의 저서 외에는 인도의 국내정치와 외교정책에 관한 책들이 국내학자들에 의해 출간되거나 인도학자들의 저서들이 일부 번역되어 있는 상황이다. 최근 북한핵 위협이 증대됨에 따라 안보 관련 저널에서 인도와 파키스탄의 핵개발에 관한 연구를 관심있게 다루고 있는 추세이기는 하다. 그러나 전반적으로 남아시아에 관한 포괄적인 연구는 대단히 미흡하고 국제정치학의 시각에서 다룬 연구도 찾기 쉽지 않은 것이 사실이다. 즉 우리에게 초미의 관심사인 인도-파키스탄 간의 대립과 경쟁 관계를 설명하는 데 있어 양국의 핵개발에 초점을 두고 국제정치학의 시각에서 포괄적이고 역동적으로 서술한 저서는 전무한 상태이기에 본 연구가 그 필요성을 충족시킬 수 있을 것으로 기대한다. 따라서 이 저술을 통해 인도-파키스탄 간의 대립과 경쟁의 원인과 역사를 양국의 핵무기 개발 노력을 중심으로 종합적으로 기술하여 한반도에 미치는 함의와 교훈을 도출해 낼 계획이다.

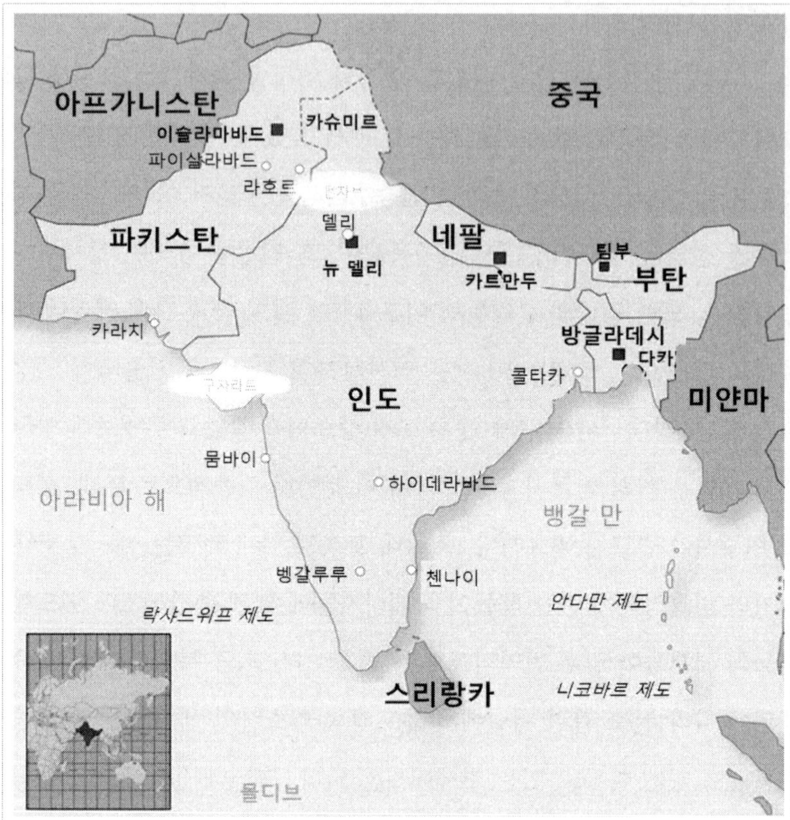

지도 1. 현재 남아시아 지도

본 연구는 인도–파키스탄 양국 간의 대립과 경쟁의 역사를 핵무기 개발 경쟁을 중심으로 국제정치에서의 신현실주의(Neo–Realism), 또는 구조적 현실주의(structural realism)를 중점적으로 적용하여 서술할 것이다. 특히 인도와 파키스탄의 핵개발 동인과 과정, 그 결과와 함의를 분석, 설명하는 데 주안점을 둘 것이다. 먼저 이러한 연구가 왜 필요한지에 대한 설명과 함께 본 연구를 어떠한 이론, 개념과 방법론으로 접근할 것인지 기술한다. 이 장에는 구조적 현실주의라는 주요 분석틀 외에 왜 국가들이 핵무기 획득에 관심을 갖는지 그 이유에 대한 국제정치 분야에서의 연구 성과와 민군관계 등 국내정치 동인들이 포함될 것이다. 그리고 양국 핵개발의 배경에 대한 이해를 위해 양국의 분리독립을 중심으로 한 갈등과 반목의 역사를 간략하게 설명한다. 그 다음 장부터는 본격적으로 인도와 파키스탄의 핵개발 역사를 다룬다. 먼저 인도가 핵무기 보유에 관심을 갖게 된 이유와 핵무기 개발에 기울인 노력을 지역 세력균형의 변화, 강대국(미국, 중국, 소련)과의 관계 변화, 국내정치 변화 등을 중심으로 상세히 설명한다. 파키스탄의 핵무기 개발 이유와 과정에 대해서도 같은 분석틀을 사용하여 설명한다. 본문 마지막 장에서는 양국이 핵실험에 성공한 1998년 이후 양국 간의 핵무기 개발 경쟁과 발생된 위기, 위기가 확전되지 않은 이유, 새로운 핵전략의 시도, 향후 전망에 대하여 최신 자료를 바탕으로 역동적으로 설명할 것이다. 마지막으로 결론에서는 인도-파키스탄 간의 핵무기 개발 경쟁의 교훈과 함의를 한반도의 상황에 적용하여 정책적 제언을 도출해 낼 것이다.

제2장

이론과 방법

제2장

이론과 방법

1. 신현실주의(Neo-realism) 또는 구조적 현실주의 (Structural Realism)

동서고금을 막론하고 인류는 개인, 부족, 국가 등 인간 공동체 간의 충돌과 전쟁으로 인해 온갖 고난과 고통의 역사를 겪어 왔다. 이에 수많은 사상가, 학자, 정치인들은 전쟁이 왜 발발하는지, 왜 인간들은 화목하게 지내지 못하고 서로 반목하고 다투는지에 대한 의문을 품고 그 해답을 얻기 위해 고민하였다. 신에 대한 불경이 야기한 신의 응징이라는 종교적인 주장부터 인간본성의 악함, 도덕성이나 기본적 예(禮)의 결핍 등과 같은 윤리적 원인과 함께 지도자의 사악한 의도, 국가체제의 부적절함 등 여러 요인들이 전쟁이나 다툼의 이유들로 숱하게 제시되었다. 이러한 수많은 주장들 중에서도 국제정치학의 가장 핵심적

주제인 '전쟁과 평화'와 관련해 가장 긴 역사와 큰 영향력을 행사하는 이론이 바로 현실주의(Realism)이다.

현실주의는 고대 그리스 시대에 아테네와 스파르타를 중심으로 한 두 동맹 간의 치열한 전쟁을 다룬 역작 『펠로폰네소스 전쟁사』 (History of the Peloponnesian War)[1]에서 강대국 아테네가 약소국 멜로스(Melos)를 멜로스 주민들의 윤리적 호소에도 불구하고 병합하려 할 때 아테네의 사신들이 설파한 "강자는 힘으로 할 수 있는 일을 하고, 약자는 처한 상황을 받아들일 수밖에 없다(the strong do what they can and the weak suffer what they must)"라는 문장처럼 국제관계를 국가의 힘, 권력(power) 중심으로 설명한다. 서양의 고대 그리스 시대보다 약육강식의 전쟁과 정복, 동맹의 이합집산이 활발했던 중국의 춘추전국시대를 풍미했던 위대한 전략가 손무도 『손자병법(孫子兵法)』[2]이라는 뛰어난 저서에서 현실주의적 논리와 주장을 전개한 바 있다. 이후 이탈리아 도시국가들이 치열하게 경쟁하던 시기 마키아벨리가 『군주론』(The Prince)[3]이라는 훌륭한 저작을 남겼고, 영국의 토마스 홉스도 힘과 야성만이 난무하는 당대를 '자연상태'로 묘사하며 『리바이어던』(Leviathan)[4]이라는 책을 저술하였다. 이렇게 현실주의는 전쟁과 평화의 문제로 고민하던 동서고금 어디에서나 국가 등 행위자들의 권력관계에 주목하면서 당시 정치질서를 분석하고 해결책을 제시하고자 노력하였던 것이다.

1 투키디데스, 『펠로폰네소스 전쟁사』 (박광순 옮김, 범우, 2011).

2 손자, 『손자병법』 (김광수 옮김, 책세상, 1999).

3 니콜로 마키아벨리, 『군주론』 (권기돈 옮김, 웅진씽크빅, 2008).

4 토마스 홉스, 『리바이어던』 (최진원 옮김, 동서문화사, 2009).

팽배한 힘의 논리 하에 수많은 전쟁과 국가 간의 이합집산이 행해지던 유럽대륙은 무수한 전쟁과 대결이 벌어졌던 16~18세기를 거쳐 나폴레옹 전쟁 이후 19세기 비로소 유럽 근현대사에서 상당히 이례적인 시기로 불리는 유럽평화체제(The Concert of Europe)를 맞게 된다. 하지만 꽤 긴 기간 동안 유지되었던 강대국 간 전쟁의 부재 상태는 결국 1차대전의 발발로 소멸되고 만다. 혹독한 전쟁의 폐허 속에서 미국 대통령 윌슨의 제안에 따라 국제제도, 규범, 도덕성 등의 원칙을 기반으로 한 전후 유럽 재건 노력이 진행되는데, 이러한 접근을 두고 이상주의(Idealism)라고 반발하는 현대 현실주의가 현실주의의 명칭을 표방하며 국제사회에 등장하게 되었다. 이후 1차대전보다 살상력이나 파괴력에서 더욱 가공할 수준이었던 2차대전의 참화를 거치고 나서 미국과 소련이라는 초강대국 간의 냉전이 전 세계적으로 전개되자 권력을 강조하는 현실주의는 더욱 큰 영향력을 국제정치학계에 행사하게 되었다.

'현실주의'는 말 그대로 국제정치를 '원하는'이나 '당위적'인 접근이 아닌 있는 그대로의 '현실'로 보기를 주장한다. 고전적 현실주의(Classical Realism)의 대가인 한스 모겐소(Hans Morgenthau)가 주장한 것처럼 인간 본성은 기본적으로 이기적이고 탐욕스러우며 경쟁적이기에 이러한 이기적인 인간이 추구하는 정치란 권력을 향한 투쟁일 수밖에 없고 이에 국제정치 역시도 국가가 자기이익을 추구하는 권력 지향적인 형태로 나타날 수밖에 없다는 것이다.[5] 하지만 이러한 고전적 현실주의는 개인의 본성에서 출발했기에 국가 이상의 수준을 제대로 설명

5 Hans Morgenthau, *Politics among Nations: Struggle for Power and Peace* (New York: Knopf, 1948).

하는 데 한계가 있음을 비판하며 국제체제의 구조적 측면에서 국가의 행위를 설명하기 위해 등장한 이론이 신현실주의(Neo-realism), 또는 구조적 현실주의(Structural Realism)이다. 케네스 왈츠(Kenneth Waltz)의 기념비적 저작인 『국제정치의 이론』(Theory of International Politics)에서 출발한 신현실주의는 국가 이상의 상위체계에 국가와 같은 중앙 권위체가 존재하지 않는다는 국제사회의 무정부성(anarchy)을 이론의 가정으로 삼기 시작해서 개별 국가가 무정부 상태라는 불확실성 하에서는 타인에게 의존할 수 없고 오직 자국의 역량만 믿을 수 있다는 자조(self-help)의 원칙으로 귀결된다. 무정부 상태 하의 불확실한 상태에서 개별 국가에게 최상의 국익은 오직 자신만이 담보할 수 있는 생존, 독립유지이기에 국가안보야말로 최상의 국가이익으로 자리매김하게 되는 것이다. 따라서 국가 간의 생존을 위한 경쟁이 야기하는 안보딜레마(security dilemma)는 필연적이고 경쟁국가보다 조금이라도 더 우위에 서고자 상대적 이득(relative gains)을 추구하게 될 수밖에 없다.[6]

이렇게 무정부적인 국제사회에서 국가 간의 협력 가능성을 비관적으로 바라보고, 국가행위자에 국한된 시각으로 국제제도, 규범, 기구 등의 역할을 등한시하며 안보와 군사력을 강조하는 신현실주의적 접근에 많은 이론들이 거세게 도전하고 반발하였다. 서양에서 이성적 합리성과 인류사회 진보의 가능성을 강조하던 자유주의(Liberalism)적 전통에서 출발한 신자유주의자들은 신현실주의에 대항하여 신현실주의가 강조하는 무정부성이나 국가행위자의 중요성은 부인하지 않으면서도

6 Kenneth Waltz, *Theory of International Politics* (New York: McGraw-Hill, 1979).

국가 간의 협력과 분쟁의 방지 가능성이 신현실주의자들이 주장하는 것처럼 비관적이지 않음을 주장하였다. 이들 신자유주의자들은 현실주의자들이 최고의 국익으로 강조하는 안보 못지않게 국가 간의 경제적 교류도 중요하고, 세계화가 진행되면서 더욱 심화되는 국가들 간의 경제적 상호의존(economic interdependence)이 참여국가 모두에게 경제적 이득을 제공하는 것 외에 국가 간의 분쟁 가능성도 현저히 낮춘다고 주장한다.

이렇게 경제적 자유주의를 주장하는 자유주의자들 외에 일군의 자유주의자들이 칸트(Kant)의 공화주의적 평화 전통을 받아들여 현실주의자들이 관심을 크게 두지 않는 정부형태나 국내 정치에 주목하여 민주주의 국가일수록 전쟁으로 문제를 해결하려는 경향이 적어지므로 민주주의의 확산이 세계평화에 이바지할 것이라는 민주평화론(democratic peace)을 주창하기도 하였다. 또한 현실주의자들이 등한시하는 국제기구나 제도, 규범 등의 역할과 영향력을 강조하여 이러한 제도, 기구들이 국가 간 행위의 투명성을 증대시키고 거래비용을 감소시켜 국가 간의 협력에 공헌할 것이라는 제도주의적 자유주의(institutionalism)도 크게 성장하였다.[7] 한편 자유주의 외에 신현실주의자들이 국제체제의 구조를 무정부성에 기인하여 무비판적으로 바라보는 것을 비판하며 행위자들과 구조들 사이의 상호작용은 사회적으로 구성된 가치, 문화 등 관념적 요인들에 크게 조정되기에 국가 내부의 정체성(identity)의 형성과 변화, 발전에 주목할 것을 주장하는 구성주의(Constructivism)도 현실주

7 Andrew Heywood, 『국제관계와 세계정치』(김계동 옮김, 명인문화사, 2013), pp. 66–71.

의의 대안으로 많은 관심을 받고 있다.[8]

자유주의와 구성주의 외에도 여성주의, 비판이론, 포스트구조주의 등 많은 이론들이 국제정치학에서 현실주의의 오랜 아성에 도전장을 내밀었다. 이렇게 다양한 이론들의 비판과 도전에 대응하면서 현실주의도 자체 내구성을 키우는 동시에 내부의 분화와 진화도 끊임없이 진행되고 있다. 현실주의, 특히 신현실주의는 국제관계에서 벌어지는 수많은 사건과 국가의 행동을 모두 완벽하게 설명하지는 못하지만 기나긴 생명력을 유지하면서 여타 이론들의 주요 타깃이 되는 것에서 볼 수 있듯이 여전히 상당한 설명력을 보유하고 있다. 특히 안보나 분쟁 분야에서는 수많은 비판에도 불구하고 냉전시대 정도는 아니지만 타의 추종을 불허하는 강고한 생명력을 지탱하고 있는 상황이다. 또한 남아시아 지역처럼 지정학적 요충인데다 강대국의 이해관계가 첨예하고 군사적 대립이 지속되는 지역에서는 신현실주의의 기능과 역할이 더욱 증대된다고 할 수 있을 것이다.

따라서 본 연구는 신현실주의(Neo-realism) 또는 구조적 현실주의(Structural Realism) 이론을 주로 적용하여 국제체제의 변동과 지역 세력관계의 변화에 따른 남아시아의 갈등과 협력 관계를 분석한다. 왈츠(Waltz)가 발전시킨 신현실주의는 무정부성이라는 국제관계의 구조에 기반을 두어 이러한 불확실성 하에서 국제정치의 기본단위들인 국가가 어떻게 행동하는지에 주목한다. 따라서 강대국 간의 파워게임이나

8 Peter Katzenstein, ed., *The Culture of National Security: Norms and Identuty in World Politics* (New York: Columbia University Press, 1996); Alexander Wendt, *Social Theory of International Politics* (Cambridge: Cambridge University Press, 1999).

주변국과의 세력균형, 또는 각국의 경제적 역량 증대 등으로 규정되는 물질적 요인들의 상대적 증감이 개별 국가의 행동에 지대한 영향을 끼친다고 본다. 신현실주의에 따르면 무정부 상태의 국제정치에서 한 국가가 안보위협을 느낄 때 자체적인 노력으로 그 위협에서 벗어나려 하거나 (internal balancing) 공통의 안보위협을 느끼는 국가와 동맹을 맺음으로서 (external balancing) 안보 위협에서 벗어나고자 노력한다고 한다. 특히 상대적 약소국인 경우 자체적인 안보증대 노력으로는 한계가 있기 때문에 외부의 도움을 더 절실히 바랄 수밖에 없다. 즉 상대적 약소국은 외부의 안보환경 변화에 더욱 민감하게 반응하기에 신현실주의적 논리에 훨씬 부합된다고 볼 수 있다.

남아시아 국가들은 오랜 영국의 식민지 지배에서 벗어나 2차 대전 후에 독립을 쟁취하면서 국가건설(state-building), 국민건설(nation-building), 경제발전, 외부위협으로부터의 안보 확보 등 신생독립국들이 반드시 거쳐야 하는 험난한 과제에 직면하였다. 국제정치 수준에서 보면 미소 초강대국이 격돌하던 냉혹한 냉전 시기 남아시아 지역은 상대적 비강대국들로 구성되어 있기 때문에 강대국들 간의 세력균형과 협력, 갈등, 국제수준에서의 군사, 경제 변화 등 외부로부터의 압력에 직면하여 생존과 독립을 위해 부단한 노력을 기울여야 했다. 뿐만 아니라 지역 국가들 사이에서도 인구, 경제력, 지정학적 위치 등 상대적인 국력차가 엄연히 존재하고 각 국가들이 맺고 있는 글로벌 강대국들 간의 관계도 상이했기에 갈등과 협력의 숱한 이합집산을 거듭했고 때로는 전쟁까지 발발하기도 하였다. 특히 이러한 갈등과 대립은 인도-파키스탄 양국 사이에서 빈번하게 발생하였다. 따라서 남아시아 지역, 특히 인도–파키스탄 라이벌 관계는 신현실주의의 분석틀을 적용할 때 가장 잘 설명할 수 있다는 주장이 득세했던 것이다.

하지만 1990년 전후 냉전의 종식과 함께 부풀어 올랐던 세계평화와 안정에 대한 기대감이 민족, 종교분쟁과 같이 정체성과 연관된 새로운 형태의 폭력이 확산됨에 따라 무너지면서 국제정치와 대외관계에서 종교나 문화의 역할과 영향력에 대한 관심이 증폭되었다. 특히 미국에서 알 카에다(Al Qaeda)라는 이슬람 극단주의자들에 의해 2001년 9/11 사건이 발생하면서 사무엘 헌팅턴(Samuel Huntington)이 출간하였던 '문명충돌론'(1996)이[9] 전세계적인 관심을 끌었다. 이렇게 미국의 대테러 전쟁의 개시로 국제정치학계에서도 종교나 문화 등 정체성의 요소들이 국가의 외교정책결정과정에 어떻게 얼마만큼의 영향을 끼치는가에 대한 학문적 논의를 활발하게 진행하였다. 특히 탈냉전기 현실주의의 아성에 성공적으로 도전한 구성주의 학자들은 현실주의자들이 등한시하는 정체성 형성 과정 등 사회 내부의 역동적인 측면을 주시해야 한다고 주장하였다. 예를 들어 마이클 바넷(Michael Barnett)은 중동국가들의 동맹형성 패턴을 연구하면서 지역 내 민족주의의 발흥과 쇠퇴 등 국가들 내부의 정체성, 이데올로기의 변화가 동맹패턴을 잘 설명할 수 있다고 주장하면서 현실주의자들이 세력균형, 위협균형 등 외부위협의 변화라는 물질적 요인들로 중동의 동맹패턴을 설명하려 한 시도를 비판하였다.[10]

---

9 Samuel Huntington, *The Clash of Civilizations: Remaking of World Order* (New York: Touchstone, 1997).

10 Michael Barnett, "Identity and Alliances in the Middle East." In Peter Katzenstein, ed., *The Culture of National Security* (New York: Columbia University Press, 1996).

이러한 구성주의자들의 반격에 신현실주의자들은 정체성이나 문화를 강조하는 구성주의자들의 주장은 현실주의의 시도에 대해 오직 보조적으로만 유용할 뿐 절대 현실주의를 대체할 새로운 패러다임이 될 수는 없다고 반박하였다.[11] 동서고금을 막론하고 무정부 상태의 힘의 정치를 강조하는 신현실주의의 주장은 남아시아, 중동 등 전세계 어느 지역도 예외일 수 없다는 것이다. 예를 들어 중동에서 많은 무슬림 국가들이 이슬람을 국교로 채택하고 있다 해도 이들 국가가 실제로 안보정책을 결정, 시행하는데 큰 영향을 끼치지는 못한다고 말한다.[12] 이슬람교가 전혀 영향을 주지 못한다는 의미는 아니나, 표면적으로 강조되는 종교적 수사가 현실주의적 본질을 가리고 있다는 뜻이다. 즉 이란을 비롯한 이슬람 국가들의 대외관계에서 이슬람이라는 종교적 정체성도 주요 변수이긴 하지만, 이들 국가의 결정적인 외교안보정책은 이러한 종교의 영향력에서 상대적으로 자유롭다는 것이다. 남아시아에서의 무슬림 국가를 표방하고 혹독한 갈등 끝에 탄생한 파키스탄의 외교정책에서도 마찬가지의 현실주의적 패턴을 발견할 수 있다.[13] 인도의 경

pp. 400–447.

11 Michael Desch, "Culture Clash: Assessing the Importance of Ideas in Security Studies." *International Security*, Vol. 23, No. 1 (1998), pp. 141–170.

12 Brenda Shaffer, eds., *The Limits of Culture: Islam and Foreign Policy* (Cambridge: The MIT Press, 2006).

13 Samina Yasmeen, "Pakistan's Cautious Foreign Policy," *Survival* Vol. 36, No. 2 (1994), pp. 115–133; Mohammad Waseem, "The Dialectic between Domestic Politics and Foreign Policy." In Christophe Jaffrelot, eds., *Pakistan: Nationalism without a Nation?* (London: Zed Books, 2002); Svante Cornell, "Pakistan's Foreign Policy: Islamic or Pragmatic." In Brenda Shaffer, eds., *The Limits of Culture: Islam and Foreign Policy.* (Cambridge: The MIT Press, 2006), pp. 291–324; Aparna Pande, *Explaining Pakistan's Foreign Policy: Escaping India* (London: Routledge, 2011).

우도 최근 여러 차례 힌두 민족주의 정당이 집권하여 무슬림 국가인 파키스탄에 대하여 더욱 강경한 정책을 펼치는 경향이 있었다고 하나 종교라는 변수가 국가외교정책의 본질적인 측면에 결정적인 작용을 하지는 않았다는 것이다.[14] 특히나 역사적으로 전략적 요충에 자리한 남아시아의 지정학적 위치가 강대국들의 관심을 끌어 개입하게 만든 경우가 수시로 있었고 이러한 물리적 환경이 야기한 외부적 위협에 대한 대응 방안 마련이 불가피하게 된 상황은 인도와 파키스탄으로 하여금 현실주의적인 전략적 사고를 발전시키는 데 크게 영향을 주었다.

따라서 본서에서는 종교 등 정체성의 영향력을 무시하지는 않되 미국, 소련(러시아), 중국 등의 관계변화와 영향력 행사, 그리고 인도-파키스탄 간의 세력균형(internal balancing, external balancing 모두 포함)의 변화에 초점을 맞추는 신현실주의의 시각을 주로 적용하여 인도-파키스탄 간의 라이벌 관계 심화와 발전, 양국 간 분쟁과 핵무기 개발경쟁, 그리고 핵개발 이후의 전략경쟁을 역동성으로 분석, 설명하도록 하겠다.

2. 왜 국가는 핵무기를 보유하려 하며 핵보유 이후에는 어떻게 행동하는가?

1945년 8월 초 2차대전 말기 일본의 히로시마와 나가사키에 투하

14 Krzystof Iwanek, "Under Modi, How Did Hindu Nationalism Affect India's Foreign Relations?" *The Diplomat*, April 27, 2019.

된 미국의 원자폭탄이 전례 없는 엄청난 살상력과 파괴력을 보여주면서 인류역사는 핵무기의 시대로 접어들게 되었다. 1949년 냉전이 격화되던 시기에 소련이 핵실험에 성공하면서 미국의 핵무기 독점이 종식되었고 두 초강대국은 냉전시대에 사활을 건 핵무기 개발경쟁에 몰두하였다. 미-소 양 강대국 이외에도 영국, 프랑스, 중국이 각각 1960년대 초반까지 핵실험에 성공하면서 핵클럽에 가입하였고 다른 국가들도 핵무기 개발에 관심을 보이기 시작했으며 개중엔 실질적인 착수를 위해 많은 노력을 하는 국가도 있었다. 그러나 전지구적 핵확산을 달갑지 않게 생각하던 기존 핵보유 국가들이 1968년 핵비확산조약(Non-proliferation Treaty)을 발효하면서 핵확산에 제동을 걸기 시작하였다. 특히 미국은 핵무기 개발을 시도하던 국가들에는 동맹국일지라도 거의 예외 없이 강력한 압박으로 핵무기 개발 시도를 좌절시켰다. 그러나 이러한 압력에도 일부 국가들은 핵무기 개발시도를 포기하지 않았고 이스라엘, 인도, 파키스탄은 핵무기 보유에 성공하게 된다. 최근에는 북한이 미국이나 유엔 등 국제사회의 많은 노력에도 불구하고 핵무기 개발 노력을 지속하여 2019년 현재 6차례의 핵실험을 감행하는 등 실질적인 (de facto) 핵무기 보유국가의 지위를 사실상 차지하였다.

왜 국가는 핵무기를 보유하려 하는가? 왜 이들 일부 국가들은 국제사회의 반대와 경고를 무릅쓰고 핵무기 개발을 시도하였는가? 이들 국가들이 핵무기 보유에 성공하게 된 이유와 조건은 무엇인가? 핵무기 사용은 '핵무기 혁명'(nuclear revolution)[15]이라고 불릴 정도로 이전의 어

15 Robert Jervis, *The Meaning of the Nuclear Revolution: Statecraft and the Prospect of Armageddon* (Cornell University Press, 1990).

떤 무기체계와도 비교할 수 없는 가공할 파괴력을 가져다준다. 그러므로 군사 전략가들은 기존 재래식 무기 사용 시기의 전략과는 완전히 다른 새로운 개념과 정책을 개발시켜 핵전쟁의 발발을 반드시 방지하여야 하는 필요성을 느끼게 된 것이다. 핵무기가 갖고 있는 잠재적 파괴력을 감안할 때 핵무기 보유국가를 군사적으로 공격한다는 것은 상상하기도 어렵다. 즉 핵무기 보유는 이전 재래식 무기 시대와는 비교도 할 수 없을 정도의 확실한 억지효과를 보장해 주는 것이다.[16] 따라서 외부로부터의 안보위협이 극심하고 재래식 무기로 억지하는데 한계를 느끼는 국가의 경우 핵무기 개발을 대단히 매력적인 선택으로 생각할 것이다.

대체로 외부 위협에 대한 확실한 억지력 확보라는 현실주의적 이유가 핵확산, 핵무기 보유의 주요 원인으로 지적되지만 다른 이유도 분명히 존재한다. 국가안보 문제와는 별개로 국내정치적 이유나 편협한 관료적 이해 때문에 일부 관련 부처, 정치인, 특정 산업체, 과학자 그룹, 군부 등이 연합하여 핵프로그램과 핵무기 개발 추진을 적극적으로 독려하는 경우도 많다. 이러한 국내정치/관료주의 모델은 현실주의가 간과하는 국내정치 요인들을 핵확산의 주요 동인으로 제시한다. 또한 핵무기 보유라는 거대하고도 상징적인 성과는 냉엄하고 서열화된 국제사회에서 그 국가의 지위를 일거에 급격히 상승시키는 효과도 가져온다. 즉 핵무기 보유는 자국의 국력과 근대성을 과시하면서 강대국 지위를 획득하게 해줌으로써 국가 위신과 국가정체성 고양에 절대적인 가

16 억지(deterrence)는 상대방에게 감당할 수 없는 피해의 보복을 위협하여 상대방으로 하여금 자신이 원하지 않는 행동을 하지 못하도록 하는 것을 말한다.

치를 부여할 수 있다는 것이다. 이렇게 기존의 현실주의의 안보 중심 핵확산 주장에 자유주의와 구성주의적 접근법이 강력히 도전하며 국제정치에서 핵확산의 원인에 대해 만족스러운 설명력을 제공해 주고자 가열찬 논쟁을 진행해 나가고 있다.[17]

최근에는 새로운 접근법으로 핵확산의 원인을 설명하는 학자들의 활동이 활발하다. 현실주의적 핵확산 이론에 이의를 제기하며 국내정치경제 모델이나 지도자의 의식체계가 주 원인이라고 주장하는 학자들도 있다. 에텔 솔링겐(Etel Solingen)은 정치적으로 생존하려는 국내정치 행위자들이 국제정치경제에 어떻게 접근하는지에 따라 핵개발에 매력을 느낄지 아닐지가 결정된다고 주장한다. 국내정치의 리더그룹이 경제성장을 세계경제에 편입함으로써 이루고자 한다면 굳이 정치적, 경제적 비용 손실이 큰 핵개발에 나서려는 동인이 크게 떨어지고, 반면 자족적인 경제모델을 선호하고 국제시장이나 투자, 기술습득에 의존적이지 않는 경제성장 모델을 추구하는 지도자 그룹일수록 핵개발 유혹에 빠지기 쉽다는 것이다. 이러한 이유로 북한을 제외하고는 수출주도형 경제발전모델을 추진하는 동아시아 지역이 핵개발 옵션에 크게 매력을 느끼지 못하는 반면에, 내수에 주력하고 국제시장에의 의존성이 적은 중동지역 국가들이 핵무기 개발에 대거 나서게 되었다고 저자는

17 Mark Bell, "Examining Explanations for Nuclear Proliferation," *International Studies Quarterly*, Vol. 60, No. 3 (September 2016), pp. 520–9; Nuno Monteiro and Alexandre Debs, "The Strategic Logic of Nuclear Proliferation," *International Security*, Vol. 39, No. 2 (2014), pp. 7–51; Scott Sagan, "Why Do States Build Nuclear Weapons," *International Security*, Vol. 21, No. 3 (Winter 1996), pp. 54–86; Zachary Davis and Benjamin Frankel, (eds.), *The Proliferation Puzzle: Why Nuclear Weapons Spread and What Results* (London: Frank Cass, 1993).

주장한다.[18]

한편 자크 하이만스(Jacque Hymans)는 핵무기 개발 여부에 대한 결정은 국제구조가 아닌 핵무기 획득여부의 최종결정권을 쥐고 있는 국가지도자의 마음에서 비롯되기에 지도자가 갖고 있는 국가정체성의식(National Identity Conception)이 결정적으로 중요하다고 주장한다. 만일 지도자가 다른 국가, 민족에 대한 시각이 '우리에 적대하는 그들'이라는 식이어서 그 이해와 가치가 완전히 상반되어 있는 경우라면 '대립적(oppositional)' 국가정체성의식을 갖고 있다고 하고, 주요비교대상국가보다 우월하거나 적어도 동등하다고 믿는다면 그 지도자는 '민족주의적(nationalist)' 국가정체성의식 성향을 갖고 있다고 한다. 이렇게 연대(solidarity)와 지위(status) 차원에서 대립적이고 민족주의적 국가정체성의식을 가진 지도자만이 두려움과 자만심(fear and pride)이라는 위험한 의식의 혼합으로 인해 핵능력 확보의 길에 나서게 된다고 하이만스는 주장한다.[19]

이렇게 핵확산 원인에 대한 현실주의적 접근법에 많은 비판과 공격이 있어 왔고 이러한 논쟁이 국제정치에서 핵확산을 둘러싼 이론과 개념의 정립과 발전, 여러 사례의 설명력을 배가하는데 크게 공헌하였다. 그러나 자유주의적, 구성주의적 비판들, 국내경제발전모델, 지도

18 Etel Solingen, *Nuclear Logics: Contrasting Paths in East Asia and the Middle East* (Princeton: Princeton University Press, 2007).

19 Jacques Hymans, *The Psychology of Nuclear Proliferation: Identity, Emotions, and Foreign Policy* (Cambridge: Cambridge University Press, 2006). 연대 차원에서 대립적 국가정체성의식의 반대에는 스포츠맨다운(sportsmanlike) 국가정체성의식, 지위 차원에서 민족주의적 국가정체성의식의 반대에는 하위계급적(subaltern) 국가정체성의식이 존재한다고 한다.

자의 국가정체성의식 등이 신현실주의의 기본 주장을 크게 약화시켰다고 보기는 힘들다. 인도가 '평화로운 핵실험'이라고 명명한 핵실험을 실시한 1974년은 수입대체산업을 추진하던 시기였고 공개적인 핵실험으로 세계를 놀라게 한 1998년은 1990년대 초부터 시작된 자유화, 세계화의 경제정책이 지속되던 때였다. 1974년 당시 인도의 지도자였던 인도 국민회의당(National Congress)의 인디라 간디(Indira Gandhi) 총리나 1998년의 인도 인민당(Bharatiya Janata Party, BJP) 당수 아탈 바지파이(Atal Vajpayee) 총리가 각자의 국가정체성에 기반을 두어 핵무기 개발이나 핵실험 결정을 내렸다고 볼 근거도 많지 않다. 인도의 경우 1962년 중국과의 전쟁 패배와 그 직후에 일어난 1964년 중국의 핵실험이 엄청난 충격이자 위협이었고 이러한 위협은 인도로 하여금 적절한 군사적, 전략적 대응책 마련에 고심하게 만들었다. 이후 이웃 파키스탄의 핵개발 노력도 큰 자극이 되었음은 물론이다.

파키스탄의 경우도 엘리트 집단의 경제성장 원동력이나 줄피카르 부토(Zulfikar Bhutto) 총리와 그 이후 일련의 군부 출신 지도자들의 국가정체성의식이 핵무기 보유의 주된 이유였다고 보기는 어렵다. 또한 파키스탄의 경제모델이 동아시아식 수출주도형이라 하기는 어렵지만 그렇다고 내수 중심 자급자족적 경제모델을 추구해 왔다고 보기도 힘들다. 파키스탄의 경제는 냉전 초기를 제외하면 대체로 만족할 만한 성과를 보여주지 못하면서 IMF, World Bank 등 외부의 도움도 여러 번 받아야 했다. 하지만 전반적으로 파키스탄식의 경제모델이 핵개발 추동의 주요 원인이었다고 볼 수 있는 근거는 희박하다. 파키스탄의 경우 인도라는 거대한 외부적 위협으로부터 오는 안보적 중압감이 엄청나서 인도의 우세한 재래식 전력에 대응하는 유일한 길은 핵무장 이외에 없다는 공감대가 1971년 3차 인도–파키스탄 전쟁에서의 굴욕적 패배 후 광범위하게 형성되었다. 따라서 파키스탄의 경우는 특히 신현실주의적 동인이 핵무장을 추진하는 데 결정적으로 중요하였다고 할 수 있을 것이다.

물론 특정 국가가 왜 핵무기를 보유하려 하는지 그 이유와 관련해 신현실주의적 핵확산 변수만으로 모든 의문점들을 명료하게 설명할 수는 없다. 특정 국가, 특정 정부, 특정 지도자의 결정이나 핵실험의 타이밍 등의 여러 이유를 명확하게 드러내려면 당시 국내정치, 관료집단의 파워게임 양상, 지도자의 특성 등이 모두 철저하게 고려되어야 제대로 된 큰 그림이 그려질 수 있을 것이다. 인도와 파키스탄의 핵개발의 원인, 과정을 다룬 장에서는 기본적으로 신현실주의적 외부위협에 대한 억지 동인을 기본으로 하여 인도와 파키스탄의 내부정치, 관료정치, 지위획득 의지, 지도자의 성향 등에 대한 다른 이론, 개념들의 도움을 받아 양 국가의 핵무기 보유에 대하여 풍부하게 설명할 것이다.

한 국가가 왜 핵무기를 보유하려 하는지 그 노력하는 과정을 통해 핵확산 원인을 이해하는 것도 중요하지만 핵을 보유하기 위한 전략, 핵보유 이후에 국가의 핵전략 설정, 국가방위정책의 변화 등에 대한 이해도 핵무기 보유국가의 행태를 이해하는데 대단히 중요하다. 특히 인도, 파키스탄의 경우처럼 핵무기 보유를 위해 채택한 전략과 핵개발의 결과로 나타나는 라이벌 관계의 변화 양상에 대한 면밀한 분석도 남아시아에서의 분쟁 실체를 이해하고 교훈을 얻는데 반드시 필수적이다.

핵확산과 관련해, 핵무기 보유를 위해 국가가 채택하는 특정 전략과 노선을 두고 바이핀 나랑(Vipin Narang)은 '왜' 라는 측면보다 '어떻게' 라는 질문을 던지며 각기 다른 핵확산 전략(strategy of proliferation)에 대한 구분과 분석을 시도하였다.[20] 핵무기 보유를 원하는 국가들은 조건, 환경에 따라 최대한 빨리 진행하거나 아니면 기술적, 과학적 준비를 차근차근 갖추면서 반드시 그래야 할 상황이 닥친다면 핵무기 보유를 추진할 수 있다. 나랑은 국가의 핵무기 보유 전략을 헤징(위험 회피, hedging), 전력질주(sprinting), 은신(hiding), 그리고 보호 속에서의 추진(sheltered pursuit)의 네 가지로 구분하였다. 헤징(hedging)은 당장 핵무기를 개발하려 적극적으로 나서지는 않지만 핵무기 포기를 공언하지는 않고 핵개발에 필요한 기술적, 과학적 능력을 서서히 축적해 가는 전략을 말한다. 이 헤징 전략도 세 개의 종류와 단계가 있는데 첫 번째는 '기술적 헤징(technical hedging)'으로 우라늄 농축이나 플루토늄 재처리 시설 등의 기술력을 서서히 보유해 가면서 '지금은 명백히 아니지만 암암리에 절대 아닌 것도 아닌'("explicitly not now, but implicitly not never")의 태도를 취하는 것이다. 두 번째 '보험 헤징(insurance hedging)'은 핵무기 보유가 결정되면 바로 추진이 가능하도록 기술이나 시설을 더욱 잘 갖춰놓은 채로 '지금은 명백히 아니지만 만일 미래에 어떤 일이 벌어진다면 확실히 추진하겠다는'("explicitly not now, but explicitly in the future if X happens") 태도를 보이는 단계이다. 마지막으로 하드 헤징(hard hedging)은 군사적 용도로 즉시 전환할 수 있는 핵물질, 기술, 투

20 Vipin Narang, "Strategies of Nuclear Proliferation: How States Pursue the Bomb, *International Security*, Vol. 41, No. 3 (Winter 2016/7), pp. 110-50. 나랑은 핵확산 전략(strategy of proliferation)에 대해 핵무기와 그 투발수단을 자체적으로 생산할 수 있는 능력을 발전시키는 것이라 정의하였다. Ibid., p. 116, no. 16.

발수단 등을 거의 완비하고 '지금은 명백히 아니지만 확실히 절대 아닌 것은 아닌'("explicitly not now, but explicitly not never") 임계선 상태에 도달해 있는 것을 말한다.[21]

전력질주(sprinting) 전략은 최대한 빨리 핵무기를 획득하기 위해 모든 노력을 경주하는 것이다. 나랑에 따르면 제1세대 핵보유국들(5개의 유엔상임이사국)을 제외하면 이는 대단히 드물게 채택된 핵보유 전략이다. 비확산 노력이 확대되고 강대국들의 견제와 방해가 심해졌기 때문이다. 은신(hiding)은 핵무기 보유를 추진하되 속도보다는 국제사회의 감시망에 걸리지 않으려는 은밀성(secrecy)을 우선적으로 추구하는 전략이다. 보호 속에서의 추진(sheltered pursuit)은 강대국의 비호 아래 핵보유를 추진하는 것이다. 비록 미국 같은 강대국이 핵확산을 강력히 반대한다 해도 일부 국가는 냉전 당시 지정학적 이유로 미국의 비호, 적어도 묵인 아래 핵개발을 추구할 수 있었다. 이스라엘이 대표적인 사례가 될 것이다. 이렇게 4개의 서로 다른 핵보유 전략은 단순한 핵기술 축적 여부 보다는 국가의 정치적, 전략적 선택에 의해 채택, 추진되었다. 그렇다면 국가는 왜 특정 핵무기 보유 전략을 선택하는가? 국가의 특정 전략 선택에는 그 국가의 안보환경(극심한 안보위협에 직면했는지, 강대국의 안보보장이 제공되는지 등), 국내정치의 다이내믹(내부 공감대가 형성되었는지 등), 그리고 국제사회의 비확산 노력에 얼마나 큰 제약과 압박을 느끼는지가 충분히 고려되어야 한다. 즉 특정 국가의 핵보유 추진 전략을 이해하기 위해서는 신현실주의적 안보위협 동인과 함께 국내정치,

21 *Ibid.*, pp. 116–20.

국제레짐 등의 변수들도 아우르는 신고전파 현실주의적 접근도 필요한 것이다. 또한 한 국가의 핵추진 전략은 어느 하나의 고정불변한 전략을 구사하는 것이 아니라 상황과 환경에 따라 변화할 수도 있다.[22] 4장과 5장에서 인도와 파키스탄의 핵확산 전략이 어떻게 결정되었고 어떤 변화를 겪었는지 살펴볼 것이다.

한편 한 국가의 민군관계도 그 국가의 핵무기 획득 과정과 획득 이후 핵전략의 진화, 발전에 큰 영향을 주는 내부 요인이다. 인도, 파키스탄 양국은 핵무기 개발경쟁으로 상당 수준의 핵무기와 투발수단을 보유하고 있는데 핵무기 외에도 각각 120만(99만 예비군 미포함), 65만(50만 예비군 미포함)의 대규모 병력을 보유하여 재래식 전력에서도 군사강국들이라 할 수 있다.[23] 따라서 양국 모두 군조직의 규모도 크고 군부의 영향력도 적지 않다. 하지만 인도와 파키스탄은 서로 다른 정치시스템을 발전시키면서 대단히 상반된 민군관계를 성립, 발전시켰다. 이렇게 각기 다른 민군관계는 외부 위협요인의 변화와 작용하면서 각국의 안보전략, 특히 핵전략에 많은 영향을 끼쳤다. 독립 직후부터 군부에 대한 민간통제가 확실한 인도는 군부를 오랫동안 핵관련 정책에서 철저히 배제하였으나 일련의 전쟁에서 얻은 교훈과 1980년대 이웃 파키스탄의 핵무기 개발노력에 자극받아 전문성을 갖춘 군부가 핵전략 수립, 발전에 점차 영향력을 늘려나가는 방향으로 민군관계가 서서히 변화하였다. 파키스탄의 경우는 독립 초기부터 막강하였던 군부가 수차례의

22 *Ibid.*, pp. 120–35.

23 Kyle Mozokami, "India vs. Pakistan: Which Army Would Win?" *The National Interest*, May 20, 2017.

쿠데타를 통해서 여러번 집권하면서 핵, 군사정책 포함, 국가 전반의 주요 정책에 무소불위의 영향력을 행사하여 왔고 이러한 추세는 현재도 지속되고 있다. 이렇게 상반된 민군관계가 억지력 확보방안을 강구하는 양국의 핵전략, 독트린 입안에 어떠한 영향을 끼쳤는지 6장에서 상세히 설명될 것이다.

또한 국가의 핵무기 보유는 그 국가에게 절대적 억지력을 보장할 수 있는 무기체계를 획득하게 하여 군사적 역량과 자신감을 급상승시켜주므로 국가전략과 국방정책의 변화에 큰 영향을 끼칠 수 있다. 마이클 호로위츠(Michael Horowitz)는 한 국가가 핵무기를 보유하게 되면 당분간은 핵 옵션에 대한 기대감으로 상대와의 분쟁 상황에서 맞대응을 하거나 더욱 공세적이고 강압적인 정책을 쓸 가능성이 많지만 시간이 지날수록 배우게 되는 경험과 교훈으로 점차 공세적인 정책을 자제할 것이라 하였다.[24] 즉 핵무기 보유 시간이 길면 길수록 분쟁이나 대결에 개입할 가능성은 줄어들게 된다는 것이다. 마크 벨(Mark Bell)은 새롭게 핵무기를 보유한 국가는 공세(aggression), 팽창(expansion), 독립(independence), 강화(bolstering), 견고함(stedfastness), 타협(compromise) 등 6개의 행동양식을 보인다고 하였다. 즉 새롭게 획득한 강력한 역량을 기반으로 대체로 이전보다 공세적이고 자신감 있는 정책을 추진할 가능성이 급격히 높아진다는 것이다.[25] 인도와 파키스탄이 핵무기 보유

24 Michael Horowitz, "The Spread of Nuclear Weapons and International Conflict: Does Experience Matter?" *Journal of Conflict Resolution*, Vol. 53, No. 2 (April 2009), pp. 234–57.

25 Mark Bell, "Beyond Emboldenment: How Acquiring Nuclear Weapons Can Change Foreign Policy," *International Security*, Vol. 40, No. 1 (Summer 2015), pp. 87–119. 벨은 북한을 특정하여 지목해서는 북한의 핵무기 능력이 중국으로 하여금

이후에 어떤 식으로 행동이 변화하였는지 6장에서 상세히 분석하도록 하겠다.

한편 라이벌 국가 간에 핵무기를 보유한 이후 나타날 수 있는 현상에는 안정–불안정 역설(Stability/Instability Paradox)이 있다. 안정–불안정 역설이란 라이벌 관계의 양국이 모두 핵무기를 획득한 후, 양국 간에는 핵전쟁으로의 비화를 우려하여 높은 수준(전략적 수준)에서 대규모 분쟁이 일어날 가능성은 현저히 줄어들지만 낮은 수준에서의 제한적 재래식 전쟁의 발발 가능성은 오히려 늘어나는 상황을 일컫는다.[26] 즉 일단 핵우산이 펼쳐지면 소규모 분쟁이 이러한 핵우산이 제공하는 임계점 아래에서 오히려 더 많이 발발할 수 있다는 경고는 이미 냉전이 한창이던 1960년대 미–소 핵개발 경쟁을 목도하면서 제기된 바 있다. 남아시아에서 핵확산이 일어난 후 인도–파키스탄의 관계가 안정–불안정 역설의 작동을 잘 보여주는 사례라는 견해가 많다. 6장에서 남아시아에서의 안정–불안정 패러독스가 어떻게 전개되는지 간략히 설명할 것이다.

이렇게 인도와 파키스탄의 핵무기 개발경쟁 이유와 과정, 개발 후의 변화를 간단명료하게 설명하는 것은 쉽지 않은 여정이다. 대단히 많은 변수와 급변하는 내외부 안보, 외교, 정치, 경제 환경들을 모두 고려해야 정확한 그림을 그릴 수 있기 때문이다. 양국의 핵라이벌 관계를 이해하기 위해서는 이론적, 개념적 기반에 더해 무엇보다도 양국을 포

북한의 행동을 자제시키려는 압력을 발휘하기 힘들게 할 것이라 전망하였다.

26 Lowell Dittmer, "South Asia's Security Dilemma," *Asian Survey*, Vol. 41, No. 6 (Nov/Dec 2001), p. 903.

함하는 인도 아대륙의 역사에 대한 식견이 반드시 필요하다. 따라서 다음 장에서는 양국 분할독립 이후의 분쟁양상을 포함한 남아시아의 역사를 특히 인도, 파키스탄으로의 비극적인 분할과 양국의 분할독립 이후 서로 간에 벌어진 전쟁과 대결에 집중하여 간략히 살펴볼 것이다.

제3장
인도와 파키스탄 간의 대립과 반목의 역사

제3장

인도와 파키스탄 간의 대립과 반목의 역사

1. 분리독립 이전의 역사

1) 고대와 중세의 인도 아(亞)대륙(subcontinent)

남아시아 아대륙(subcontinent)은 수천 년간 찬란하고 유구한 역사와 문화를 간직해 온 지역이다. 또한 지리적으로 세계에서 가장 높은 산들과 아름다운 대양으로 둘러싸인 독특한 자연환경과 천혜의 위치를 갖고 있는 지역이기도 하다. 이 속에서 살아가고 있는 사람들은 여러 다른 언어, 문화, 종교, 풍습에도 불구하고 다른 지역과 구분되는 통일성(unity) 내에서의 다양성(diversity) 전통을 이어가고 있다.[27] 이렇게 독

27 Sugata Bose and Ayesha Jalal, *Modern South Asia: History, Culture, Political Economy* (Routledge, 2004, 2nd edition), p. 3. 이러한 포용과 관용의 전통 그리고 여러 다

특한 환경과 풍부한 물적, 인적 자원, 그리고 지정학적인 중요성 덕분에 많은 이민족들이 침입하기도 하였고, 인도양의 계절풍(monsoon) 덕에 오래 전부터 중동, 동남아 등지와 활발한 교역활동을 벌이며 문화적 성취를 이루고 다양성을 더욱 풍부하게 할 수 있었다.[28]

지도 2. 인더스 문명과 고대 인도[29]

름을 종합하고 조절하는 문화는 인도의 초대총리 네루가 1944년 영국에 의해 감옥에 갇혀 있는 동안 쓴 『인도의 발견』에서 일관되게, 자랑스럽게 흐르는 기조이다. 자와할랄 네루(Jawaharlal Nehru) 『인도의 발견』(김종철 옮김, 우물이 있는 집, 2003).

28 인도양 계절풍(monsoon)의 과거, 현재, 미래의 역할과 영향력에 대해서는 로버트 캐플란(Robert Kaplan)의 *Monsoon: The Indian Ocean and the Future of American Power* (NY: Random House, 2010) 참조.

29 출처: http://study.zum.com/book/13281

남아시아 지역에서는 이미 기원 전 2600년경에 위대한 고대문명 중의 하나인 인더스(Indus) 문명이 현재의 파키스탄 인더스강 하류 지역에서 발흥하였다. 당시로서는 획기적인 하수 시스템, 공동 목욕장, 물탱크 등 상당한 수준의 도시계획을 실현한 문명이었다. 주변 지역과의 무역도 활발한 것으로 알려졌으나 기원전 1900년경에는 거의 사라지고 만다. 드라비다인(Dravida)들이 주로 살고 있던 이 지역에 기원전 1500년경부터 유목 민족인 아리아인(Aryan)들이 이주하여 농경문화로 생활양식을 변모하며 서서히 정착하였다. 그들은 당시의 사회, 종교, 문화적 풍습이 집약된 찬송이나 기도문을 수록한 베다 경전(Vedic scripts)을 기반으로 힌두교의 시초와 위계적인 사회계급 제도인 카스트(Caste) 제도를 뿌리내리게 된다. 인도아리아인들은 남아시아 지역에 이주해서 맞닥뜨린 드라비다계 주민들을 다사(dasa, 적)라고 불렀는데 당시 아리아 바르나(Varna, 계급, 계층)가 다사 바르나를 제압, 복속시켰다고 한다. 당시 경전들 중 가장 영향력이 큰 리그 베다(Rig Veda)는 기원전 1000년경에 쓰여진 것으로 알려졌는데 이 리그베다에 의하면 신들이 부여한 입은 브라만(Brahman, 사제), 팔은 크샤트리아(Kshatriya, 전사), 넓적다리는 바이샤(Vaisya, 상인), 발은 수드라(Sudra, 나머지 모두, 주로 농민)로 변환되었다고 한다. 이렇게 네 개의 바르나로 분화하며 이후 고대 인도 사회는 상층 브라만 계급을 정점으로 종교적이고 위계적인 사회를 유지해 나가게 된다. 또한 바르나 내에 수백 개의 구체적이고 정교한 자티(jati, 직업)를 구분하여 공동체 내의 노동분업과 부족사회의 분절적, 자족적 생활을 반영, 확대 재생산하였다. 이렇게 흔히 카스트 제도로 알려진 바르나-자티 시스템은 족외혼의 범위를 엄격히 규정하는 등 사회를 정교한 등급 구조로 나눈 차별적 제도였다.

인도 고대 부족사회에서는 유일하게 종교적 기도문인 『베다』를 욀 수 있는 브라만 계급이 우주전체를 포괄하는 질서와 법의 해석자, 수호자여서 유한한 인간 존재가 오염으로부터 멀어질 수 있는 예식을 독점 주관하는 존재로서 기능하였다. 인간은 현세에서 얼마나 덕을 쌓았는지를 일컫는 업보(카르마)에 따라 내세에서 자티의 위계질서 내 이동의 기회를 갖는 것으로 믿어지기 때문에 하급 자티에 속한 사람들의 체제에 대한 불만이나 저항은 크게 나타나지 않았다. 그러나 브라만 중심 시스템의 경직성과 강압성에 반기를 들고 기원전 6세기 경 불교와 자이나교가 생성되어 기존 질서에 도전하며 대안으로 자리매김하기도 한다.

한편 고도로 형이상학적인 브라만교가 모든 제도, 행동의 중심적인 역할을 하면서 부족사회의 고대 국가로의 발전은 상대적으로 더디게 나타났고 기원전 10세기 경 이후 서서히 국가의 형태가 등장한 후에도 이 국가들은 관료제의 발전이나 중앙집중화 등의 측면에서 대단히 미약한 특징을 보여준다. 기원전 6세기 경 동부 인도에서 강력한 세력을 구축한 마가다(Magadha) 왕국은 마우리아 왕조(Maurya Dynasty, 322–187 BCE)로 교체되어 기원전 321년에 찬드라굽타(Chandragupta) 왕에 의해 인도 최초로 아대륙을 거의 포함하는 마우리아 제국이 수립되었다. 찬드라굽타 손자인 아소카(Ashoka)왕이 남부 지역도 점령하며 제국의 영토를 비약적으로 넓혔다. 치열한 정복전쟁으로 많은 희생을 목도한 아소카왕은 이후 불교의 중흥에 힘써 불교가 전파되는데 크게 공헌하였다. 그러나 마우리아 제국의 통제력은 허약했고 기존 통치자들은 제국에 정복당한 후에도 대체로 통치권을 유지하였다. 국가행정기구의 충원도 카스트 제도에 의해 제한되어 관료제의 발전도 크지 않았으며 언어 등의 통일성을 기하려는 노력도 거의 없었다. 아소카왕 사후 마우리아 제국은 쇠락의 길로 들어서며 서서히 작은 왕국이나 부족 정치체로 분할, 축소되었다. 한편 BCE 326년에 알렉산더 대왕이 인더스강을 건너 인도 서북부 지역을 침공하였고 이후 헬레니즘 문화가 번성하면서 간다라 미술 등 인도 문화를 더 풍성하게 하는데 도움을 주었다.[30]

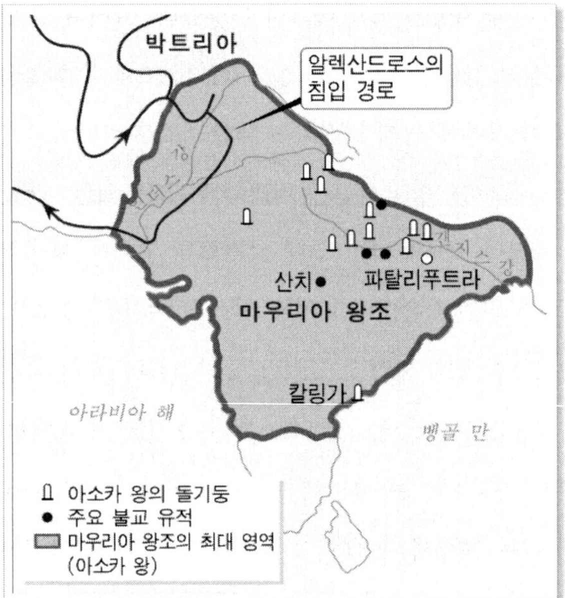

지도 3. 마우리아 왕조 시대 인도[31]

30 Bose and Jalal, Modern South Asia, pp. 8–16; Manu Bhagavan, "The Historicla Context," in Sumit Ganguly and Neil DeVotta Eds., *Understanding Contemporary India* (Boulder: Lynne Rienner, 2003), pp. 18–24.

31 출처: http://igoindol.net/siteagent/100.daum.net/encyclopedia/view/24XXXXX74838

이후 인도 아대륙 북부와 남부 모두 수많은 소왕국들이 특별한 영토확장이나 통치 기반 확대의 노력 없이 수백 년 동안 존재하였다. 320년(CE)에 굽타 왕국이 북부 인도의 대부분을 통일하며 찬드라굽타 2세 시기에는 찬란한 문화유산을 꽃피우기도 하였다. 그러나 굽타 왕조 시대(대략 320–550 CE) 에도 관료제나 행정제도의 발전은 크게 발생하지 않았고 200년 정도의 약한 통치가 종식되면서 다시 한 번 소국들의 군웅할거(群雄割據) 경쟁으로 전환하였다. 이렇게 인도는 광대한 영토를 가진 강력한 중앙집권적 국민국가의 건설이 사실상 거의 나타나지 않았는데 이는 종교에 바탕을 둔 '강한 사회'가 강한 국가의 건설을 막았고, 언어, 문화, 지리의 차이가 다양한 소국들의 존재를 가능하게 하였으며, 고대나 중세 시대에 징세, 군대 모집 등의 유능한 행정능력의 발

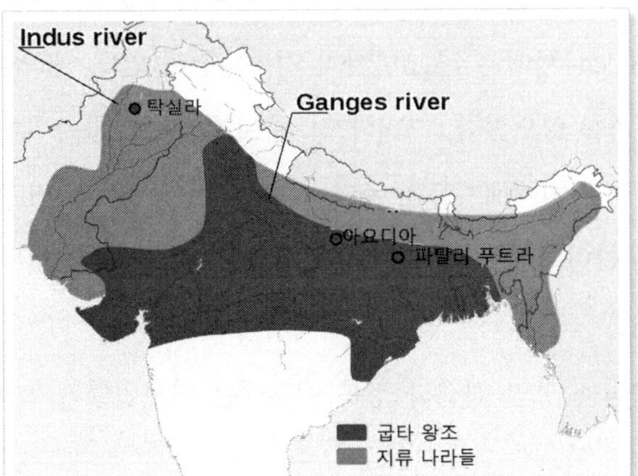

지도 4. 굽타 왕조 시대 인도

전을 촉진시켜 국가건설을 재촉할 수 있었던 대규모 전쟁이 부재했던 데 그 원인이 있었다고 할 수 있다.[32]

2) 이슬람의 확장과 무굴 제국(Mughul Empire)

7세기에 아라비아 반도에서 발흥한 이슬람 종교는 그 세력을 급속히 확장하여 인도 아대륙에도 진출하였다. 인도의 경제적 부흥과 서아시아의 상대적 쇠퇴로 인해 10세기 말부터 본격적인 투르크-아프간 무슬림들의 북부 인도 침공이 시작되었다. 12세기 말에 무하마드 구리(Ghuri)가 북부 인도의 실력자 프리쓰비라지(Prithviraj)를 물리치면서 북부 인도에서 술탄 시대의 길을 열었다.[33] 뒤를 이어 아이박(Aibak)이 델리를 수도로 하는 술탄 시대를 1206년에 수립하였다. 이러한 델리 술탄 (Delhi Sultan)시대는 1526년까지 지속되면서 인도 사회의 정치, 경제에 큰 변화를 일으켰다. 그러나 정치, 토지제도적인 측면에서의 변화도 다수의 힌두 피지배자들의 종교, 사회규범, 풍습까지 바꾸지는 못하였다. 또한 만민의 평등을 지향하는 이슬람교의 영향도 힌두 주민들의 위계적 카스트 제도에 큰 영향을 끼치지는 못하였다. 이슬람 세력의 인도 진출 양상을 보면 전쟁과 정복 이후에는 거주민들과의 동화정책을

32 프란시스 후쿠야마『정치질서의 기원: 불안정성을 극복할 정치적 힘은 어디서 오는가』(한규진 옮김, 웅진 지식하우스, 2011), pp. 184-218.

33 900여년 전에 일어난 무슬림과 힌두 왕국의 충돌이 최근 인도-파키스탄의 핵, 미사일 개발 경쟁에 반영되어 인도와 파키스탄은 각각 자신들의 탄도미사일에 Prithvi와 Ghauri라는 이름을 붙였다. 당시 두 세력 간의 전투는 종교와는 거의 무관하였지만 이후 윤색되고 신비화되면서 힌두와 무슬림 간의 전설적인 첫 대결로 재해석된 것이다. Bhagavan, "The Historical Context," p. 17.

실시하였고 이를 통해 인도-이슬람 문화를 비약적으로 발전시켰다. 한편 데칸 고원 아래의 남부 인도는 여전히 그들만의 고유한 시스템을 계속 유지하였다.

1526년 무굴의 바부르(Babur)왕이 델리 술탄의 마지막 지도자였던 로디(Lodi)를 패퇴시키면서 델리 술탄 시대는 종말을 고하였고 바부르의 손자인 악바르(Akbar) 대제 때 벵갈, 카시미르, 아프간 등을 정복하며 무굴제국(Mughul Empire)의 전성기를 맞이하였다. 영토의 확장과 함께 다양성을 존중하고 관용을 강조하는 사회적, 정치적 동화정책을 실

지도 5. 무굴 제국 시대의 인도[34]

34 출처: http://study.zum.com/book/14118

시하며 무굴 제국은 크게 번성하였다. 이후에도 건축, 예술 등의 분야에서 엄청난 성과를 거두며 무굴 제국의 명성을 떨쳤다. 17세기 중반 아우랑제브(Aurangzeb) 시대에는 영토를 최대치로 확장하였으나 이전 무굴 지도자들과는 달리 이슬람 율법(샤리아, Sharia)을 강요하고 지나친 정복전쟁으로 인한 재정과 군대유지의 부담으로 인해 쇠퇴의 길로 들어서게 된다. 무굴 시대에도 지역 지도자들이 그 지역을 담당하여 통치하고 징수된 세금을 중앙정부에 전달하는 방식을 취하면서 전통적으로 인도에서 실시되었던 간접통치가 그대로 시행되었다. 이러한 간접통치 시스템은 무굴제국을 대신하여 이후 인도 아대륙을 통치하게 될 영국에게도 답습되었다.[35]

3) 영국 식민지 시대와 독립운동

인도 아대륙에 관심을 가진 유럽 국가는 영국만이 아니었다. 이미 일찍이 발달한 항해술로 세계 전역을 누비던 포르투갈이 고아(Goa) 지역에 진출해 있었고 네덜란드도 뒤를 따랐다. 영국은 악바르 대제 시절인 1601년 캘커타 지역에 동인도 회사(British East India Company)를 설립하면서 본격적으로 상업적 이해를 충족시키기 위한 활동을 시작하였다. 무굴 제국이 약화되는 틈을 타서 영국은 점차 영향력을 넓혀 나갔다. 섬유 제품 무역과 해상운송을 독점하기 위한 영국의 노력이 벵갈 지역에서 시작해 다른 산업과 지역으로 확대되면서 지역 군주들과

35 Bose and Jalal, *Modern South Asia*, pp. 17–37; Bhagavan, "The Historical Context," pp. 24–33.

다른 유럽 열강들과의 경쟁, 협력이 불가피하였다. 특히 18세기 중반 유럽 열강들 간의 경쟁으로 발발한 7년 전쟁이 인도 아대륙 등 열강들이 식민지 건설을 위해 치열하게 대립하던 지역에까지 확전되었다. 영국은 쇠락해 가는 무굴제국과 연합한 프랑스군을 플라시 전투(Battle of Plassey, 1757년) 등에서 차례로 격파하고 당시 인도 내 프랑스 세력의 수도였던 곳도 1761년에 함락하면서 인도에서 프랑스 세력을 완전히 몰아내고 아대륙에서의 독점적 지위를 공고히 한다. 이후 18세기 말부터 19세기 초까지 군사력을 동원하여 마라사(Maratha), 하이더라바드(Hyderabad), 마이소르(Mysore) 등의 주요 왕국들을 정복, 식민화한다. 정복되지 않은 크고 작은 토후국들은 번왕국(princely states, 藩王國)의 형태로 작은 내정권만을 부여하고 외교, 관세 등의 영역은 영국 식민정부에서 주관하게 하면서 사실상의 지배권을 확립하였다. 이렇게 인도 아대륙은 수세기에 걸친 영국의 식민화 노력을 거쳐 경제적, 정치적, 전략적으로 대영제국에게 가장 중요한 식민지(the Crown Jewel of the British Empire)로 기능하게 된다. [36]

영국이 영토나 인구, 자원에서 비교도 할 수 없을 만큼 큰 인도 아대륙을 식민화할 수 있었던 데는 몇 가지 이유가 존재한다. 먼저 해군, 야포 등 근대식 군사력에서 상대를 압도하였다. 유럽에서의 오랜 전쟁 경험으로 축적된 보급, 행정, 병참 기술도 큰 도움을 주었다. 하지만 무엇보다도 인도의 전통적인 언어, 문화, 지리 등의 다양성은 무굴제국이 몰락하면서 다양한 왕국들의 번성을 가져왔는데 이들이 서로 동맹하거

36 하마우즈 데쯔오 『대영제국은 인도를 어떻게 통치하였는가: 영국 동인도회사 1600−1858』(김성동 옮김, 서울: 심산, 2004), pp. 17−112.

나 연합하는 데 익숙하지 않았다는 점이 기회로 작용했다. 영국은 이렇게 파편화된 인도의 정치적 특성을 최대한 활용하여 적절한 시기에 최적의 파트너와 동맹을 맺어 사이가 좋지 않은 왕국을 제압하는 등 서서히 인도 아대륙 전역을 잠식하는데 성공할 수 있었다. 결국 영국은 인도를 한 번에 정복한 것이 아니라 인도 아대륙의 수많은 왕국들을 하나하나 서서히 정복, 식민화해 나가면서 아대륙 전체의 식민지화에 성공한 것이다.

영국은 섬유, 아편, 소금 등의 무역을 독점하면서 막대한 이득을 누렸고 인도의 기존 농업 중심 경제는 영국 자본과 상품의 침투로 서서히 몰락하였다. 농업 분야에서도 상업 작물이 주요 생산품이 되었고 높은 세금을 징수당하면서 빈곤화, 기아로 많은 사람들이 고통 받았다. 1835년 영국은 오랜 기간 동안 궁정언어였던 페르시아어를 영어로 대체하고 영어의 공용어화에 노력하였다.[37] 영국의 인도 식민화와 지배는 오랫동안 다양성과 분절화로 통일된 정치체를 지금껏 거의 경험하지 못한 인도인들을 서서히 각성시키고 영국이라는 강력하고 압제적인 타자(他者)에 대항하는 인도민족주의의 성장을 가져왔다. 문화적으로는 벵갈 지역을 중심으로 벵갈 르네상스(Bengal Renaissance)가 번성하였고, 라모한 로이(Rammohan Roy)가 브라모 사마지(Brahmo Samaj, 브라만을 믿는 사람들의 공동체) 운동을 주창하며 기존 힌두교와 카스트 제도의 개혁을 요구하면서 큰 반향을 일으켰고 이러한 운동은 이후 현대 인도를 만들어 가는 데 크게 공헌하였다.[38]

37 조길태 『영국의 인도 통치 정책』 (서울: 민음사, 2004), pp. 11–76, 149–86.

38 Bose and Jalal, Modern South Asia, pp. 45–69 Bhagavan, "The Historical Context,"

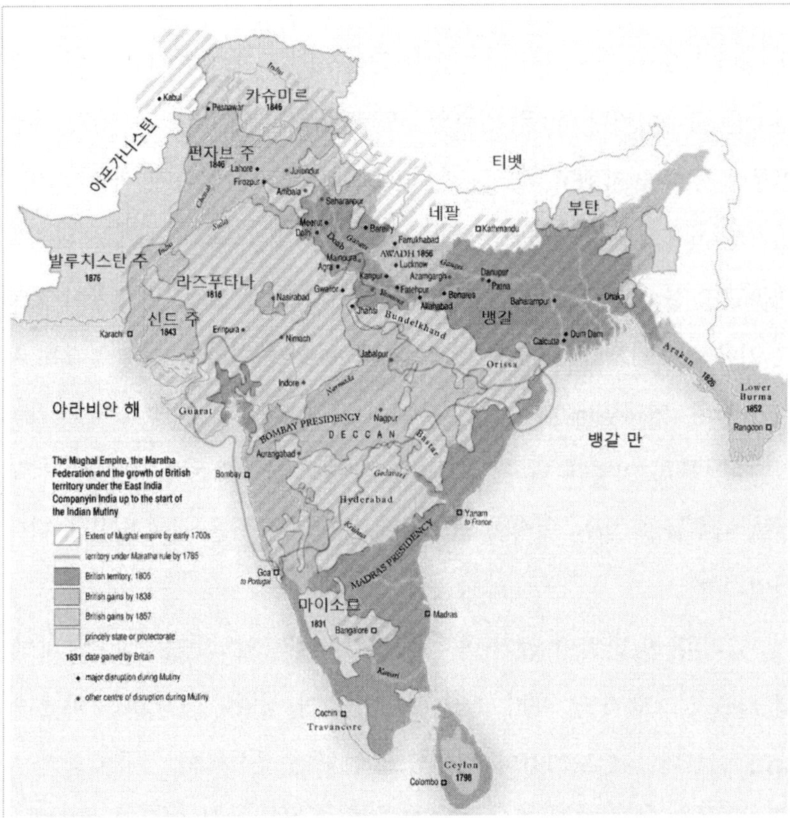

지도 6. 남아시아에서 영국의 팽창[39]

경제적 착취와 낮은 정치적 처우, 문화적 박탈감에 고통 받아 온 인도인들의 분노와 좌절이 1857년 세포이 항쟁(Sepoy Mutiny) 또는 제1차 인도독립전쟁으로 알려진 '인도 반란'(1857 Indian Rebellion)의 발발

pp. 33-6; Pretap Bhanu Mehta, "The Nationalist Movement," in Sumit Ganguly and Neil DeVotta Eds., *Understanding Contemporary India* (Boulder: Lynne Rienner, 2003), pp. 41-3.

39 출처: https://www.quora.com/For-how-many-years-was-India-colonized-by-the-British

로 표출되었다. 세포이(영국군에 차출된 인도인들)들에 대한 차별과 처우에 대한 불만이 델리에서 멀지 않은 군 막사에서 폭발하여 북부와 중부 인도를 강타하였다. 많은 민간인들도 합세하여 영국인이나 기타 유럽인들에 공격을 가했고, 영국군은 이에 강경하고 잔인하게 대응하였다. 초기의 기세에도 불구하고 항쟁은 인도의 지역, 사회 전체에는 퍼지지 못하면서 결국 1858년 중반까지 거의 진압되었다. 항쟁이 성공하지 못한 이유로는 인도인들, 특히 인도 엘리트들의 분절화로 인해 반란의 목적과 방향, 영국인에 대한 대응 등에서 전혀 일관적이지 못했다는 점이 꼽힌다. 특히 이렇게 다른 그룹들을 하나로 묶어줄 주요 이념이나 모두를 아우를 수 있는 철학이 없었기에 항쟁의 동력을 쉽게 잃을 수밖에 없었다.[40]

그러나 이 반란이 남긴 족적은 컸다. 먼저 인도 주둔 영국군의 신병 차출 시스템과 군 운영 조직은 큰 변화를 겪었다. 그리고 250년 이상 군림하던 동인도회사가 해체되고 인도는 공식적인 영국국왕의 식민지(crown colony)로서 영국 정부의 직할 통치를 받는 영국령 인도제국(British Raj)로 전환되었다. 또한 인도인들의 불만을 완화하고자 인도의회법(Indian Councils Act)을 1862년에 발의하여 인도주민들에게 제한적 자치권을 부여하고 인도인들이 정부의 낮은 직급에서 일할 수 있는 기회를 늘렸다. 그러나 인도인들의 자치권을 허용하는 만큼 보다 원활한 통치를 위해 인도 식민화 초기부터 시행하던 힌두와 무슬림 간의 차이를 적절히 활용한 '분할통치'(divide–and–rule)를 적극 추진하였다. 이

40 Ishita Banerjee–Dube, *A History of Modern India* (Cambridge University Press, 2015), pp. 115–26; Mehta, "The Nationalist Movement," pp. 43–4.

러한 상황에서 인도인들은 새로운 미래 지향적이고 대중적인 민족운동이 필요하다는 공감대를 점차 형성해 나갔다. 하지만 한편으로는 공식적 식민지 지위에 대하여 어떻게 대응할지에 대하여 그룹들 사이에 이견들이 생겨날 수밖에 없었다. 이는 특히 향후 힌두-무슬림 간에 분쟁의 불씨로 자라게 된다.[41]

19세기 말에도 영국은 제한적이고 점진적으로 인도인들의 참정권과 행정 참여 기회를 늘려 나갔다. 또한 19세기 중반 이후 인도 주요 도시에 대학을 설립하여 영국인 지배자와 인도 국민 사이에 '통역자' 역할을 할 수 있는 교육중간계급의 제한적 성장도 허용하였다. 그러나 인도의 자원을 수탈하고 인도 시장을 영국 상품의 판매처로 애용하는 등 경제적 착취는 완화된 세금 수준에도 불구하고 지속되었다. 이러한 상황에서 대규모 기근이 19세기 말 인도 여러 지역을 수차례 강타하자 극심한 생활고에 고통 받던 농민들을 중심으로 산발적인 농민 폭동의 발생이 점차 증가하였다. 교육받은 중간계급의 각성으로 영국통치에 대한 비판적 의식이 성장하고 농민들을 비롯한 인도 국민들의 불만이 팽배해지자 당시 은퇴한 자유주의적 관리인 앨런 흄(Allen Hume) 등이 이러한 위기 상황 극복을 위해 인도 국민의 대표기관을 설립하여 의회정치 훈련과 함께 불만의 온건한 제도적 표출통로를 마련하고자 노력하였다. 물론 이미 인도인들의 각성과 제한적 교육, 행정 참여 기회로 민족주의적, 민주주의적 출판물과 단체, 기구들이 점차 증가하고 있었다. 이렇게 자유주의적 영국인들의 주장을 인정한 영국 총독부의 허용 하

41 Bose and Jalal, *Modern South Asia*, pp. 70–9.

에, 교육받은 인도의 개혁적 지식인들의 노력이 집약되어 향후 인도 독립운동을 앞장서서 이끌어갈 인도 국민회의당(Indian National Congress Party)이 1885년 마침내 결성되었다.[42]

1900년대 초에는 스와데시(Swadeshi)라는 국산품 장려운동도 활발하였고 벵갈, 펀잡 등에서는 영국 통치에 항의하는 시위도 자주 발생하였다. 이에 영국은 몰리-민토 개혁(Morley-Minto reforms)을 통해 인도인들의 참정권을 더 늘렸는데 종교 공동체를 구분하여 각 공동체는 그 공동체에 배당된 후보만 선출할 수 있도록 하였다. 그 와중에 무슬림 리그(Muslim League)가 1906년에 창설되어 무슬림들의 이해를 대변하고자 하였다. 1914년에 발발하여 4년 넘게 진행된 1차대전 기간에는 많은 인도인들이 영국군에 차출되어 유럽, 중동 등에서 싸웠고, 재정적으로도 많은 지원을 하였다.[43]

1차대전 종전 후 1920년대 30년대 인도에서는 영국의 개혁이 확장되었으나 그만큼 본격적인 독립운동도 활발해졌다. 국민회의당을 중심으로 하는 인도 민족주의 운동의 지도자는 1915년 남아공에서 귀국한 간디(Gandhi)였다. 간디 주도하에 영국의 인도 식민지배, 통치에 대항하는 광범위한 시민 불복종(civil disobedience), 비협조(non-cooperation) 운동이 활성화되었다. 인도국민회의는 이러한 운동 과정에서 비폭력(non-violence)을 강조, 실천하여 도덕적 우위를 점할 수 있었다. 이제 인도인들이 바라는 것은 완전한 스와라지(Swaraj, 독립)였으며 이를 주도하는 국민회의는 특정 종교나 카스트에 구애되지 않고 모든 사회그

42 조길태『영국의 인도 통치 정책』, pp. 312-22.

43 Bose and Jalal, *Modern South Asia*, pp. 78-108.

룹을 포괄하는 대중적 운동 기구로 자리매김하려 노력하였다.[44]

1935년 영국은 인도 정부법(Government of India Act)을 입안하여 지방정부에 자치권을 부여하고, 여전히 재산 정도를 기준으로 하는 참정권을 더 확대하였으며, 실행되진 않았지만 전인도 연방제를 구상하기도 하였다. 1937년에 치러진 선거에서 국민회의는 다수석을 차지하여 향후 수권정당으로서의 자격을 각인시켰다. 하지만 무슬림리그는 국민회의가 집중하지 않은 무슬림 다수 지방에서도 지역정당들에 고전하는 등 그 지위가 약화되었다. 이렇게 기대에 못 미치는 결과를 마주한 무슬림 지도자들 사이에서는 인도 주민들 중 다수인 힌두인들이 향후 무슬림에 대한 지배를 할 수도 있다는 우려가 증폭되었다.[45]

1939년 유럽에서 2차대전이 발발하면서 인도도 다시금 전쟁의 소용돌이에 휘말렸으며 수백만의 인도인들이 중동, 북아프리카, 이태리 전선에서 연합국을 위하여 많은 희생을 하였다. 영국은 독일, 일본 등 전체주의 추축국을 상대로 자유와 민주주의를 위해 싸운다는 고귀한 명분을 내걸었지만 인도에서 벌어지는 실상은 자유, 민주주의와는 거리가 멀었기에 인도인들의 분노와 실망은 더욱 커졌다. 경제상황도 더욱 악화되어 1942년 벵갈 대기근(Bengal Famine)으로 알려지며 인도 전역을 휩쓴 기근으로 3백 5십만명에 달하는 사람들이 희생되었다. 당시 영국총리인 처칠(Churchill)이 자치령(dominion) 지위를 제안하였지만 국민회의는 이를 거부하고 1857년 항쟁 이후 최대 규모인 '즉각 인도를

44 *Ibid.*, pp. 109–19. 당시 인도의 독립운동은 일제 식민지 치하에서 치열하게 독립운동을 전개하던 조선의 저항 지식인들에게도 희망이자 귀감이었다. 이옥순 『식민지 조선의 희망과 절망, 인도』(서울: 푸른역사, 2006).

45 Banerjee–Dube, *A History of Modern India*, pp. 260–345.

떠나라'(Quit India)는 운동을 전개하였다. 일부 민족주의 강경파들은 영국과 싸우던 일본의 군사적 지원을 받아 영국에 무장투쟁을 전개하려 하기도 하였다. 이렇게 광범위하고 격렬한 저항에 영국 당국은 독일과의 전쟁 중임에도 불구하고 가장 큰 규모의 군대를 동원하여 진압하여야 했다.[46]

이러한 대결과 긴장은 1945년 7월 영국에서 노동당이 집권하면서

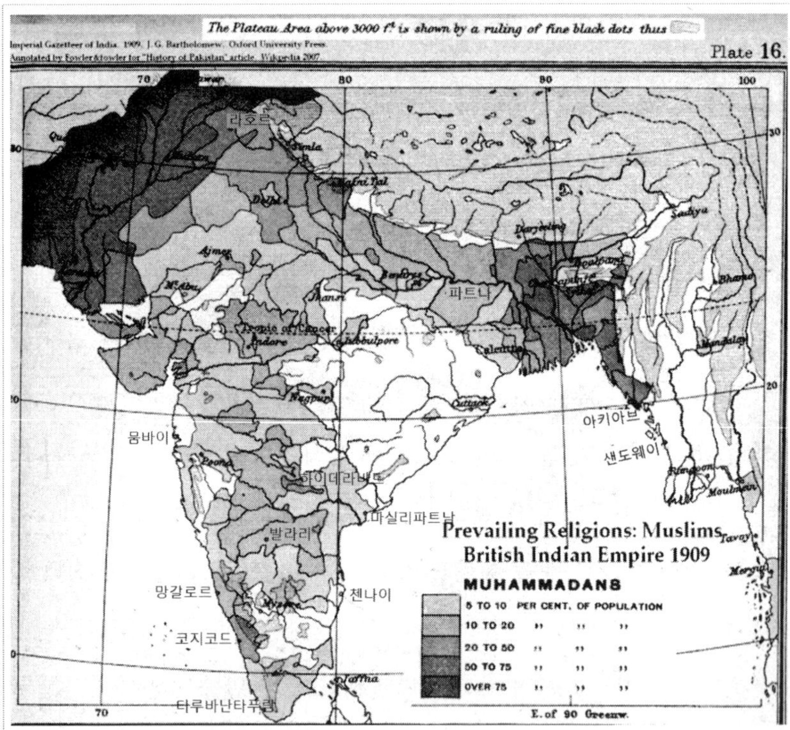

지도 7. 분할 이전 인도의 무슬림 인구분포도[47]

46 Mehta, "The Nationalist Movement," pp. 44–56; Yogendra Malik, et al., *Government and Politics in South Asia* (Boulder: Westview Press, 2009, 6th edition), pp. 20–9.

47 출처: https://sai.columbia.edu/files/sai/content/Muslim_percent_1909.jpg

크게 변화하였다. 노동당 내각은 기존의 점진적 철수에서 인도로부터의 즉각적 철수를 목표로 인도의 독립을 서둘러 진행하게 되었다. 당시 가장 큰 문제는 무슬림 리그가 주장하던 인도 아대륙에서 무슬림들만의 독립국가 건설이었다. 영국 정부는 자치권을 갖춘 6개의 지방이 파키스탄을 구성하여 15년 내에 독립할 것인지 여부를 묻는 국민투표를 시행할 것인지, 아니면 영토적으로 많이 축소된(truncated) 독립국 파키스탄을 원하는지를 질의했으나 무슬림 리그는 두 제안 모두 일축하였다. 수개월 간의 험난한 협상 끝에 위의 지도와 같이 무슬림이 다수인 펀잡과 벵갈을 중심으로 아샘, 신드, 북동접경지방(NEFP) 등의 지역이 따로 파키스탄으로 독립하기로 영국이 떠나기 불과 6주 전에 합의되었다.[48]

당시 명목상으로만 독립적 지위를 유지하던 수백 개의 번왕국들은 새로 독립한 인도나 파키스탄 중에 어느 국가의 일원이 될 것인지 선택하여야 하였다. 그리고 인도 독립운동 지도자들과 영국이 독립 인도의 미래에 대해 치열하게 논의하고 있을 때 이미 힌두-무슬림 간의 소요와 폭력사태로 벵갈, 펀잡 지역에서는 엄청난 수의 인명이 희생되고 있었다. 1947년 8월 마침내 영국의 유니온 잭이 하강하고 인도와 파키스탄 국기가 각각 델리와 카라치에서 게양되었을 때 수천만 명이 인류 역사상 가장 큰 규모의 원치 않는 이주를 하여야 했다. 수많은 힌두인들이 파키스탄 지역을 벗어나 인도로 향해야 했으며 반대로 많은 무슬림들도 인도 지역의 고향을 떠나 파키스탄으로 이동해야 했다. 이 과정에

48 Bose and Jalal, *Modern South Asia*, pp. 128–34; Banerjee-Dube, *A History of Modern India*, pp. 386–435.

서 기아, 폭력, 질병으로 수십만 명이 목숨을 잃었다. 여기서 끝이 아니라 인구 다수가 무슬림이었지만 힌두 지배자가 통치하던 주요 번왕국 카시미르를 두고 인도와 파키스탄은 독립과 거의 동시에 양국 간의 1차전쟁을 벌였다. 1947년의 분할은 이후 양국 국민들에게 잊을 수 없는 고통과 씻을 수 없는 트라우마를 깊게 남겼고 양국 간에 현재까지 이어지는 대립과 적대와 불신의 씨앗이 되었다. 이러한 분할은 과연 불가피하였나?

2. 인도 아대륙 분할(Partition, 분리독립)의 원인과 경과

10세기 경 무슬림 세력들이 북서쪽으로부터 본격적으로 인도 아대륙으로 진입하면서 무슬림들은 점차 아대륙의 일원이 되었다. 초기에는 전쟁과 정복으로 인한 피해도 적지 않았으나 군사적 승리 후에는 점차 강력한 동화정책과 인구의 다수인 힌두교도들의 문화, 풍습을 존중하는 방향으로 정책을 펼쳤다. 이는 델리 술탄 시대나 무굴 제국 시대에도 지속되었고 하층 카스트 중 일부가 보다 평등주의적인 이슬람으로 개종하면서 인도 전역은 힌두와 이슬람이 공존하는 지역이 되었다. 델리 술탄 시대부터 북부 인도에는 인도-이슬람 문화가 번성하여 이후 타지마할을 비롯한 찬란한 건축, 미술 유산을 남겼다. 이슬람이 인도 아대륙에 서서히 퍼지게 된 데에는 이슬람교의 신비종파이자 정통 이슬람의 엄격한 교리 대신 융통성 있고 쉬운 교리체계를 정립하면서 기존 힌두 전통도 어느 정도 받아들인 수피교(Sufism)가 큰 역할을 하였다. 이렇게 이슬람교는 인도사회에 적응, 확산되며 문화적으로 수용되기도 하고 때로는 완강한 저항을 경험하기도 하였다.[49] 즉 힌두, 무슬림 양 공동체 사이가 다툼이나 갈등으로부터 완전히 자유롭지는 않았으나 대체로 원만하게 공존하였는데 이러한 조화는 영국의 식민지배가 시작되면서 서서히 균열되었다.[50]

무슬림들로서는 수백 년 만에 처음으로 인도에서 지배적 위치를 잃은 상황이었고 힌두인들은 경제적 수탈과 더불어 정치적, 사회적, 문화적으로 심각한 침해를 겪어야 했다. 물론 종교, 카스트, 지역, 언어 등 다층적으로 분절화된 인도 사회에서 영국에 대한 대응은 상당한 차이가 있을 수밖에 없었다. 동인도회사의 경제정책으로 많은 사람들이 고통 받았으나 일부 이득을 얻는 그룹도 있었고 1857년 반란 때도 일부는 영국에 극렬히 저항했으나 일부는 영국에 적극 협조하였다. 무굴제국의 유산을 물려받고, 적은 인구와 자원으로 전세계 4분의 1 가량을 식민화했던 영국은 다른 식민지와 마찬가지로 인도 아대륙도 간접통치할 수밖에 없었는데 종교, 계층 간 분화와 분열은 영국에게 호기였다. 영국은 이러한 차이와 다양성, 분열을 적극 활용하여 분할통치 전략을 효율적으로 사용하였다. 20세기 초부터 제한적으로 허용된 선거에 공

49 Bose and Jalal, *Modern South Asia*, pp. 23–5.

50 영국인들은 십자군 원정 실패 이후 무슬림들에 대하여 위험하고 믿을 수 없는 그룹이라는 인상을 갖고 있었는데 서양인들의 인식체계로는 대단히 복잡하고 심오한 힌두교에 대해서도 이해하는데 큰 어려움을 경험하였다. 인도 통치를 오랫동안 지속하던 동안에도 힌두와 이슬람의 다양성, 공통성, 경쟁관계, 두 그룹이 함께 한 역사와 경험을 제대로 파악하지 못하여 정책 수행에 큰 난항을 겪었다. Duncan McLeod, *India and Pakistan: Friends, Rivals, or Enemies?* (Burlington, VT: Ashgate, 2008), pp. 44–7.

동체 별로 유권자들을 분리한 것이 그 대표적인 예이다.[51]

종교, 계층, 지역, 언어 등 엄청난 다양성과 차이로 인해 통일국가는 물론 큰 동질적 공감대도 갖지 못하였던 아대륙 주민들은 영국이라는 막강한 타자에 의해 식민화되면서 점차 민족의식을 형성, 발전시켜 나가게 되었다. 또한 영국이라는 공동의 적 앞에서 힌두-무슬림 연대도 강화되어 함께 반영 민족주의 운동을 펼쳐나가면서 영국 당국을 긴장시켰다. 그러나 일부 힌두인들에게 인도 민족주의는 힌두 민족주의와 점차 동일시되었고 힌두트바(Hindutva, Hinduness)를 외치는 강경 힌두 민족주의자들이 성장하며 영향력을 넓혀 나갔다. 하지만 이러한 힌두 민족주의의 발흥과 팽창은 무슬림들에게는 위협으로 다가왔다.

1881년 인구조사에서 무슬림들은 인도 식민지의 19.7%를 차지하였다. 힌두교인들이 카스트, 지역, 언어, 풍습, 섬기는 신에서 천차만별이듯이 무슬림들도 경제적 지위, 사회적 명망, 지역, 언어, 그리고 종파에서 대단히 다양하였다. 또한 영국 식민당국의 정책도 무슬림들의 정체성 변화에 큰 영향을 끼쳤다. 영국은 인도의 엄청난 다양성 때문에 피통치민들을 분류하는 데 적지 않은 어려움을 겪었다. 무슬림의 경우 애초에 후진적인(backward) 소수그룹(minority)이라고 분류되어 무슬림 지도자들의 공분을 사기도 하였다. 그러나 러시아 제국과 유라시아 대륙에서의 Great Game에서 유리한 고지를 점령하기 위해서는 인도를 비롯하여 영국의 영향력이 있는 지역에 거주하는 무슬림들의 협조가

51 샤시 타루르(Shashi Tharoor) 지음, 김성웅 옮김 『암흑의 시대: 약탈과 착취, 폭력과 학살의 시대(The Era of Darkness: The British Empire in India)』(서울: 서런, 2018), pp. 196-214.

절대적으로 필요하다고 판단한 영국은 1871년 정부 결의안을 필두로 인도 아대륙의 무슬림들에게 교육과 취업에서 혜택을 주는 정책을 취하였다. 19세기 말 반영(反英) 민족주의 운동이 점차 거세지고 힌두-무슬림 간의 유대가 민족주의 운동을 더욱 성장시키자 식민지 당국은 무슬림들에게 특별혜택을 제공하는 정책을 강화하였다. 마침내 1905년 당시 총독이었던 쿠르손 경(Lord Curzon)이 인도 동부의 큰 지역인 벵갈(Bengal)을 분할하여 동벵갈을 무슬림들이 다수인 새로운 주로 만들어 주었다.[52]

벵갈 분할에 처음부터 무슬림들이 환호한 것은 아니었다. 오랜 전통의 지방을 영국이 마음대로 갈라버린 것에 많은 사람들이 분개했던 것이다. 벵갈 분할에 대하여 힌두 민족주의자들은 스와데시 운동을 의욕적으로 펼치는 등 특히 강경하게 대응하였다. 이렇게 1905년 벵갈 분할 이후 스와데시 운동에 많은 힌두인들이 적극적으로 참여하였고 일부 강경파들이 힌두 종교성을 강조하며 무슬림 소매업자들을 위협하자 무슬림들의 우려는 고조되었다. 이에 영국 식민지 당국은 힌두-무슬림 간 분리통치를 더욱 효과적으로 진행할 수 있었다. 다음 총독인 민토 경(Lord Minto)과 인도 식민지 국무장관인 존 몰리(John Morley)는 1906년 벵갈과 인도 북부 무슬림 지도자들의 면담 요청에 응하였다. 이 면담에서 이들은 힌두와 뚜렷이 구분되는 무슬림들의 이해와 소수파로서의 권리 확보를 위해 무슬림들이 정치, 경제 분야에서 정당하게

52 Banerjee-Dube, *A History of Modern India*, pp. 247-9; Bose and Jalal, Modern South Asia, pp. 94-6; Barbara Metcalf and Thomas Metcalf, *A Concise History of India* (Cambridge, UK: Cambridge University Press, 2002), pp. 154-6.

비례적으로 대표되어야 한다는 주장에 긍정적으로 반응하였다. 이에 고무된 무슬림 지도자들은 1906년 12월 신생 동벵갈의 수도인 다카에서 전인도 무슬림 리그(All India Muslim League)의 결성을 선언하였다.[53] 즉 벵갈 분할을 놓고 힌두인들은 민족주의 운동을 분리, 약화시키려는 영국의 음모라고 강력히 반발했던 반면 무슬림들은 정부 관리들과의 협조를 통해 자신들의 정치적 영향력을 증대시키는 수단으로써 이용하고자 하였던 것이다.[54]

무슬림 리그 결성 이후 영국 정부의 적극적인 전략으로 힌두와 무슬림 간의 골이 계속 깊어져 갔다. 1909년 몰리-민토 개혁(Morley-Minto Reforms)이라고 알려진 인도 회의법(Indian Councils Act)에서 인도 국민들의 선거 참여와 대표권을 조금 확대하면서 지방과 중앙 의회 단위에서 처음으로 유권자들을 분리하여 의회에 무슬림 대표를 위한 의석을 배분해 놓고 이 의석을 위해서는 오직 무슬림들만 투표할 수 있도록 하였다. 즉 오직 무슬림들만이 무슬림들의 이해를 대변하고 보호할 수 있다고 법적으로 규정한 것이다. 이 제도는 무슬림들이 중요한 소수파라는 지위를 영국으로부터 공식적으로 인정받은 것이라 할 수 있는데 향후 인도 독립운동과 그 과정에서 힌두-무슬림 간의 갈등 고조와 분리에 큰 영향을 끼치게 된다.[55] 사실 일부 무슬림 엘리트들의 우려는

---

53 Banerjee-Dube, *A History of Modern India*, pp. 247-51; Metcalf and Metcalf, *A Concise History of India*, pp. 157-8.

54 McLeod, *India and Pakistan*, p. 57. 한편 벵갈 분할에 대한 저항이 정치적 위기를 심화시키자 1911년 원상 복귀되었다.

55 Metcalf and Metcalf, *A Concise History of India*, pp. 158-9; Banerjee-Dube, *A History of Modern India*, pp. 252-3. 무슬림들에게 특별한 지위를 허락한 것은 영국의 통치에 잠재적으로 위험한 도전세력을 사전에 무마하고자 했던 당시 영

이미 세포이 항쟁 이후 영국의 제한적인 자치 허용으로 교육받은 힌두인들의 지위와 영향력이 상승하면서 서서히 고조되었다. 특히 이러한 우려는 이미 소수파인데다 지위 하락이 더욱 현실화되던 북부 인도의 통합 지방(United Provinces, 현재의 Uttar Pradesh 주를 포함하는 지역) 등에 거주하는 무슬림 엘리트들을 중심으로 19세기 말부터 확장되어 20세기 초 무슬림 리그 결성과 이후 무슬림들의 분리독립 요구에 큰 영향을 끼친다.[56]

인도 아대륙에서 인구 구성상 소수파인 무슬림들에게 영국은 식민통치자인 동시에 다수 힌두인들로부터의 완충작용도 하였다. 영국의 효율적인 분리통치를 위한 무슬림 우대정책으로 무슬림들의 대 영국 저항은 전반적으로 힌두인들보다 강하지 않은 편이었다. 하지만 영국에 대항하는 독립운동 초기에는 양 그룹이 협조적인 모습을 보이기도 하였다. 1906년 설립된 무슬림 리그의 지도자가 된 무함마드 진나(Muhammad Jinnah)도 초기 국민회의의 일원이었고 간디, 네루와 우호적인 관계를 가졌었다.[57] 그러나 점증하는 힌두 민족주의의 사조, 주장들이 무슬림 지도자들을 긴장시켰다. 1915년에는 국민회의 내 과격 힌두 민족주의자들이 힌두 마하사바(Hindu Mahasabha)란 단체를 결성하

국 정부가 무슬림들에 대해 느끼던 두려움 때문이었다는 해석도 있다. McLeod, *India and Pakistan*, pp. 60–1.

56 Jaffrelot, "Nationalism without a Nation: Pakistan Searching for Its Identity," in Jaffrelot ed., *Pakistan: Nationalism without a Nation?*, pp. 8–9.

57 1916년 국민회의와 무슬림 리그 지도자들이 회동하여 합의한 러크나우 조약(Lucknow Pact)이 특히 성공적이라고 평가받는다. 이 조약에서 무슬림들을 위한 분리 투표를 지지하는 대신 대 영국 힌두–무슬림 공동전선을 추진하기로 합의하였다. Bose and Jalal, *Modern South Asia*, p. 104.

였다. 이 단체는 당시 반영 저항운동의 일환으로 전개되던 스와데시 운동을 '힌두'적인 인도의 문화와 종교를 '보호'한다는 목적으로 추진하는 것임을 표방하였는데 무슬림 리그에 대한 반발도 이 단체의 결성에 큰 영향을 끼쳤다. 초기에는 이 단체의 영향력이 미미하였으나 1917년 감옥에서 '힌두트바(Hindutva)'라는 배타적인 힌두 민족주의적 책을 저술한 사바르카르(Savarkar)가 지도자로 부상하면서 1920년대부터 영향력을 행사하기 시작하였다. 특히 당시 간디를 중심으로 국민회의가 주도하던 비협조, 불복종 운동이 열기를 잃어가면서 국민회의 내 대영투쟁의 방향, 국민회의의 정체성, 무슬림, 하층 카스트와의 관계 등의 이슈를 둘러싼 논쟁이 격화되는 틈에 강경파를 중심으로 마하사바가 세를 확장해 나아갔다.

힌두 민족주의자들은 소 도축을 금지하는 운동을 벌이고 이슬람 모스크 앞에서 음악소리를 내지 말라는 무슬림들의 요구를 묵살하였으며 이슬람으로 개종한 힌두인들을 되찾는 운동도 전개하였다. 1919년의 몬트포드 개혁(Montford (Montagu-Chelmsford) Reforms)은 선거권을 확대하는 동시에 종교 등 정체성에 따른 유권자 분리 원칙도 더욱 확장하였다. 1차 대전 직후 자치권이 더욱 늘어나면서 당시 인도 정치인들은 유권자들로부터의 지지와 지원 확보를 위해 점차 종교, 카스트, 지역 등 소속 공동체의 슬로건에 강력하게 호소하였다. 인도인들의 반영 투쟁이 점차 격렬해지면서 영국 정부는 이러한 인도 민족주의를 특정 그룹에 대한 특권을 강화하는 방식으로 더욱 분열, 분리시켰다. 단계적 권력이양이 진행될 때마다 영국이 의도한 대로 인도의 통일성과 저항

운동의 통합은 옅어져 갔다.[58] 이렇게 공동체 간 골이 깊어지고 힌두와 무슬림 간 분열이 심화되면서 무슬림들은 만일 영국이 물러난다면 힌두가 다수인 아대륙에서 어떻게 해야 무슬림으로서 안전하게 정체성을 지키면서 안정적으로 살아갈 수 있을까에 대해 근본적인 질문을 던지게 되었다.

그림 1. 무함마드 진나와 모한다스 간디, 1944년 봄베이[59]

1909년 이후 1935년까지 실시된 일련의 제한적인 선거에서 무슬림이 다수인 지방에서는 무슬림 리그가 승리했지만 통합 지방 등 무슬림이 소수인 지역에서는 국민회의가 압승하면서 이 지역에 사는 무슬

58 Banerjee–Dube, *A History of Modern India*, pp. 307–13.

59 출처: https://www.reddit.com/r/india/comments/6b58k0/muhammad_ali_jinnah_and_mahatma_gandhi_in_bombay/

림 엘리트들의 고민과 불안이 커져갔다. 이들은 자신들의 지위 쇠퇴와 주변화에 대해 이슬람교와 우르두(Urdu)어 같은 무슬림들의 상징적 표상을 적극 부각시키면서 새로운 정체성을 발전시키는 것으로 극복하려 하였다. 그러나 펀잡이나 벵갈 등 무슬림들이 다수인 지역에서는 이러한 우려가 크지 않았고 전 무슬림들의 연대에 대한 필요성도 크게 느끼지 못하였다. 진나를 중심으로 한 무슬림 리그 지도자들은 아대륙 전체에서는 소수파인 무슬림 전체의 미래를 위해서 무엇이 최선일지 비전을 제시하여야 했다. 진나는 분리독립이라는 어젠다를 설파하기 위해 '두 민족 이론'(Two Nations Theory)을 수립하여 1930년대 후반 이후 자신의 주장을 강력히 피력하였다.[60] 진나에 따르면 힌두와 무슬림은 단지 다른 종교를 믿는 사람들이 아니라 종교 철학, 사회적 관습, 문학, 예술 전통 등 확연히 다른 두 사회질서에 속해 있었다. 따라서 두 개의 서로 다른 공동체적 질서에 기반을 둔 두 개의 '민족'은 서로 각자의 독립국가를 세워야 한다고 주장한 것이다. 분리독립을 주장하던 무슬림 지도자들은 향후 힌두 다수파가 중앙정부에서 전권을 장악하여 무슬림들의 정체성이 심각하게 위협받는 상황을 우려하였다. 처음에는 반신반의하였던 무슬림들이 1937년 선거에서 국민회의당이 압승을 거두고 영국의 철수가 가시화되면서 힌두 지배 가능성이라는 우려가 현실로 다가오자 서서히 이 논리를 받아들였다. 즉 독립 후 인도 내부의 자치적 무슬림 공동체보다는 무슬림들만의 독립된 파키스탄 건설을 점차

60 힌두와 무슬림 간의 차이와 구별을 강조한 사람이 진나가 처음은 아니다. 유명한 무슬림 지도자이면서 향후 많은 무슬림 지식인들을 배출해낸 알리가르 대학(Aligarh University)을 창립한 사이드 아메드 칸(Saiyid Ahmad Khan)도 1880년대에 유사한 주장을 설파하였다. Bose and Jalal, *Modern South Asia*, p. 138.

더욱 선호하게 되었던 것이다.[61]

1940년 라호르 결의안(Lahore Resolution)에서 진나는 중앙정부에서 힌두–무슬림이 동일한 비율로 대표될 것과 함께 펀잡, 벵갈을 기본으로 하는 무슬림 연방의 건설을 요구하였다.[62] 진나같은 무슬림 민족주의자들에게 무슬림들의 고국(homeland)은 이미 수세기 동안 존재하였고 앞으로도 영원히 존속할 것이었다. 그러므로 이들은 향후 힌두 다수파에게 속국처럼 지배당하며 사는 일은 절대 없을 것이라는 결의를 다졌던 것이다. 즉 무슬림들은 독립 후 어떤 정치체제에서건, 어디에서건 다수파 힌두와 동동하게 취급받아야 한다는 것이다. 무슬림 리그 지도자들에게는 펀잡과 벵갈이 온전한 상태로 곧 창설될 파키스탄의 핵심이 되는 것이 아주 중요하였으나 이는 곧 이 지역에 거주하는 힌두를 비롯한 수많은 비무슬림들을 쫓아내지 않고 그들에게도 역시 동등한 민주적 권리를 부여해야 한다는 것을 뜻하였다. 하지만 이는 파키스탄이 곧 아대륙에서 소수파인 무슬림들의 영원한 조국이 된다는 정체성적 희망과는 모순되었다.

2차대전이 격렬해지고 영국이 인근 동남아에서 수세에 몰리면서

61 Jaffrelot, "Nationalism without a Nation," pp. 10–2. Pakistan은 '순수한 사람들의 땅'이라는 의미와 함께 당시 인도 아대륙에서 무슬림들이 다수 거주하는 Punjab의 p, Afghan(North Western Frontier 포함)의 a, Kashmir의 k, Sindh의 s, Baluchistan의 tan을 합친 단어이다. Ayesah Jalal, *The Struggle for Pakistan: A Muslim Homeland and Global Politics* (Cambridge: Belknap Press, 2014), p. 14. 흥미롭게도 동부 지역에서 무슬림들이 다수 거주하던 벵갈(Bengal)은 포함되지 않았는데 결국 분리독립 24년 후 이 벵갈 지역은 방글라데시로 파키스탄에서 떨어져 나와 독립하게 된다.

62 하지만 이는 진나의 희망사항에 불과하였다. 예를 들면 펀잡 지방에는 상당수의 시크교도들도 거주하였는데 이들은 이미 무굴제국의 통치도 성공적으로 거부한 바 있기 때문이다. McLeod, *India and Pakistan*, p. 73.

국민회의당이 전쟁에 전폭적으로 협조하는 것이 시급해졌던 1942년 영국 정부는 당시 노동당 당수였던 스태포드 크립스(Stafford Cripps)를 파견하여 독립 인도에 대하여 국민회의당에 유리한 구상을 제안하였다. 이 제안에 따르면 아대륙의 지방(provinces)들은 원한다면 독립 인도에서 떨어져 나가 자치권을 누릴 수 있었다. 하지만 이는 지방(province)이 아닌 공동체(무슬림 같은 community)의 자치권을 원하는 무슬림 리그의 염원과는 배치되는 것이었다. 무슬림 리그 지도자들에게는 다행히도 크립스 미션(Cripps Mission)은 실패하였고 다시 한 번 향후 독립 인도의 체제와 제도에 대한 지루한 논쟁이 이어졌다. 1944년 국민회의 지도부는 펀잡과 벵갈에서 무슬림들이 다수인 구역(districts)을 따로 떼어내어 파키스탄을 구성하는 것이 어떨지 제안하였으나 진나는 이를 '불구가 되고, 손발이 잘린 좀먹은 형태의' ("maimed, mutilated, and moth-eaten") 파키스탄이라고 거부하였다.[63]

한편 전쟁이 마무리되면서 인도 내부에서 독립을 위한 열망이 더욱 거세어졌다. 힌두 민족주의자들의 운동이 극우 힌두 민족주의 단체인 마하사바를 중심으로 더욱 강경해지고 영국, 국민회의당과의 미래를 위한 협상이 난항을 겪자 무슬림들만의 독립국가 건설 열망은 더욱 커졌다. 1945-6년 선거에서는 지방에서도 승리하고 중앙의회에서도 무슬림에게 배정된 선거구 의석을 모두 차지하는 등 무슬림 리그는 크게 선전하였다. 이후 분리독립 요구는 더욱 거세졌고 무슬림들에게 양보하는 것 자체를 반대하는 힌두 민족주의자들의 강경대응으로 상황

63 Jalal, *The Struggle for Pakistan*, pp. 27-33.

은 더욱 힘들어졌다. 1946년 영국의 노동당 정부는 내각 미션(Cabinet Mission)을 인도에 보내 권력 분점과 정치 제도 수립을 매듭짓고자 하였다. 이 팀이 제안한 것은 세 단계(three–tier) 연방 체제였는데 두 번째 단계에서 의무적으로 모든 지방(province)들이 그룹으로 묶이고, 중앙에는 국방, 외교, 통신만 담당하는 연방센터가 들어서는 것이었다. 이는 무슬림이 다수인 지방에서 무슬림 리그의 통치를 보장해 줄 수 있으나 중앙에서는 힌두 다수 지방들과의 동등한 권리가 반드시 보장되지는 않은 것이었다. 이 제안의 대안은 벵갈과 펀잡에서 힌두가 다수인 구역(캘커타 포함)을 포기하는 대신 완전한 주권을 누리는 파키스탄이었다. 진나는 '파키스탄'이 아닌 지방을 그룹으로 묶을 수 있는 연방제 제안에 찬성하였으나 강력한 중앙정부를 원하는 국민회의 지도부가 이 제안을 일축하였다. 협상이 교착되어 있는 동안 벵갈과 펀잡을 중심으로 양 세력의 충돌에 의한 폭력사태는 걷잡을 수 없이 악화되었다.[64]

진나와 무슬림 리그에 대한 안팎에서의 비판이 고조되었고 당시 남아시아의 식민지를 독립시키며 명예로운 철수를 준비하던 영국의 클레멘트 애틀리(Clement Atlee)정부는 1948년 6월까지 권력이 이양될 것이라고 1947년 2월에 발표하였다. 이제 새로운 독립국가 건설을 어떻게 할지 정할 수 있는 시간이 그리 많이 남지 않은 것이다. 영국 정부는 크립스 미션의 제안을 다시 꺼냈고 무슬림 다수 지방들의 무슬림 지도자들이 크게 동요하였다. 네루를 위시한 국민회의 지도부는 3월에 펀잡을 (필요하다면 벵갈도 나중에) 분할하겠다고 선언하였다. 영국

---

64 Ibid., pp. 34–6; Ramachandra Guha, *India After Gandhi: The History of the World's Largest Democracy* (NY: Harper, 2007), pp. 24–38.

의 이해를 대변하기 위해 파견된 마지막 총독 루이스 마운트바튼(Louis Mountbatten)경은 영국 철수 후 국민회의 정부와 원만한 관계 유지를 위해 이 제안을 긍정적으로 받아들였고 권력 이양 시기를 1947년 8월로 앞당겼다.

결국 진나는 무슬림 지방과 힌두스탄과의 동등한 권력 분점이라는 희망을 포기해야 했다. 진나는 중앙정부에서 무슬림들의 권력 분점이 보장되지는 않지만 '통합된 인도'냐, 펀잡, 벵갈 지방에서 비무슬림 다수 구역을 양도하지만 실질적 주권을 행사할 수 있는 '파키스탄'이냐 하는 두 가지 내키지 않은 미래 사이에서 선택하여야 했다. 종국에는 영

그림 2. 1947년 3월 델리 공항에 도착한 마우트바튼경을 맞이하는 네루와 리아콰 알리 (Liaquat Ali)[65]

65 출처: https://www.dailymail.co.uk/news/article-4302730/Viceroy-s-House-whitewashes-Lord-Mountbatten.html. 리아콰은 1948년 진나 사후 파키스탄의 초대 총리가 되지만 1951년 의혹이 가득한 상황에서 암살당한다.

국령 인도에서 무슬림이 다수이던 지역이 인도아대륙에서 무슬림들의 독립국가인 파키스탄으로 배정되었다. 이는 당시 인구분포를 고려하면 영국령 인도를 사이에 두고 1500 마일이나 떨어진 인도의 양 측면에서 무슬림 독립국인 파키스탄이 설립된다는 뜻이었다. 간디와 네루 등 국민회의 지도자들은 이렇게 인도 아대륙을 분리하는 분할독립을 막고자 치열하게 노력하였으나 폭력사태의 확산으로 어쩔 수 없이 두 민족 이론과 파키스탄의 분할독립을 받아들일 수밖에 없었다. 1947년 협상에서 네루를 위시한 국민회의 협상대표들은 분할되기는 하지만 강력한 중앙권력을 행사할 수 있는 인도의 건설을 선호하기도 하였다. 이러한 상황 속에서 진행 중이던 협상에서 진나는 더 큰 영토를 가진 독립 파키스탄을 쟁취하려 하였으나 결과적으로 분할독립된 파키스탄은 진나가 1944년과 46년에 거부한, 핵심지역인 서부의 펀잡과 동부의 벵갈 지방이 모두 갈라진 형태의 좀먹은 듯한('mutilated and moth-eaten') 파키스탄이었다.[66]

인도-파키스탄 분할 못지않게 마운트바튼 총독을 곤혹스럽게 했던 문제는 영국령 인도에 명목상의 독립국으로 존재하던 500개가 넘는 번왕국 (princely states)의 지위였다. 이들 번왕국들은 간접통치를 시행하던 대영제국의 직접 통치를 받는 식민지의 지위에 있지는 않았지만 사실상 영국국왕의 최고권(paramountcy)를 인정하는 조건에서 존속할 수 있었다. 고심 끝에 결국 마운트바튼 총독은 이들 번왕국들에게 인도나 파키스탄으로의 귀속이라는 두 가지의 선택만 허용하였다. 번왕국의

66 Bose and Jalal, *Modern South Asia*, pp. 145–54; Jalal, *The Struggle for Pakistan*, pp. 35–9.

독립요구는 기각되었는데 너무 많은 왕국들이 독립을 원할 경우 인도 아대륙의 발칸화(Balkanization)를 우려했기 때문이다. 3분의 2 이상의 번왕국들이 인도에의 귀속을 결정하였다. 하지만 모든 귀속이 평화적으로 원만하게 일어난 건 아니어서 일부 왕국들은 인도 정부의 강압적 조치에 굴복하며 합병되기도 하였다.[67]

많은 번왕국들 중 미래의 지위, 인도 파키스탄과의 관계와 관련하여 가장 큰 문제가 되었던 곳은 카시미르(Kashmir)였다. 신생 독립국 인도, 파키스탄과 북서, 북동에서 각각 접경을 맞대고 있는 카시미르 번왕국은 힌두 지도자와 무슬림이 다수인 주민이라는 사회인구적 특성, 지정학적 요충지라는 전략적 고려 등으로 인해 인도, 파키스탄 모두 절대 포기할 수 없는 대결의 장이 되었다. 분할 직후부터 시작된 카시미르를 둘러싼 양측의 대결은 아직도 미해결인 채로 남아서 양국 간의 충돌을 촉발하면서 두 국가 간의 화해와 협력을 지극히 힘들게 하고 있다.[68]

이렇게 양국 모두에게 큰 고통과 희생을 안겨 준 분할(partition)은 과연 불가피하였나? 1946–7년의 상황은 그렇게 보인다. 하지만 1946–7년의 공동체 간 폭력과 소요를 이끌며 결국 수백 년간 유구히 내려오던 다양성과 공존을 무너뜨린 요인은 무엇인가? 힌두와 무슬림은 한 국가에서 함께 사는 것이 불가능하였는가? 2차대전 종전 이후 서구열강의 식민지들이 속속 독립하면서 명분으로 내걸었던 슬로건은

67 Ganguly and Hagerty, *Fearful Symmetry*, p. 22.

68 조길태 『인도와 파키스탄: 대립의 역사』 (민음사, 2009), pp. 19–211; D. N. Panigrahi, *India's Partition: The Story of Imperialism in Retreat* (Routledge, 2004).

민족자결(national self-determination)이었다. 진나와 무슬림 리그가 무슬림들만의 분할독립을 주장할 때도 당시 유행하던 민족자결의 원칙에서 영향을 많이 받았다. 하지만 진나가 언급한 무슬림 '민족'(nation)은 사실 그 실체와 기원을 찾기 쉽지 않았기에 무슬림들이 다수 주민으로 존재하는 지역에서도 이 개념에 대한 회의적인 시선이 많았다. 인도 아대륙의 풍부한 다양성과 복잡한 사회질서의 발전을 고려할 때 어느 한 민족을 특정하기는 쉽지 않다. 결국 20세기의 민족이란 고대로부터 내려오는 태고적인(primordial) 형태의 인간 집합단위라기보다는 실천적 필요에 의해 현대에 '발명된'(invented) 정체성 개념일 가능성이 많다.[69] 베네딕트 앤더슨(Benedict Anderson)의 주장처럼 이러한 민족은 제한적으로 상상된 공동체(limited, imagined community)인 것이다.[70]

결국 진나와 무슬림 리그가 주장하는 '두 민족 이론'의 논리적, 역사적 정당성은 받아들이기 힘들다. 분할은 표면적으로는 종교로 구분되는 민족을 중심으로 발생하였지만 실상은 영국의 오래된 분리-통치 정책과 영국의 인도통치 말기에 벌어진 전 인도적 이슈와 지방 특수적인 이해의 복잡한 대립, 지방자치와 중앙집권 사이에서 권력행사의 유용성을 계산하던 정치 지도자들의 야심 등이 복합적으로 작용한 결과이다.[71] 무슬림들만의 분리독립된 국가를 인도아대륙에 건설하려는 야망은 그 현실성에 대한 의구심과 무슬림 다수 지방 지도자들과 소수 지

69 Ernest Gellner가 이러한 논리로 민족주의를 정의하였다. Jaffrelot, "Nationalism without a Nation," p. 10에서 재인용.

70 McLeod, *India and Pakistan, p. 39*에서 재인용.

71 Jalal, *The Struggle for Pakistan*, pp. 38–41.

방 지도자들의 이해 충돌, 영국과 국민회의와의 기싸움 등으로 원래 의도하던 바와는 상당히 다른 결과를 낳았다. 인도와 떨어져서 독립한 파키스탄은 영토가 절삭된(truncated) 비현실적인 형태로 탄생하였으며 마운트바튼경이 탄식한 것처럼 영구적인 튼튼한 빌딩이 아니라 부실한 반원형 텐트를 만든 것에 불과한 것처럼 보였다.[72] 즉 파키스탄은 '민족주의'는 있지만 '민족'의 실체는 부재한 상태인 채 신생국가로 세상에 탄생한 것이다.[73] 이후 파키스탄의 정치는 이슬람적 정체성을 강조하는 가운데 초기에 기존 무슬림 소수지역에서 이주해 온 모하지르(Mohajir)가 주도하다가 급속한 펀잡화(Punjabization)가 진행된 후 군부가 여러 분야에서 전권을 행사하는 병영국가(barrack state)가 되었다. 그 와중에 완전히 영토적으로 단절되었던 동파키스탄을 '두 민족 이론'으로 보듬지 못하면서 결국 상실하였다. 이후 지아(Zia) 장군에 의해 1970년대 후반부터 이슬람 정체성을 강조하였는데 여전히 지역정치는 강고하고 이슬람만으로 파키스탄의 정체성을 건설하기는 버거워 보인다.[74]

파키스탄 뿐만 아니라 영국 식민지를 벗어나 빈곤을 타파하고 인도 아대륙에 독립된 민족국가 건설을 꿈꾸던 국민회의 등 독립운동 지도자들 간의 '민족국가'(nation-state) 개념도 상당한 차이가 있었다.[75] 간디가 꿈꾸던 독립 인도는 자랑스러운 종교적, 정신적 전통과 다양성,

72 *Ibid.*, p. 3.

73 Jaffrelot, "Nationalism without a Nation."

74 *Ibid.*, pp. 14-32.

75 바네르지 듀브가 주장하듯이 당시에는 종교, 카스트, 정치적 입장(공산주의 포함), 지역에 따라 많은 개인, 그룹들이 각기 다른 '민족'을 구상하였다. Banerjee-Dube, *A History of Modern India*, "Ch. 9. Many Pathways of a Nation."

심오함이 보존되어 있는, 이윤추구를 배격하는 소박한 소규모 공동체로 구성된 인도였다. 이에 반해 네루가 건설하고자 했던 인도는 정치, 경제적으로 근대화되고 종교적 다양성을 인정하되 철저히 세속적이고 생산수단의 분배와 협업을 중시하는 사회민주주의적 인도였다. 즉 네루가 추진하고 발전시키려 했던 인도 민족주의 운동에서의 '민족'은 협의의 ethnic 민족이 아니라 인도의 종교적, 계급적, 언어적, 지역적 다양성을 포괄하는 공민적 민족(civic nation)이었던 것이다.[76] 힌두 민족주의자들은 힌두 전통이 온전히 보존되고 정치, 경제, 사회, 문화 등 모든 면에서 힌두성이 관철되는 배타적인 인도를 건설하고자 하였다. 이렇게 모두가 새로운 민족 독립국가 인도를 건설하려는 노력을 기울였지만 이들이 생각했던 '인도', 이러한 인도를 건설하기 위해 열정적으로 벌여나가던 민족주의 운동에서의 '민족' 개념도 각기 달랐던 것이다. 인도 독립 직후 간디가 암살당하고 간디 암살에 책임이 있는 힌두 민족주의 그룹들이 주변화되자 네루가 독립 인도의 건설을 책임지고 나섰고 결국 인도는 네루가 희망하던 근대적, 민주적, 세속적, 사회주의적 인도로 발전해 나갔다.

그러나 인도의 민족 정체성 건설은 여전히 현재 진행형이다.[77] 주류 정치권에서 배제되었던 힌두 민족주의식의 '민족'이 세속적 정치의 실패로 인하여 1970년대 후반부터 부활하였다. 90년대 이후에는 BJP가 전국정당으로 발돋움하여 집권에 성공하는 등 대내외적으로 힌두 민족주의자들은 강경한 민족주의적 정책을 추진하고 있다. 그러면서

76 Malik et al., *Government and Politics in South Asia*, pp. 29–32.

77 Sunil Khilani, *The Idea of India* (NY: Farrar, Straus, and Giroux, 1999).

인도 내부에 여전히 인구의 15% 정도를 차지하는 무슬림들과의 갈등도 고조되었다. 초기 네루를 비롯한 인도 건국의 아버지들이 희망하던 인도와는 상당히 멀어진 형국이다. 독립 70주년이 훌쩍 지난 지금도 선거와 선거 사이의 민주적 절차, 제도, 문화의 정립과 강화가 쉽지 않은 과제임을 보여주고 있다.[78] 파키스탄도 여전히 정체성 획득 노력을 진행하고 있으면서 민주적 제도를 정착시켜야 하는 과제도 안고 있다. 하지만 여전히 군부의 영향력은 강고하고 지방과 중앙의 갈등도 지속되고 있어 '민족'통합에 어려움을 겪고 있다. 특히 양국 사이에는 고통스런 분할 과정과 직접 관련이 있는 카시미르 문제가 양국이 초기에 각각 설파하였던 민족 이데올로기를 실현화할 상징으로 자리매김하면서 경쟁과 대결을 지속시키고 있다. 1947년 분할(partition)의 악몽은 여전히 양국에 유령처럼 출몰하고 있는 것이다.

3. 전쟁과 위기

신생국 인도와 파키스탄은 분할의 아픔을 딛고 독립을 이루었기에 시작부터 상대방을 보는 시각이 우호적일 수 없었다. 또한 인도 아대륙의 인구 분포, 영국의 오랜 식민정책의 영향, 지역 지도자들의 야심, 오판 등이 얽히면서 많은 문제들이 분할 과정에서 드러났다. 특히 카시미르의 지위를 둘러싼 논쟁은 독립 직후 양 신생 독립국 간 1차 전쟁을

78 Milan Vaishnav and Madhav Khosla, "India at 70: The World's Biggest Democracy Celebrates Its Birthday," *Foreign Affairs*, August 17, 2017.

촉발하였고 이후에도 두 차례의 추가적인 전쟁과 셀 수 없이 많은 위기의 직접적인 원인으로 작용하였다. 무슬림 다수라는 불분명하고도 무수한 문제를 내포한 기준으로만 생성된 파키스탄의 정체성은 파키스탄 정부의 강압적이고 일방적인 정책과 맞물려 동파키스탄으로 하여금 지속적인 동화에 어려움을 겪게 하였고 결국 이러한 국민건설(nation-building)의 실패는 3차 인도-파키스탄 전쟁을 초래하여 신생국 방글라데시의 탄생을 야기하였다. 이후 양국이 모두 핵무기 건설에 매진하면서 80년대 수차례의 위기가 있었고 마침내 1998년 양국이 모두 핵실험에 성공하며 이제까지와는 다른 차원의 위기가 시작되었다. 핵무기 보유 이후에도 카길 전쟁 등 양국 간의 대결과 충돌은 멈추지 않은 채 현재에도 지속되고 있는 상황이다.

1) 1차 인도-파키스탄 전쟁 (1947-8)

1947년 인도와 파키스탄의 분할 독립 당시 수백 개의 번왕국들 중 히말라야, 중앙아시아에 인접한 큰 지역이었던 카시미르는 힌두 군주인 지도자 하리 싱(Hari Sigh)이 무슬림이 절대 다수인 백성들을 통치하고 있었다. 당시 번왕국들이 인구구성이나 지리적 위치에 따라 인도나 파키스탄 양 신생독립국 중 하나에만 귀속이 허용되었기에 통치자와 인구구성, 지리적 위치, 중요성에서 다른 번왕국들과 크게 다른 특성을 가졌던 카시미르의 미래에 관심이 집중될 수밖에 없었다. 인도 아대륙 무슬림들만의 독립국가를 건설하려던 진나는 당연히 카시미르가 파키스탄의 일부가 되어야 한다고 믿었기에 정력적으로 카시미르의 파키스

지도 8. 1947년 분할 독립 직전 인도

탄 편입을 위해 노력하였다. 카시미르의 일부 무슬림 지도자들도 카시미르가 파키스탄의 일부가 되어야 한다는 입장을 표명하였다. 하지만 힌두교도들이 많이 거주하는 남부 잠무(Jammu) 지역이나 불교도들이 다수인 남동부 라닥(Ladak)지역은 파키스탄의 일부가 될 가능성에 대해 크게 우려하였다. 무엇보다도 절대다수가 가난한 농민이었던 카시미르의 대다수 무슬림 주민들도 파키스탄으로의 편입을 꺼려하였다. 상류지주 계층인 지방 토호가 다수인 무슬림 리그의 특성상 이들이 독립 후 주민들이 간절히 원하는 토지개혁을 시행할 것으로 보이지 않았기에 오히려 세속적이고 민주적이며 사회주의적인 인도가 무슬림 주민들에게 더 나은 미래를 선사할 것이라 기대했던 것이다. 당시 가장 영향력 있는 지역 무슬림 지도자 중 하나였던 모하메드 압둘라(Mohammed Abdullah) 족장도 이러한 주민들의 기대를 반영하여 잠무 카시미르 국민회의(Jammu & Kashmir National Conference, JKNC), 1934년 설립 초기에는 무슬림 회의(Muslim Conference)였는데 포용과 개방을 강조하기 위해 이름을 바꿈)를 설립하여 네루와도 긴밀한 협조를 취하면서 하리 싱 통치의 지속 반대, 토지개혁, 사회정의를 약속하였다.[79] 하지만 JKNC 내부에도 정치적, 종교적으로 상반된 의견을 가진 그룹이 있었는데 이 그룹은 무슬림 회의라는 명칭을 다시 강조하였다. 결국 보다 세속적인 압둘라의 JKNC는 인도 국민회의 정부와 긴밀한 연계를 발전시킨 반면 무슬림 회의는 진나와 무슬림 리그와 친밀한 관계를 발전시켰다.[80]

이렇게 인도 아대륙의 중심과 카시미르 내부에서 모두 큰 정치적 변화가 일어나는 가운데 카시미르의 지도자 하리 싱은 인도나 파키스탄에의 귀속이라는 선택을 거부하고 독립국으로 남아 있기를 원했다. 의회주의적 민주주의를 추구하는 네루가 초대 총리인 인도에 귀속될 경우 자신의 권한과 권력이 크게 약화될 것을 두려워하였고, 그렇다고 다수의 무슬림들을 위해 특별히 한 게 없는 힌두 통치자로서 파키스탄으로 귀속되는 것은 더더욱 기피하였다. 따라서 인도와 파키스탄이 각각 독립을 선포한 후에 카시미르는 인도, 파키스탄 어느 국가에의 귀속

79 Ganguly, *Conflict Unending*, pp. 15–6; Bose and Jalal, *Modern South Asia*, pp. 174.

80 McLeod, *India and Pakistan*, pp, 72–3.

도 거부하였다.[81]

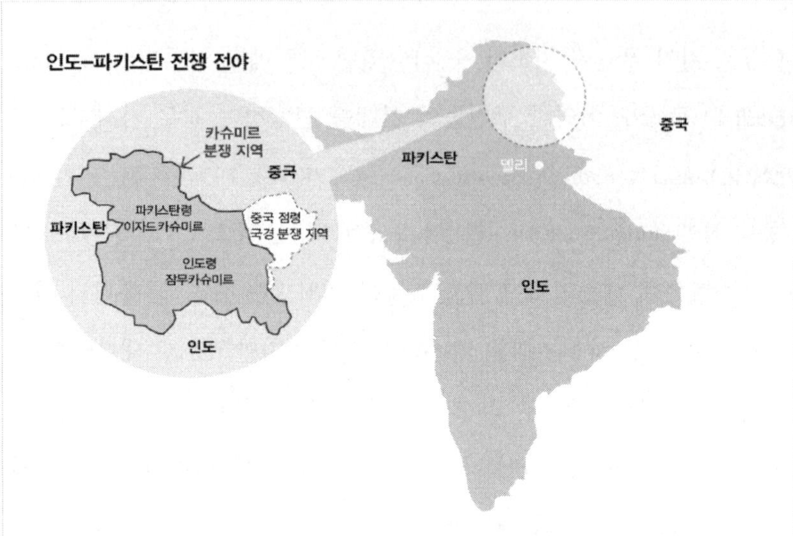

지도 9. 카시미르 지역[82]

하지만 1947년 10월 카시미르의 남서부에 위치한 푼치(Poonch) 지역에서 일어난 부족의 반란이 상황을 급변시켰다. 곧 파키스탄 정규군의 강력한 지원을 받게 된 반군이 수주 안에 수도인 스리나가르(Srinagar) 근교까지 진격하자 패닉에 빠진 하리 싱은 다급하게 인도에 구원을 요청하였다. 인도 총리 네루는 카시미르가 인도에의 귀속을 약속하고 이러한 정치적 결정에 대한 합법성을 보장받기 위해 당시 카시미르에서 가장 인기 있고 영향력이 크던 압둘라 족장이 인도와의 편입협정을 승인한다는 조건 하에서만 카시미르 지원을 시행하겠다고 압박하였다. 선택의 여지가 없던 하리 싱은 10월 26일 Instrument of

81 Ganguly & Hagerty, *Fearful Symmetry*, p. 23.

82 출처: http://h21.hani.co.kr/arti/world/world_general/42696.html

Accession에 사인하였고 인도군이 카시미르로 공수되었다.[83] 인도군은 이어지는 전투에서 파키스탄 정규군을 포함한 반군의 공세를 저지하고 상황을 역전시켰다. 양측의 전투는 다음 해인 1948년에도 계속 이어졌다. 점차 파키스탄 정규군의 개입도 증가하였고 사상자도 늘어났다. 보급, 기후 등 여러 어려움 속에서 지속되던 전투는 양측이 모두 결정적 승기를 잡기 힘들다는 결론을 내린 후 소강상태에 접어들었다. 초기의 치열한 전투 후에 카시미르 이슈는 결국 1948년 1월 1일 당시 신설된 지 얼마 되지 않은 국제연합(UN)에 이관되었다. 이렇게 전투는 일단 중지되었지만 향후 카시미르는 두 신생독립국 간에 가장 해결과 타협이 힘든 이슈로 남게 된다. 양국은 단지 서로에 대한 군사력 과시, 지정학적으로 중요한 지역의 영토 차지라는 목적뿐만 아니라, 그들이 사활적으로 중요하게 생각하는 신생국 국민건설에 필수적인 민족정체성과 이데올로기의 구축과 수호를 위해 대결하였기 때문이었다.[84]

유엔에서 인도와 파키스탄은 서로를 비난하며 치열한 외교전을 전개하였다. 인도는 파키스탄이 카시미르를 공격한 부족 반군을 지원한 침략 당사국이라 주장하였고 이에 맞서 파키스탄은 공식적으로 개입한 바 없으며 오직 인도군이 투입된 후에 정당방위 차원에서만 행동한 것이라고 반박하였다. 또한 파키스탄은 카시미르의 인도 편입의 정당성과 합법성에도 강력히 의문을 제기하였다. 유엔 안보리는 1948년 수차례의 회의를 통해 진상조사를 위한 위원회를 설립하고 일련의 결의

83 파키스탄은 이 조약에 대해 이미 하리 싱 정부가 무너진 상태에서 합의된 것이라 합법성이 없다고 주장한다. McLeod, *India and Pakistan*, p. 75.

84 Guha, *India After Gandhi*, pp. 74–95.

안을 통과시켰다. 결의안의 내용은 먼저 신속한 휴전 후에 양국 군대의 카시미르로부터의 철수, 그리고 분쟁의 항구적 해결을 위한 주민들의 조속한 국민투표(plebiscite) 실시였다. 그러나 군대 철수와 국민투표 실시에 대한 양측의 이견이 좁혀지지 않았고 국제 중재 노력 등도 모두 실패로 돌아갔다. 한편 양국 군대 간에 휴전이 성립된 라인이 통제선(Line of Control)로 지정되어 현재까지도 실질적인 국경선 역할을 하고 있다.[85]

1950년대 초, 중반 인도–파키스탄 양국 간에는 카시미르 문제를 해결하기 위한 양자 대화 노력이 진행되었다. 그러나 미국이 1954년 파키스탄과 동맹을 맺고 무기공급을 약속하자 네루 총리는 크게 반발하였다. 인도가 이후 비동맹 운동(Non–Aligned Movement)의 맹주를 자처하며 미국을 비롯한 서구권 국가들과 멀어지자 카시미르 문제는 더욱 복잡한 국제문제가 되었다. 네루는 미국, 영국 등 강대국들의 친파키스탄 행보에 크게 실망하면서 자신들이 보기에는 파키스탄에 편향된 유엔 안보리가 카시미르 문제 해결 방안으로 내세운 국민투표안에 완강히 반대하였다. 인도는 1958년 파키스탄에서 첫 번째 군사쿠데타가 발생하여 아유브 칸(Ayub Khan)의 군사정권이 집권하자 파키스탄과의 양자대화에 대한 희망을 접었고 냉전 심화 속에서 유엔 안보리 중심의 다자간 협상을 통한 해결도 더 이상 기대하지 않게 되었다. 하지만 그럴수록 파키스탄 집권층의 카시미르 회복 야심은 더욱 강해졌다. 파키

85 Christine Fair, *Fighting to the End: the Pakistani Army's Way of War* (Oxford University Press, 2014), pp. 139–41; Ganguly, *Conflict Unending*, pp. 16–9; McLeod, *India and Pakistan*, pp. 74–8.

스탄 국가가 남아시아의 무슬림들의 조국으로 인정받기 위해서는 반드시 인도측의 지배를 받는 잠무, 카시미르 지역이 파키스탄의 일부가 되어야 했기 때문이다. 또한 카시미르 지역은 지정학적 요충이기도 하기에 전략적 이유로도 카시미르의 복속을 강하게 추진할 수밖에 없었다.[86]

한편 1947년 분할독립 과정의 혼란 속에서 파키스탄 정부가 카시미르를 둘러싸고 인도와의 전쟁을 감행하여 승리를 거두려 했다는 사실은 의아스럽다. 당시 병력도 열세였고 분할독립 과정에서 약속되었던 무기, 군사장비 대부분이 파키스탄에 도달하지도 않았기 때문이다.[87] 그러나 당시 파키스탄 집권층은 계층, 종교적으로 분열된 인도와 달리 훨씬 단합된 파키스탄과 카시미르 지역 주민들의 의지와 정신력이 이러한 군사적 불리함을 능히 극복할 것이라고 믿었다. 이러한 그릇된 낙관(false optimism)은 이후에도 파키스탄 집권층, 특히 군부에 굳건한 믿음으로 뿌리깊게 이어진다. 또한 카시미르 문제 해결을 위한 일련의 양자, 다자 대화노력이 실패로 돌아간 후 카시미르의 복속은 오직 군사적 행동으로만 가능하다는 믿음도 파키스탄 엘리트에 강하게 각인되었다.[88]

---

86 Ganguly, *Conflict Unending*, pp. 23−8. 국호 파키스탄(Pakistan)의 k는 Kashmir에서 유래하였을 정도로 파키스탄 지도자들에게 카시미르는 중요하였다.

87 분할독립의 어려움 중 하나는 당시 영국 정부가 보유하고 있던 군사력을 어떻게 배분할 것인가 하는 것이었다. 기준은 힌두−무슬림 인구 비례에 의거하여 70:30으로 나눈다는 것이었는데 군부대의 경우 대부분이 다종교로 구성되어 난항을 겪었고 군수장비 생산공장의 경우 현실적인 어려움을 들어 해체와 리빌딩을 포기하였다. 결국 대부분의 군 관련 물자와 설비는 독립 인도의 수중에 남게 되었다. A. Martin Wainwright, *Inheritance of Empire: Britain, India, and the Balance of Power in Asia, 1938-55* (Westport, VT: Praeger, 1994), pp. 71−81.

88 Ganguly, *Conflict Unending*, pp. 19−20.

2) 2차 인도-파키스탄 전쟁 (1965)

파키스탄 지도자들에게 카시미르의 복속 없이는 영토적으로나 이데올로기적으로 파키스탄 국가는 미완성인 채로 남을 수밖에 없고 남아시아의 무슬림 국가라는 국가의 존재 이유(raison d'etre)도 무너질 수밖에 없었다.[89] 따라서 파키스탄 정부는 카시미르 주민들의 민족자결권에 따라 국민투표를 통해 카시미르의 미래가 결정되어야 한다고 지속적으로 주장하였다. 이러한 주장을 일축하며 인도 정부는 그들이 관장하는 잠무, 카시미르 지역을 인도 연방의 일부로 통치하였다. 1962년과 63년 미국과 영국의 압력으로 일련의 인도-파키스탄 양자 협상이 진행되었으나 큰 결실을 이루지 못하였다. 이렇게 협상이 교착되자 당시 케네디 행정부는 인도-파키스탄 분쟁이 지역내 중국의 영향력 확대를 가져오는 빌미가 되어 미국의 냉전 대전략에 차질을 가져올 가능성을 우려하였다. 파키스탄 정부는 카시미르 문제 해결을 위해 유엔을 통한 다자협상이나 강대국을 통한 중재를 기대하였으나 성과가 없자 점차 군사적 해결이라는 수단을 선호하게 되었다.

한편 1962년 말 히말라야 지역 국경을 둘러싸고 벌어지던 인도와 중국 간의 국경분쟁이 중국군의 기습공격으로 국경전쟁으로 비화되었다. 여러 면에서 준비가 되어 있지 않았던 인도군은 치욕스런 패배를 경험하였다. 그러나 한편으로는 이러한 굴욕이 인도군에게 꼭 필요하던 군 현대화와 전력 증강의 계기로 작용하였다. 인도 정부는 새로

89 McLeod, *India and Pakistan*, p. 80. 특히 당시 외무장관이던 줄피카르 부토(Zhulfikar Bhutto)가 강하게 주장하였다. Ganguly, *Conflict Unending*, p. 32.

운 산악 사단을 포함하여 병력을 증강시키고 신형 전투기를 포함한 최신무기 획득에도 노력하였다. 무엇보다도 1961-2 회계연도에는 전체 GNP의 2.1%에 불과하였던 국방예산이 불과 3년만인 1964-5 회계연도에는 GNP의 4.5%를 차지할 정도로 획기적으로 증가하였다.[90] 이러한 인도군의 전력증대가 파키스탄 정부를 자극하였음은 물론이다. 파키스탄은 이미 인구, 경제력을 포함한 전체적 국력과 객관적인 재래식 군사력에서 인도에 비해 열세임을 인지하고 있었는데 이와 같은 인도군의 전력증강은 파키스탄에게 기회의 창(window of opportunity)이 점차 닫히고 있음을 의미하였던 것이다. 따라서 파키스탄군은 카시미르의 수복을 위한 군사작전을 되도록 신속히 전개하여야 한다는 압박을 받고 서두르게 되었다. 당시 파키스탄군의 군사작전은 지브롤터 작전(Operation Gibraltar)으로 명명되었는데 당시 외교장관이던 부토가 계획입안을 주도하였다. 파키스탄군의 작전은 카시미르에 지리적으로 가깝다는 이점을 십분 활용하여 카시미르 계곡(Valley) 지역으로 신속히 이동한 후 당시 반인도 정서가 강하던 주민들에게 광범위한 봉기를 일으키게 하는 것이었다. 이러한 혼란스러운 상황을 틈타 파키스탄 주력군은 인도군이 제대로 동원되기도 전에 재빨리 카시미르의 주요 요지를 점령함으로써 파키스탄에 유리한 입장을 조성해 카시미르 문제를 매듭짓겠다는 복안이었다. 카시미르를 둘러싼 전쟁발발 위험이 고조되자 인도의 정책입안자들은 파키스탄군이 카시미르를 공격할 경우 카시미르에서는 파키스탄군의 진격을 저지하는 한편 인도군의 주력은 훨씬 남쪽

90 Ganguly, *Conflict Unending*, p. 37.

인 수도 이슬라마바드와 가까운 라왈핀디(Rawalpindi, 파키스탄의 행정중심지)나 더 남쪽인 카라치 방면으로 진격해 들어가기로 작전을 입안하였고 전투발생시 전쟁확대 의도를 내비치며 파키스탄에게 수차례 경고하였다.[91]

하지만 이러한 거듭된 경고와 인도군의 전력배치에도 불구하고 파키스탄군이 지브롤터 작전을 감행하면서 결국 1965년 8월 2차 인도-파키스탄 전쟁이 발발하였다. 강굴리(Ganguly) 교수에 의하면 파키스탄군은 네 가지의 그릇된 가정과 믿음 때문에 인도군의 지속되는 경고에도 공격을 감행하였다고 한다. 먼저 1965년 초에 있었던 인도 서부 구자라트(Gujarat)주의 란쿠츠(Rann of Kutch) 지역 국경지대에서의 소규모 접전에서 인도군의 대응이 결연하지 못하고 우왕좌왕하자 인도군이 아직 1962년 중국인민해방군에게 입은 패배의 충격에서 벗어나지 못했다고 쉽게 결론 내렸다고 본다. 둘째로는 당시 인도 정부가 카시미르에서 연방 형식의 특별자치권을 중앙정부의 직접통제 방식으로 제한하면서 지위 변경을 시도하자 특히 무슬림 주민들 사이에서 반인도 정서가 거세었는데 이를 친파키스탄 정서와 동일시하는 오류를 저질렀다. 즉 파키스탄 정부는 개전만 하면 이들이 파키스탄군에 적극 협력하여 인도에 대항할 것이라고 믿었다는 것이다. 세 번째로는 인도군의 전력증강과 현대화 계획으로 양 군 간의 격차가 더 벌어지기 전에, 즉 기회의 창이 아직 열려있을 때 공격을 감행하면 충분히 승산이 있을 것이라는 그릇된 믿음이었다. 마지막으로, 아유브 칸 대통령과 부토 외무장관

91 McLeod, *India and Pakistan*, pp. 84–6; Fair, *Fighting to the End*, pp. 141–2.

이 3월 북경을 방문하고 나서 파키스탄과 인도 간에 전쟁이 발발한다면 중국이 반드시 파키스탄을 군사적으로 지원할 것이라는 근거 없는 희망사항이었다.[92] 결국 신속한 군사적 승리와 카시미르의 영구적인 지위 변경이라는 기대를 품고 파키스탄군은 8월 카시미르의 통제선(Line of Control)을 넘어서 군사작전을 감행하였다.

개전 후에 인도가 통제하던 카시미르 지역에서 파키스탄이 고대하던 반인도 봉기는 일어나지 않으면서 파키스탄군의 계획은 처음부터 위기에 봉착하였다. 카시미르 지역에서 공방전을 벌이던 양군은 8월말에는 공군력까지 동원하였다. 방어가 쉽지 않던 카시미르 일부 지역에 파키스탄군의 공격이 거세지자 인도군은 계획대로 9월 6일 국제적으로 공인된 국경선을 넘어 카시미르 남쪽 펀잡주에 위치한 파키스탄의 주요도시인 라호르(Lahore)를 공격하면서 전쟁을 수평적으로(horizontally) 확산시켰다. 이후 수 주 동안 수백 대가 동원된 탱크전을 포함하여 양국의 육, 공군이 치열하게 싸웠으나 9월 중순 이후에는 어느 측도 결정적인 승리를 거두기 힘들다는 결론에 도달하였다. 이에 인도 샤스트리(Shastri) 총리는 인도, 파키스탄 양국 모두에 무기금수를 단행한 미국과 영국의 강한 압력을 받으면서 군부 일부의 반대를 무릅쓰고 휴전에 동의하였다. 파키스탄의 아유브 칸 대통령은 필사적으로 전황을 유리하게 전개하고자 중국 카드 활용을 위해 9월 19–20일 비밀리에 북경을 방문하였다. 하지만 중국 총리 저우언라이의 무조건 지원 약속은 사실상 파키스탄이 인도군에 대하여 장기간 게릴라전을 수행하는 것을 전

92 Ganguly, *Conflict Unending*, pp. 40–3.

제하고 있는 것이어서 아유브 대통령이나 부토 장관으로서는 받아들기 힘든 카드였다. 믿었던 전쟁목표 달성이 수포로 돌아가고 중국의 지원도 기대하기 힘들자 아유브 대통령은 더 이상의 전의를 상실하고 군부 강경파의 반대에도 휴전을 결정하였다. 파키스탄군이 휴전에 동의하게 된 데에는 철석같이 믿었던 중국으로부터의 군사적 지원이 사실상 전무했었다는 것과 유엔 안보리의 휴전 결의안 통과도 영향을 끼쳤지만 무엇보다도 미국의 양 전쟁당사국 모두에 대한 무기금수 조치로 인해 전쟁 강행에 필수적인 장비와 예비 부품 반입이 불가능해진 것이 결정적인 영향을 끼쳤다.[93]

당시 미국의 존슨 행정부는 비록 전쟁의 종식에는 압력을 가하였으나 베트남전의 전개에 따라 인도-파키스탄 전쟁 휴전 이후의 협정 체결을 중재할 수 있는 여력은 없었다. 이에 전쟁 당시 중립을 고수했던 소련의 코시긴(Kosygin) 총리가 남아시아에서의 영향력을 확대하고 파키스탄에 대한 중국의 영향력 확대를 견제하고자 적극 중재에 나서 1966년 1월 타슈켄트 협정(Tashkent Agreement)을 이끌어내었다. 타슈켄트 협정에서 인도, 파키스탄 양측은 전쟁 전 국경으로 양국군을 철수하고 무력을 통한 카시미르 문제 해결을 추진하지 않겠다고 약속하였으나 여전히 문제해결의 최종합의에는 이르지 못하였다. 결국 양군은 전쟁 전의 국경선으로 철수했으며 카시미르 문제는 무력 사용에 의하지 않은 해결책 모색 정도로 모호하게 미해결인 채로 남겨졌다. 당분간 미국은 남아시아에서 영향력 발휘를 기대하기 힘들게 된 반면 소련의

93 Ian Talbot, *Pakistan: A Modern History* (Hurst & Company: London, 2009), pp. 177–8; Fair, *Fighting to the End*, pp. 142–3; Ganguly, *Conflict Unending*, pp. 43–6.

영향력은 증대되었다. 인도군은 1962년 중국군과의 전쟁 때보다는 훨씬 향상된 전쟁수행능력을 보여 주었고 파키스탄의 경우는 전쟁 전 그릇된 정보 축적 때문에 굳게 신뢰했던 몇 가지 목표달성이 좌절되면서 전쟁실패의 후유증을 안고가야 하게 되었다. 아유브 대통령의 경우 강경파의 반대가 심했기에 타슈켄트 협상 당시 부토 장관이 인도 샤스트리 총리와 대화하는 것을 막으면서 협상타결에 매진하였다. 하지만 파키스탄에 썩 우호적이지 않은 내용으로 합의된 협상타결 소식은 전쟁 당시 전선으로부터 들려오는 승전보에 익숙하던 파키스탄 국민과 군부에게 큰 충격과 불만을 일으켰다.[94] 부토 장관의 경우 터키, 사우디 아

그림 3. 타슈켄트 협정 참석자들, 왼쪽부터 파키스탄 아유브 칸 총리, 인도 샤스트리 (Shastri) 총리, 소련 코시긴 총리[96]

94 Fair, *Fighting to the End*, p. 15; Ganguly, *Conflict Unending*, pp. 46–8.

95 출처: https://www.rbth.com/arts/people/2016/11/28/kosygin-soviet-premier-peacemaker-between-india-and-pakistan_651603

라비아 등 여러 무슬림 국가들의 지원을 확보하고 중국의 개입 약속도 확신하고 있었기에 이 협상에 특히 불만이었고 아유브 대통령과의 관계가 회복불능으로 악화되었다.[96]

3) 3차 인도-파키스탄 전쟁

파키스탄의 분할 독립은 신생국가의 영토가 인도를 사이에 두고 수천 킬로미터 분리된 상태에서 탄생했다는 점에서 대단히 이례적인 사건이었다. 펀잡주민들이 중심이 된 서파키스탄과 벵갈인들이 절대 다수인 동파키스탄 간에는 애초에 인종, 언어, 문화, 역사, 풍습 등 공통점이라고는 전혀 없었기 때문이었다. 오직 진나 등 파키스탄 건국의 지도자들이 내세운 두 민족 이론에 기초하여 무슬림이라는 종교적 동일성만이 양 파키스탄에 거주하는 국민들을 묶어주는 유일한 끈이었다. 하지만 이렇게 느슨하게 결합된 채로 진행된 국가건설(state-building), 국민건설(nation-building)은 시작부터 수많은 난관에 봉착할 수밖에 없었다. 서파키스탄의 동파키스탄에 대한 소외와 주변화가 지속적으로 진행되면서 동파키스탄 지역 주민들의 불만이 누적되어 갔다. 특히 벵갈인들에게 생소하던 우르드(Urdu)어를 파키스탄의 국어로 지정한 정책은 큰 반발을 불러왔다. 또한 군부나 행정부 주요요직에 동파키스탄 출신들은 극히 소수만 임명되었고 동파키스탄의 인구가 서파키스탄보다 많았음에도 불구하고 의회에서 동파키스탄의 이해가 제대

96 Talbot, *Pakistan*, pp. 178-9.

로 반영되지도 못하였다. 더구나 냉전이 격화되면서 미국 등 강대국으로부터의 경제적 지원의 결실도 서파키스탄에 집중되면서 동파키스탄인들의 경제적 소외감, 결핍감도 커져만 갔다.[97]

동파키스탄을 대표하는 정치인 무지브르 라만(Sheikh Mujibur Rahman)으로 대변되는 아와미 연맹(Awami League)은 동파키스탄인들의 불만과 이해를 대변하면서 급속히 세력을 키웠다.[98] 1960년대초 군부 아유브 정권 체제에서 중앙집중적인 정책이 지속, 강화되자 6개 조항(Six Points)을 발표하여 동파키스탄의 완전자치를 요구하였다. 서파키스탄은 이러한 요구를 거부하였고 양측에는 긴장이 고조되었다. 이러한 갈등 속에서 1969년 아유브가 퇴진하고 새로 군부의 지도자가 된 야히야(Yahya) 대통령이 1970년 12월 총선거를 실시하였다. 서파키스탄 지도자들은 군 정보기구의 보고를 믿고 아와미 연맹의 총선 선전 가능성을 낮게 잡았으나 놀랍게도 아와미 연맹은 동파키스탄에서 후보자를 낸 모든 선거구에서 당선되면서 파키스탄 전체에서 53.3 %의 의석을 획득하며 단숨에 제1당으로 부상하였다. 그러나 서파키스탄에서 제1당이 된 파키스탄 인민당(Pakistan People's Party, PPP)의 부토는 새로 제정할 헌법의 내용에 관해 라만과 합의에 이르지 못하였고 이에 대통령

97 Jalal, *The Struggle for Pakistan*, pp. 144–57; McLeod, *India and Pakistan*, pp. 104–6; Ganguly, *Conflict Unending*, pp. 52–4.

98 아와미 연맹은 1947년 파키스탄 분할독립 직후부터 시작된 동파키스탄 홀대에 반발하여 벵갈지도자들이 1949년 서파키스탄 중심의 무슬림 리그로부터 떨어져 나와 All Pakistan Awami Muslim League를 창설하면서 탄생하였다. 연맹은 1952년 벵갈어 운동(Bengali Language Movement)을 주도했는데 이 시위에 경찰이 발포하면서 많은 사람들이 희생되었고 이후 벵갈 민족운동은 동파키스탄 지역에서 급속히 확산되었다.

야히야는 1971년 3월 국회소집의 무기한 연기를 선언하였다. 그 후 야히야–라만 회담이 개최되었으나 부토 등 서파키스탄 지도자들이 6개 조항을 사실상 분리독립을 위한 반란선동이라는 입장을 굽히지 않으면서 6개 조항의 관철을 요구하는 라만과의 타협이 이루어지지 않았다. 결국 3월 말 동파키스탄 전역에서 총파업과 동맹휴업이 전개되었고 서파키스탄 정부가 라만 등 아와미 연맹 지도자들을 체포하고 동파키스탄 주민들에 대한 강경진압을 시작하면서 사실상의 내전이 시작되었다.[99]

서파키스탄에서 공수된 진압군이 동파키스탄 주민들을 유례없이 강력하게 진압하면서 수많은 사람들이 목숨을 잃거나 다쳤고 천만 명에 달하는 난민들이 폭력진압을 피해 인접한 인도로 몰려들었다. 당시 인도의 인디라 간디 정부는 국내경제사정도 좋지 않은 상황에서 이렇게 많은 수의 동파키스탄 난민들을 받아들일 여력이 없었다. 그렇지 않아도 인도 영토를 동서 양쪽에서 압박하는 양파키스탄의 존재로 인해 분쟁 발생시 양 전선에서의 전쟁수행이라는 부담을 갖고 있던 인도 정부는 이 기회에 무력개입으로 동파키스탄의 독립을 지원하기로 결정하였다. 동파키스탄이 서파키스탄으로부터 분리독립된다면 파키스탄 지도부가 금과옥조로 여기던 두 민족 이론이 얼마나 부실하고 비현실적인 이데올로기였는지를 여실히 보여줄 수 있었기에 향후 카시미르 지역에서의 대응에도 큰 도움이 될 것이라는 계산도 하였다.

인도 정부는 인도의 동파키스탄 인근 지역에서 동파키스탄 출신

99 Jalal, *The Struggle for Pakistan*, pp. 158–71; Ganguly, *Conflict Unending*, pp. 54–60.

의용군으로 구성된 묵티 바히니(Mukti Bahini, 해방군)의 장비를 지원하고 훈련시켜 서파키스탄군에 저항하게 하는 한편 동파키스탄에 대한 인도 정규군의 군사작전을 계획하였다. 전쟁준비를 진행하면서 국제 정서를 유리하게 만들고 특히 강대국들의 이해와 지원을 얻기 위해 일련의 외교적 노력도 수행하였다. 특히 소련을 방문하여 8월 인도-소련 우애와 협력 조약(Indo-Soviet Treaty of Friendship and Cooperation)을 체결한 것이 큰 힘이 되었다. 인도와 파키스탄 간의 세 번째 정규전은 12월 3일 파키스탄 공군이 인도 비행장을 포함한 목표물에 선제공격하면서 시작되었다. 인도 공군은 즉각 반격하는 한편 그 동안 만반의 준비를 갖춘 인도의 기갑군이 동파키스탄에서 군사작전을 시작하여 서파키스탄군을 격파하며 다카로 진격하였다. 결국 1971년 12월 16일 인도군은 다카를 함락하고 서파키스탄군이 항복하면서 양국 간의 3차전쟁이 종료되었다. 서파키스탄에 체포되었던 라만은 1972년 1월 다카로 돌아와 새로 탄생한 독립국가 방글라데시의 총리에 취임하였다. 이로써 3차 인도-파키스탄 전쟁은 파키스탄에 굴욕적인 군사적 패배와 함께 심각한 영토, 인구의 상실을 초래하며 씻을 수 없는 치욕과 충격을 안겨주었다.[100]

3차 인도-파키스탄 전쟁(일명 방글라데시 전쟁)을 종결하고자 양국 대표는 인도 북부의 심라에 모여 협정을 맺었는데 이 심라 협약(Simla Agreement)에서 양측은 방글라데시 독립을 인정하고 기존의 협약을 준

---

100 McLeod, *India and Pakistan*, pp. 106-16; Ganguly, *Conflict Unending*, pp. 60-9; Jalal, *The Struggle for Pakistan*, pp. 171-6.

101 출처: https://www.npr.org/sections/parallels/2014/02/05/271997683/in-pakistan-another-bhutto-joins-the-risky-family-business

수하기로 약속하였다. 또한 카시미르 지역에 당시까지 양측을 모호하게 구분해 주던 경계선을 통제선(Line of Control, LOC)으로 획정하고 관리해 나가기로 하였다. 하지만 여전히 카시미르 문제의 근본적인 해결 방안에는 합의하지 못하였으며 이후 통제선의 지위를 둘러싼 논쟁도 지속되었다. 인도는 통제선을 사실상의 국경선으로 간주하는데 반해 파키스탄은 이 선을 편의상 임시로 그어 놓은 선 정도로 인식하였기 때문이다.[102]

그림 4. 심라 협약에 참석한 인디라 간디 인도 총리와 줄피카르 부토 파키스탄 총리[101]

4) 1980년대의 위기

1947년 독립 이래 24년 만에 동파키스탄이 방글라데시로 독립되는 큰 위기와 치욕을 경험한 파키스탄은 재래식 전력에서 훨씬 앞서는

102 Ganguly, *Conflict Unending*, pp. 69–74.

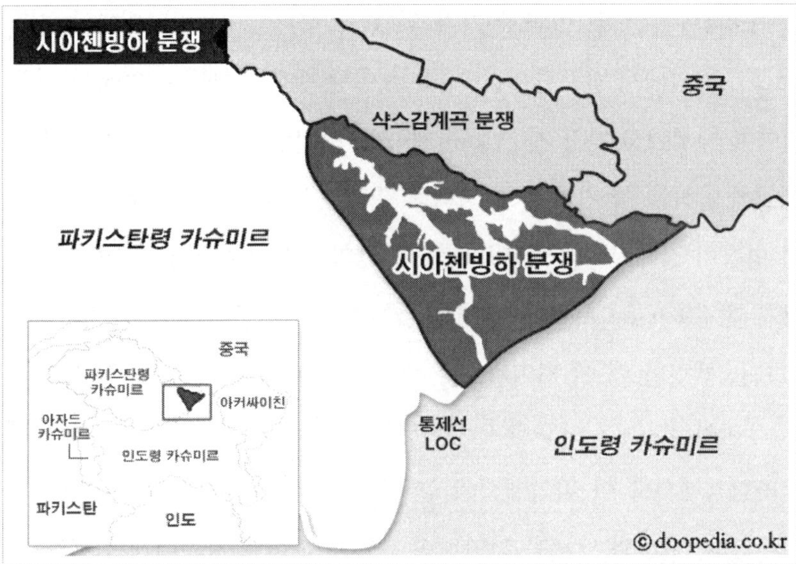

지도 10. 시아첸 빙하 위치

인도군에 대항하기 위해 핵무기 개발과 카시미르 지역에서의 반군 조직 등 비대칭 역량을 강화해 나가게 되었다. 1974년 인도가 핵실험을 감행한 직후 파키스탄 정부는 더욱 핵개발에 박차를 가하였다. 인도는 1974년 이후 성공한 핵실험을 무기화하는 데 별 관심을 보이지 않는 등 핵분야 발전에 많은 노력을 기울이지는 않았지만 파키스탄의 핵개발 노력이 알려지면서 좌시할 수 없게 되었고 자체 역량을 향상시켜 나아갔다. 이렇게 양국이 경쟁적으로 핵개발을 진행하면서 1980년대 초부터 양국 간에 일련의 위기가 지속되었다. 이러한 위기 상황들은 양국의 핵무기 개발 수준이 일정 정도 도달한 것으로 알려진 상태에서 벌어진 것이라 특히 우려를 자아냈다. 1980년대에는 대략 세 차례의 큰 위기가 발생하였는데 첫 위기는 1984년에 일어났다.

1984년에는 두 번의 위기가 있었다. 하나는 시아첸 빙하(Siachen Glacier) 지역에서 발생한 위기이다. 시아첸 빙하는 해발 6000m가 넘고 길이가 세계에서 가장 긴(75 km) 계곡빙하로 알려진 곳이다. 1000 평방마일에 달하는 이 지역은 그 지리적 특성상 누가 주권을 소유하고 있는지 명확히 정해진 바가 없었다. 양국 간의 1차 전쟁 직후인 1949년 카라치 협정(Karachi Agreement)에서 카시미르 지역 휴전선(cease-fire line, CFL)을 책정할 때 이 지역과 관련해서는 국경선이 시아첸 빙하대 북쪽으로 이어진다는 식으로만 언급하였다. 양국 간 3차 전쟁 이후 체결된 심라협정에서도 이 지역에서의 양국 간 통제선(LoC) 설정은 모호하게 넘어갔다. 고도와 날씨를 감안하면 육안으로 식별 가능하게 경계를 표시하는 것도 쉽지 않았다. 파키스탄 정부가 1970년대와 1980년대 초 외국인 등반대에 이 지역 등반을 허가하면서 시아첸 지역이 파키스탄의 영토라는 인식을 은연중에 심어주려 하였다. 이에 그치지 않고 시아첸 지역에 대한 군사작전도 계획하고 있다는 정보를 입수하자 인도군은 우선 1984년 4월 이 지역을 군사적으로 선점하였고 이에 대해 곧바로 군사적으로 대응한 파키스탄군을 물리치며 이 일대의 통제권을 확보하였다. 이후 양국은 '세계에서 가장 높은 전쟁터에 가장 바보 같은 군사적 대치'라는 비아냥을 받으면서도 병력을 상시 주둔시켜 대치하고 있다. 이곳에 배치된 양쪽의 군인들은 모두 동상과 고산병 그리고 눈사태 등의 혹독한 자연환경으로 고통 받고 있으며 간헐적인 상호 병력 철수 협상이 열리긴 하지만 여전히 대치는 계속되고 있다. 1999년 카길 전쟁이 발발했을 때 인도 당국은 시아첸 지역으로 연결하는 유일한 길을 차단하는 것이 파키스탄의 주요 군사목표일 거라고 추정하기

도 하였다.[103]

1984년에 인도와 파키스탄 간에 발생한 또 다른 위기는 예방전쟁 위기(preventive war crisis)였다. 1970년대부터 양국은 상대방의 핵개발에 대한 정보를 제공받으면서 1980년대 초반에는 양국의 핵개발이 어느 정도 진척되었는지 서로 파악하고 있었다. 이미 1981년도에 군 관계자들이 간디 총리에게 카후타(Kahuta) 핵시설 등 파키스탄의 주요 핵시설을 공군력으로 공격하여 파괴시킬 것을 건의했을 정도였다.[104] 1984년에는 예방타격의 압력이 더욱 거세어졌다. 이에 파키스탄의 지아 장군은 만일 인도 공군이 자국의 핵시설을 공격한다면 파키스탄도 즉각 보복하여 인도의 핵시설을 공격하겠다고 경고하였다. 이러한 추세에 대해 미국은 파키스탄의 입장을 지지한다는 확신을 주었다. 결국 파키스탄이 보복할 경우 방사능 유출의 규모 등 더욱 큰 피해를 입을 것이라는 우려 때문에 인도의 예방공격은 수행되지 않았다.[105]

그러나 1986–87년 양국 간에 다시금 위기 상황이 발생하였다. 인도, 파키스탄 양국의 핵무기 개발경쟁이 공개적이지는 않았지만 공공연하게 진행되던 1986년 인도의 자체 핵무장 신봉자였던 순다르지

103 Ganguly & Hagerty, *Fearful Symmetry*, pp. 50–1, 144–6; Ganguly, *Conflict Unending*, pp. 83–5.

104 적대국가가 핵무기를 개발하는 경우 핵시설을 파괴하여 핵개발 의도를 미연에 방지하려는 예방공격은 많은 국가들이 고려하거나 시행한 바 있다. 이스라엘의 1981년 이라크 오시라크 핵시설 공격이 잘 알려진 실제 시행 사례인데 미국과 소련의 경우 중국의 핵개발 노력을 방지하고자 (실행에 옮기지는 않았지만) 예방공격을 진지하게 계획하였었다. William Burr and Jeffrey Richelson, "Whether to "Strangle the Baby in the Cradle": The United States and the Chinese Nuclear Program, 1960–64," *International Security*, vol. 25. no. 3. (Winter 2000/01), pp. 54–99

105 *Ibid.*, pp. 55–8; Perkovich, *India's Nuclear Bomb*, p. 249, 258.

(Sundarj) 장군은 새로운 안보환경 하에서 인도군의 공세적 기동능력을 시험하고자 하였다.[106] 또한 당시 인도 내 펀잡 지방에서 파키스탄이 지원하는 시크교도에 의한 분리 독립운동이 진행되고 있었기에[107] 이를 멈추게 하기 위하여 파키스탄을 강압(compellence)하려는 목적도 있었다. 이렇게 인도 육군이 준비한 브라스탁스 작전(Operation Brasstacks)이 총 9개의 기갑, 기계화, 보병 사단에다 인도 공군도 포함된 대규모의 작전으로 1986년 11월에 시작되면서 양국 간의 위기가 다시 고조되었다. 이에 대응하여 파키스탄군은 4개 사단으로 시행된 연례 군사훈련이 끝난 후에도 원대복귀시키지 않았고 국경 근처에 인도군이 우려할 규모와 방향으로 다른 부대를 속속들이 집결시켰다. 인도군 또한 전방 배치 부대병력을 증강하였고 이에 파키스탄은 이러한 행동이 침략의 전조일 수 있다고 보아 경계태세를 고조시켰다. 이제 약간의 실수나 오해에 의해서도 전쟁이 발발할 수 있는 여건이 주어진 것이다. 다행히 양국 모두 긴장 해소를 위한 조치를 실시하여 1987년 2월부터 서서히 철군이 이루어졌다. 당시의 위기는 양군의 대치 규모도 상당했지만 양국이 모두 핵능력을 거의 보유한 상태여서 확전에 대한 우려가 컸었다.[108] 이후 양국은 서로 공격하지 않고 군사훈련이 도발적으로 보이지

---

106 Pant, "India's Nuclear Doctrine and Command Structure," p. 244. 이 작전은 파키스탄에(특히 핵시설) 대한 선제공격 가능성도 상정한 것으로 알려졌다.

107 인디라 간디 총리도 시크교도들의 분리독립운동에 강경책으로 대응하다가 1984년 10월 시크교도인 경호원들에게 암살당하였다.

108 1987년 3월 1일에는 1월 말에 파키스탄의 A. Q. Khan 박사가 인도 언론인과 인터뷰하면서 파키스탄은 우라늄 농축 기술을 완비하고 실험실 시뮬레이션으로 핵실험을 수행할 기술을 보유했다고 공언했다는 기사가 발표되었다. 그러나 당시 인도 정책 입안가들은 파키스탄의 핵능력이 인도에 위협이 될 정도로 발전했다고 믿지는 않았다. Ashley Tellis, *India's Emerging Nuclear Posture: Between Recessed*

않도록 주의한다는 등의 신뢰구축조치에 합의하였다.[109]

하지만 몇 년 후 또다시 위기의 먹구름이 남아시아 대륙을 뒤덮었다. 위기의 발단은 다른 곳도 아닌 바로 카시미르였다. 심라 협약 이후 양국은 카시미르 대화를 통해 카시미르 문제를 해결하고자 했으나 실제 성과는 없었다. 1980년대 인도 국민회의 정부가 카시미르 지역 정치에 깊숙이 관여하면서 주민들의 불만이 점차 거세어졌다. 1983년 선거를 앞두고 지역 실력자인 파루크 압둘라(Farooq Abdullah)와 국민협회(National Conference)당이 국민회의와의 선거연합을 거부하고 선거에 임하여 집권에 성공하자 인디라 간디 정부는 각종 수단을 동원하여 파루크를 1984년 주 지사에서 끌어내리며 주민들의 공분을 샀다. 인도 국민회의당은 1987년에는 국민협회와 선거연합에 합의하였으나 선거 자체가 부정선거라는 오명을 썼고 이후 결성된 연합정부도 부패와 무능으로 주민들의 거센 질타를 받았다. 여기에 카시미르 젊은이들의 높은 실업률과 경제적 어려움도 가중되어 시위와 저항이 들불처럼 번져 나가 1989년부터는 사실상의 내전 상태에 돌입하였다.

파키스탄은 카시미르의 반인도 단체를 적극 지원하면서 이들의 인도에 대한 무장투쟁을 후원하였다. 1990년 1월 대규모 충돌 이후에 인도 정부는 카시미르에 대한 직접 통치를 실시하였고 파키스탄도 적극 개입하면서 이제 카시미르 문제는 더 이상 카시미르에만 국한된 것이 아닌 인도–파키스탄 분쟁으로 발전하였다. 인도군은 카시미르에 대규

Deterrent and Ready Arsenal (RAND, 2001), p. 191.

109 Ganguly & Hagerty, *Fearful Symmetry*, pp. 70–6; Ganguly, *Conflict Unending*, pp. 85–8.

모 군대를 파견해야 했고 양군은 다시 한 번 여러 국경선에서 대치하였다. 4월에는 양국 지도자들이 전쟁 불사를 외치며 위기가 더욱 심화되었다. 위기 해소를 위해서 당시 미국의 부시 대통령은 로버트 게이츠(Robert Gates) 국가안보 부보좌관을 양국에 특사로 보냈다. 이슬라마바드에서 게이츠는 파키스탄 지도자들에게 미국이 실시한 양국 간의 전쟁 시뮬레이션에서 항상 파키스탄이 패배하였고 전쟁 발발 시 미국으로부터 어떠한 지원도 기대할 수 없을 것이라고 경고하였다. 뉴델리에서도 게이츠는 핵사용 가능성을 포함한 전쟁 발생 시 야기될 엄청난 피해를 거론하며 인도 지도자들을 설득하였다. 게이츠 방문 이후 다행히 위기는 사그라졌다. 1990년 카시미르 위기는 '다시 카시미르'라는 측면 외에도 핵무기의 그림자 아래에서 벌어졌던 최초의 위기라는 점에서 많은 관심을 받았다. 비록 당시 양국의 핵무기 능력 습득 수준이나 투발수단, 핵탄두 장착 가능 여부, 실제 핵무기 사용을 검토했는지 여부 등에 대해 논란이 있지만 양국이 상대방의 핵능력을 인지하고 핵무기 사용이 실제 있을 수 있다고 자각한 것은 확실해 보인다. 또한 이 시기는 냉전이 해체되고 있던 시점이라 인도, 파키스탄 모두 각각 소련, 미국이라는 강대국의 지원을 기대하기 힘든 시점이었다는 특징도 있다.[110]

110 Ibid., pp. 82–103; Perkovich, *India's Atomic Bomb*, pp. 303–10; Ganguly, *Conflict Unending*, pp. 88–95.

4. 소결론

인도아대륙은 수천 년 동안 찬란한 문화유산을 간직해 오며 자랑스러운 전통을 축적하였다. 인도의 다양한 종교, 문화, 언어 등은 인도 문명을 살찌우는 결정적인 요인이었다. 수많은 민족, 다양한 세력이 인도 아대륙에 들어와 군사적 정복에 성공한 후에도 인도라는 다양성의 호수 속에서 동화되었고 이들이 가져온 문화, 관습으로 인도를 더욱 풍성하게 하였다. 그러나 이렇게 발전해 온 인도의 전통은 영국이 가져온 서구식 근대성과 충돌하면서 이제까지의 동화를 통한 조화, 발전을 이루지 못하고 오히려 내부의 차이를 점차 키워버렸다. 이러한 차이가 오인(誤認, misperception)과 결합돼 걷잡을 수 없이 벌어지면서 초래되었던 잔인한 결과가 1947년의 인도-파키스탄 분할이었다. 이제까지 잘 공존해 오던 두 공동체, 힌두와 무슬림 간의 분할 과정이 워낙 고통스러웠기에 분할이 과연 불가피했던 것인가에 대해서는 의문과 아쉬움이 계속 남는다. 영국의 분리-통치 정책이 두 공동체의 분열에 큰 역할을 한 것은 사실이다. 여기에 치열했던 독립운동 과정에서 힌두-무슬림 양측의 일부 지도자들의 아집과 독선도 한몫을 하였다. 수세기 동안 발전해 왔던 지방 공동체와 새롭게 이식하려던 중앙집권적 정체(政體)와의 갈등도 분할에 기여하였다. 결과적으로 분할 자체도 대단히 파괴적이었고 그 후유증도 참혹하게 지속되고 있다. 무슬림 리그 지도부의 두 민족 이론에 의하면 당연히 파키스탄에 귀속되어야 할 카시미르 지역이 아직 인도의 일부로 남아 있음으로써 수차례의 전쟁의 원인이 되었다. 이슬람 종교라는 것 외에는 인종, 문화, 언어, 풍습 등 어떠한 공통점도 없이 동파키스탄으로 독립된 벵갈 지역에 대한 박해와 냉대는 결국 1971년 전쟁을 통한 방글라데시로의 독립으로 이어지면서 두 민족 이론의 논리와 전제에 대해 심각하게 의문을 던지게 하였다. 인도의 경우도 세속적 민주주의의 실험이 지나친 중앙집권화와 일부 지도자의 아집으로 실패를 겪으면서 인도식의 배타적 민족주의가 득세하고 있다. 분할의 아픈 경험은 현재까지도 인도-파키스탄 양국의 지속적인 적대와 군사적 대치를 초래하여 남아시아 지역의 불안정에 큰 영향을 끼치고 있다. 여기에 더 나아가 냉전을 포함한 냉혹한 국제정치의 압박과 주변 위협에 대한 불안감, 배타적 이데올로기와 국제사회에서의 지위획득에 대한 염원 등이 양국 모두를 핵무기 개발에 매진하게끔 유도하면서 양국 간의 대립과 갈등을 더욱 복잡하고 위험하게 만들었다.

제4장
인도의 핵개발

제4장
인도의 핵개발

인도는 1998년 인도인민당(BJP) 정부의 집권 후 얼마 지나지 않은 1998년 5월 11일과 13일 서부 라자스탄주의 사막에 위치한 포크란(Pokhran) 실험장에서 다섯 번의 핵실험을 감행하여 전세계를 놀라게 하였다. 인도의 핵실험 직후인 5월 28일과 30일 파키스탄 정부도 일련의 핵실험을 감행함으로서 국제사회는 이미 여러 차례의 전쟁과 위기를 경험한 남아시아의 라이벌 국가들이 핵무기마저 보유했다는 사실에 불안감을 감출 수 없었다. 미국을 비롯한 국제사회는 양 국가의 핵실험을 강력히 규탄하며 경제제재를 가하였고 핵무기의 등장이 양 국가의 라이벌 경쟁에 어떠한 영향을 끼치게 될지 걱정스럽게 지켜보게 되었다. 더욱이 인도의 경우 이번이 첫 핵실험이 아니었다. 이미 1974년 같은 포크란 실험장에서 '평화로운 핵폭발(peaceful nuclear explosion)'이라고 명명한 핵실험을 수행한 바 있기 때문이다.

인도와 파키스탄은 양국의 분할독립 직후부터 충돌하여 적대적 관계를 지속해 나가고 있다. 점차 심화되어 가던 라이벌 관계에 놓인 두 나라는 남아시아 지역에서의 냉전기, 탈냉전기 글로벌 세력균형의 변화와 강대국들의 경쟁에 의한 영향도 받아야 했다. 양국의 국내정치도 지배층의 변화, 민군관계의 차이, 정치 시스템의 완비 여부, 여론 등의 영향을 받으면서 각국의 핵개발 정책도 많은 부침을 겪었다. 물론 인도와 파키스탄만 핵개발을 위해 노력한 것은 아니다. 수많은 국가들이 핵무기 보유에 관심을 갖고 국제사회, 특히 이미 핵무기를 보유한 강대국들의 견제와 압력에도 불구하고 자체 핵무기를 보유하려는 노력을 기울였다. 하지만 인도와 파키스탄은 그러한 압력과 반대에도 불구하고 핵무기 보유에 성공하면서 핵무기 보유국가, 즉 핵클럽 가입국으로 인정받았다. 인도와 파키스탄은 왜 핵무기를 보유하려 하였는가? 양국이 핵개발에 나서게 만든 주요 동인은 무엇인가? 이번 장에서는 인도가 핵개발에 나서게 된 배경과 과정, 그리고 그 결과와 함의를 다룰 것이다.

1. 네루와 원자 에너지

인도의 핵개발 프로그램은 독립도 쟁취하기 전에 이미 시작되었다고 봐야 한다. 1944년 캠브리지 대학 출신의 젊은 핵물리학자 호미 바바(Homi Bhaba) 박사가 인도에 귀국한 후 당시 저명한 독지가였던 타타(Tata) 가문에 핵에너지의 미래 유용성을 설득하여 1945년 타타근본

연구소(Tata Institute of Fundamental Research) 설립에 성공한 것이다. 봄베이에 위치한 이 연구소의 초대 소장으로 취임한 바바 박사는 이후 초대 인도 총리인 네루를 설득하여 원자 에너지부(Department of Atomic Energy)를 1954년에 창설하게 하였다. 당시 많은 국민들이 절대빈곤에 시달리고 에너지가 부족한 신생독립국으로서 과학기술의 중요성을 충분히 인지하고 있던 네루 총리의 적극적인 지원으로 1950년대 바바 박사는 당시 네루 정부의 경제적 자급자족 전략에 발맞추어 원자 에너지 개발 프로그램을 완전히 국산화하기 위해 노력하였다. 즉 인도산 우라늄과 토륨(thorium)을 이용하여 핵연료 사이클(nuclear fuel cycle)의 완전한 국산화를 위해 고군분투한 것이다. 네루를 비롯한 인도의 지도자들은 신생 독립국으로서 탈식민 시대를 시작하는 상황에서 근대성과 발전(modernity & development)을 통해 식민지의 유산을 극복하는 데는 과학보다 더 중요한 도구와 상징은 없다고 생각하였다. 특히 네루 총리에겐 새로운 에너지원이었던 원자(atom)는 인류문명의 새로운 시대를 여는 과학발전의 결정체였고 탈식민화하는 인도의 지위향상과 새로운 정체성을 위해 반드시 필요한 요소라고 보았다.[111] 이렇게 시작된 핵프로그램 개발 노력은 민간에너지 확보를 위한 것이었으나 바바 박사팀은 향후 정부 지도자가 핵에너지의 무기화를 결정할 경우 단시간에 가능할 수 있도록 군사적 핵개발의 토대도 마련해 두었다.

111 Itty Abraham, *The Making of the Indian Atomic Bomb: Science, Secrecy and the Postcolonial State* (NY: Zed Books, 1998), pp. 26–8.

그림 5. 인도의 초대총리 자와할랄 네루와 인도 독립의 아버지 마하트마 간디[112]

네루 총리는 원칙적으로는 간디의 비폭력 유산을 받아들여 국제분쟁에서 군사력을 사용한 해결책을 반대하는 등 원자 에너지의 무기화에 완강히 반대하는 입장이었다.[113] 이러한 윤리적인 이유 외에도 가난한 개발도상국으로서 이미 산적한 경제적 과제를 안고 있던 인도가 핵무기 개발을 포함한 과도한 군비지출의 여력이 없다는 경제적 고려도 네루가 자체 핵무기 개발을 반대한 이유였다. 또한 핵무기를 포함한 군사력 분야에 자원과 인력이 과도하게 투여될 경우 군에 대한 민간통제가 어려워질 수 있다는 네루의 독립 직후 인도 사회에서의 민군관계 고려도 중요하게 작용하였다. 네루는 1954년 공개연설에서 전세계적인

112 출처: https://qz.com/india/886787/europes-sterile-secularism-could-do-with-a-dose-of-indias-founding-ideals/

113 인도는 독립투쟁 과정에서 비폭력운동을 일관성 있게 보여줌으로서 국제사회에서 도덕적 권위를 인정받고 있었다. Andrew Kennedy, "India's Nuclear Odyssey: Implicit Umbrellas, Diplomatic Disappointments, and the Bomb," *International Security*, Vol. 36, No. 2 (Fall 2011), p. 126.

핵실험 금지를 제안하는 등 인도의 핵무기개발을 완고히 반대하는 입장을 지속적으로 표명하였다. 막 시작하던 비동맹 운동(Non-Aligned Movement)의 맹주로서 당시 강대국 힘의 정치의 상징과 같던 핵무기에 대한 거부감도 인도의 핵무기 반대에 영향을 끼쳤음은 물론이다. 그러나 네루 총리는 바바 박사가 자유롭게 원자력 관련 필요한 모든 시설과 장비를 개발하도록 허용하여 만일의 사태에도 대비하였다.[114] 따라서 원자 에너지 개발은 전적으로 평화적이라는 네루 총리의 공언에도 불구하고 국방과 완전히 별개의 문제는 아니었기에 원자에너지 개발 프로그램은 외부 세계로부터의 은밀성(secrecy)을 유지할 수밖에 없었다.[115] 특별히 안보위협을 경험하지 않았던 인도였지만 네루 총리와 바바 박사는 핵에너지와 과학기술의 현대적 상징성과 경제적 잠재력에 주목하여 원자로와 재처리 시설을 포함한 민수용 핵기술 개발을 위해 노력하였다. 즉 나랑(Narang)의 분류 방식을 따르면 이 시기 인도의 핵개발 전략은 기술적 헤징(technical hedging)으로 '지금은 명백히 아니지만 암암리에 절대 아닌 것도 아닌'("explicitly not now, but implicitly not never") 전략을 추진하였다고 볼 수 있다.[116]

114 Sumit Ganguly, "India's Pathway to Pokhran II: The Prospects and Sources of New Delhi's Nuclear Weapons Program," *International Security*, Vol. 23, No. 4 (Spring 1999), pp. 150–1.

115 Abraham, *The Making of the Indian Atomic Bomb*, pp. 49–51.

116 Narang, "Strategies of Nuclear Proliferation," pp. 136–7.

2. 1962년 인도-중국 국경전쟁과 그 여파

인도 지도자들의 핵무기에 대한 부정적 인식은 1962년 중-인 국경전쟁에서의 치욕적인 패배 직후 변화하게 되었다. 인도군이 얼마나 준비가 부족했는지를 목도하고 장비, 훈련, 인력, 조직 등 모든 면에서 현대전을 수행할 역량이 현저히 떨어진다는 아픈 현실을 직면한 인도 정부와 네루 총리는 군 현대화와 전력증강에 착수해야 하였다. 하지만 이러한 계획과 국방예산 증대가 시작되기도 전인 1964년 10월 중국이 핵실험에 성공했다는 소식이 들려왔다. 1963년 미소 강대국이 포함된 부분 핵실험 금지 조약(Partial Test Ban Treaty)이 합의되는 것을 희망적으로 바라본지 얼마 되지도 않은 시점에 중국으로부터 날아온 이 소식은 큰 충격을 가져다주었다. 1962년 전쟁 패배 후에 수많은 압력에도 불구하고 핵무기 개발 불가 입장을 고수하던 네루 총리가 1964년 5월에 서거하면서 네루 총리의 뒤를 이어 인도의 두 번째 총리가 된 샤스트리(Shastri) 또한 기존의 핵무기개발 불용 정책을 바꿔야 한다는 강한 압력을 받지 않을 수 없었다. 일부 보수야당은 네루 외교전략의 상징과도 같았던 비동맹(Non-alignment) 노선을 폐기하고 미국 등 서방에 지원과 협력을 요구해야 한다고 주장하였다. 그러나 샤스트리 총리는 이러한 압력에 굴하지 않고 핵무기 불개발 원칙을 고수하였다. 집권 국민회의당의 주류는 여전히 간디, 네루의 전통을 이어받아 도덕적, 윤리적인 이유는 물론 핵무기 없는 세상이라는 비전을 포기할 수 없기에 자체 핵무장 옵션은 채택할 수 없다고 주장하였다. 특히 일부 지도자들은 얼마 전에 전쟁을 치른 중국이 핵무장에 나섰음에도 불구하고 자체 핵무장을 거부한다면 전면적 비핵화를 주장하는 인도에 대한 국제사회의 신뢰가 더욱 증대될 것이라고 강조하였다.[117]

샤스트리 정부가 중국 핵보유라는 새로운 안보위협에 대해 자체 핵무기 보유라는 선택지가 아닌 대안적 대응으로 삼은 것은 비록 비동맹 노선 원칙에 어긋난다는 일부의 반대가 있을지라도 기존 핵보유국으로부터 핵보장 약속을 얻어내는 것이었다. 특히 중국의 핵실험 직후 미국의 린든 존슨 대통령이 중국의 핵능력을 포함한 공세적 위협에 대해 아시아 국가들의 요청이 있을 시 미국은 아시아 방위를 위해 최선을 다하겠다는 발표를 해 인도 정부를 고무시켰다. 정작 미 정부 내에서는 파키스탄과의 관계 등을 고려해 인도를 미국의 방위공약에 포함시키는 것에 대한 논란이 있었으나 당시 미 국무장관 딘 러스크(Dean Rusk)가 미국의 방위 공약에 인도도 포함된다고 안심시키면서 인도는 이를 대단히 긍정적으로 받아들인 것이다. 하지만 막상 인도 정부가 미국으로부터 보다 공식적이고 다자적인 핵우산을 보장받으려고 하였을 때 이는 인도에 현실화되기 힘들다는 것을 깨닫게 되었다. 샤스트리 정부의 외교장관이 미국뿐만 아니라 소련 등의 강대국과 접촉하였지만 이들 기존 핵무기 보유국으로부터의 핵보장 약속을 얻는 데는 실패하였다.[118] 하지만 이런 와중에 샤스트리 총리는 핵기폭제 개발에 필요한 시간을 줄이겠다는 바바 박사팀의 요청을 허락하였다. 또한 군부에 중국으로부터의 핵위협 실체에 대해 분석하라고 지시하였다.[119] 이렇게 샤

117 Ganguly, "India's Pathway tp Pokhran II," 152–5.

118 Kennedy, "India's Nuclear Odyssey," pp. 129–32.

119 Ganguly, "India's Pathway to Pokhran II," 155.

스트리 총리가 평화적 목적을 위한 지하 핵폭발 실험을 허용한 것을 계기로 인도는 하드 헤징(hard hedging)의 전략으로 전환한 것이라 볼 수도 있을 것이다.[120]

한편 중국의 핵실험은 기존 핵보유 강대국들도 자극하여 이들이 전반적인 비확산 노력에 나서게 하였다. 1965년 말 유엔 정치 위원회는 핵 비확산 조약체결을 위한 상세한 가이드라인을 담은 결의안 채택에 성공하였다. 이러한 국제적 핵 비확산 논의 과정에서 인도 정부의 대표단이 상당한 역할을 하였다. 당시 논의는 핵을 이미 보유한 국가들과 핵 미보유 국가들 간의 책임과 의무를 명기하면서 서로 비확산을 위해 노력하기로 한 것이었는데 이에 더해 인도는 핵 미보유 국가들이 '평화적 핵실험'을 수행하는 것이 허용되어야 한다고 주장하였다. 하지만 '평화적'과 '비평화적' 핵실험의 구분이 모호하다는 미국 등 기존 핵보유국들의 강력한 반대에 부딪쳤다. 인도는 NPT 논의를 통해 먼저 중국을 포함한 기존 핵보유국들이 핵무기와 투발수단의 생산을 즉각 중단하고 점진적으로 그들이 가진 핵무기를 폐기해 나가는 조건으로 핵무기 미보유국들이 계속 핵미보유국으로 남아 있겠다는 제안을 한 것이었는데 결과적으로 성공하지 못하였다.[121]

한편 1965년에는 인도-파키스탄 간에 2차 전쟁도 발발하였다. 전쟁 중에 중국은 파키스탄에 대한 외교적 지원의 일환으로 인도에게 히말라야 국경에 제2의 전선을 열 수도 있다고 위협하였다. 이러한 위협이 실현되지는 않았지만 1962년 굴욕적 패배의 기억이 생생한 인도 정

120 Narang, "Strategies of Nuclear Proliferation," p. 138.

121 Kennedy, "India's Nuclear Odyssey," p. 127.

부는 이 위협을 심각하게 받아들여야 했다. 전쟁이 종식되기 직전 백여 명의 하원의원들이 샤스트리 총리에게 당시 두 개의 전선에서 전쟁을 수행해야 할 수도 있다는 섬뜩한 현실에 직면해있으니 핵옵션을 위한 조치를 즉시 진행할 것을 강력히 요구하였다. 중국의 핵능력이 고도화되고 있다는 정보가 계속 보고되면서 인도 국내의 자체 핵무장 압력도 증가하였고 이에 샤스트리 총리도 필요하다면 핵정책을 재검토하겠다고 밝혔다.[122]

1966년 샤스트리 총리가 사망한 후 인도의 총리직은 초대 네루 총리의 딸인 인디라 간디가 승계하였다. 간디 총리 때 나온 외부 안보위협 관련 분석결과는 중국으로부터의 위협은 여전히 핵무기보다는 재래식 전력이고 중국의 핵위협과 관련해서는 외교적 노력으로 강대국의 핵우산 아래에 들어가는 것이 좋겠다는 조언이었다. 따라서 간디 총리도 전임자처럼 미국과 소련으로부터 중국의 위협에 대비한 보호 공약을 얻어내려고 외교적으로 노력하였다. 간디 총리의 비서실장(principal secretary)이 미국과 소련을 방문하여 이들 강대국의 의사를 타진하였고 미국과 소련 모두 인도에 안보 보장을 해 줄 의향이 있다고 판단하였다. 따라서 당분간 인도는 핵개발 노력을 자제하는 것이 인도에게 유리할 것이라고 총리에게 조언하였다.[123] 하지만 실제로는 어느 강대국으로부터도 확실한 안보 보장을 받아내지 못하였다. 이렇게 미, 영, 소 어느 강대국도 인도에 핵보장을 해주지 않았기에 간디 총리에 대한 핵정책 전환 압력 또한 가중되었다.

122 Ganguly, "India's Pathway to Pokhran II," pp. 156–7.

123 Kenneday, "India's Nuclear Odyssey," 132–4.

한편 미국, 소련 등 기존 핵보유 강대국들은 핵 비확산(nuclear non-proliferation) 레짐 설립을 지속적으로 추진하였는데 1968년에는 가시적인 성과를 거두게 되었다. 강대국들이 대거 참여하고 합의한 핵 비확산 조약(Nonproliferation Treaty, NPT)이 드디어 창설되었고 1970년부터 발효된 것이다. 인도는 핵 미보유국들과 기존 핵보유국들 간에 심각한 불균형과 불평등이 존재한다는 이유로 조약 가입을 거부하였다. 즉 인도 정부는 미국 등의 비확산 레짐 설립 노력에 대해 기존 핵보유국들이 보유 핵무기를 획기적으로 줄이고 궁극적으로는 폐기를 약속해야만 조약에 서명할 수 있다고 주장하였다. 인도의 이러한 국제 핵 비확산 조약에 대한 반대 표명은 예전의 핵무기에 대한 도덕적, 윤리적 기반에서라기보다는 변화하는 외부 안보위협에 대비하여 핵실험 옵션을 열어두어야 한다는 현실적 필요에서 기인한 것이라고 볼 수 있다.[124]

3. 1974년 '평화적 핵실험'

인도정부의 핵무기를 금기시하던 분위기는 1971년 3차 인도–파키스탄 전쟁을 계기로 많은 변화를 겪게 되었다. 인도는 이 전쟁에서 파키스탄에 압승을 거두면서 방글라데시를 독립시켰고 남아시아의 강자로 우뚝 설 수 있었다. 하지만 전쟁 준비 과정과 전쟁 수행 중에 미국의 외교적 지원을 받으려는 노력이 실패하면서 미국과의 관계는 악화되었

124 Ganguly, "India's Pathway to Pokhran II," pp. 157–8.

다. 이미 미국이 닉슨 독트린을 발표하면서 미국의 대 아시아 방위공약에 대한 신뢰가 많이 약화된데다 1971년 미국이 중국과의 관계개선에 나서면서 미–중 화해, 협력 시대가 도래한 것도 인도에게는 외교적으로 달갑지 않은 변화였다. 이러한 사정으로 인도에게는 기존의 비동맹노선에서 점차 벗어나서 소련과의 우호적 관계를 유지하는 것이 대단히 중요한 외교적 과제가 되었다. 처음부터 인도가 소련과의 우호조약 수립에 열성적이었던 것은 아니었다. 소련과의 이러한 관계가 인도의 전통적인 비동맹 노선을 약화시키고 미국과의 관계를 어렵게 하며 중국과의 관계개선을 더욱 힘들게 할 것이었기 때문이다. 인도의 간디 정부는 중국과의 관계개선도 시도하였으나 성공적이지 못하였다. 한편 동파키스탄 사태가 점차 심각해지면서 인도의 군사적 개입 필요성이 증대하였다. 원활한 전쟁 수행을 위한 강대국의 지원과 보장이 절실해진 것이다. 8월에 키신저가 인도의 고위 외교관에게 인도–파키스탄 전쟁이 또다시 발발할 경우 중국이 개입하더라도 미국은 개입하지 않을 것이라고 했다는 소식은 인도에게 특히 충격이었다. 파키스탄과 또다시 전쟁을 벌일 경우 중국의 개입으로 두 개의 전선에서 싸울 가능성을 염려하지 않을 수 없는데 이러한 상황에서 미국과 중국이 협력한다는 것은 인도로서는 감당할 수 없는 부담이었다. 이에 소련과의 조약체결이 무엇보다 급선무가 된 것이다.[125]

따라서 파키스탄과의 3차 전쟁 직전 소련과 맺은 20년 간 유효한 '평화, 우애, 협력' 조약에는 소련의 (중국 핵으로부터의) 실제적인 안보

125 Kenneday, "India's Nuclear Odyssey," 136–9.

보장도 포함되어 있었다. 소련과의 사실상 동맹상태에 준하는 관계 구축은 인도가 핵개발을 가속화하는 중국으로부터 느끼는 안보위협을 상당 부분 상쇄해 주는 효과를 제공하였다. 하지만 소련에 대한 안보 의존성에 대한 우려가 커지고, 인도가 지속적으로 추구했던 전 지구적 핵군축 등의 노력이 수포로 돌아가면서 국내적으로 핵옵션을 위한 압력이 가중되었다.[126] 미국의 닉슨 대통령이 계속 친파키스탄적 태도를 보이는 것도 간디 정부에게는 큰 부담이었다. 그리고 1972년 1월 파키스탄의 부토 총리가 저명한 파키스탄 과학자들을 초청하여 파키스탄은 이제 다른 선택의 여지없이 핵개발에 나서야 한다고 강조했다는 소식을 인도 정보기구로부터 전해들은 직후 간디 총리는 인도는 '할 수 있다'는 것을 전세계에 명백히 과시하기 위해서라도 핵실험을 실시해야 한다고 주장했다 한다. 파키스탄이 핵무기를 보유한다는 것은 오직 미국 등 강대국들의 협조나 묵인 아래서만 가능하다고 생각했기에 간디 총리는 강대국들에 대한 경고의 메시지로 인도의 역량과 자제력을 보여줄 필요가 있다고 역설한 것이다.[127]

1972년 10월 인디라 간디 총리로부터의 공식적 평화적 핵실험(peaceful nuclear explosion, PNE) 지시가 내려졌다. 국내적으로 가다 서다를 반복했지만 이제는 상당히 축적된 기술력에 더하여 1971년 3차 전쟁 승리 후 급상승한 국제적, 지역적 지위와 자신감도 간디 정부로 하여금 핵실험 감행을 허가하도록 하였다. 1964년 당시만 해도 국민회의당 정부는 중국의 핵실험 이후 노골적인 핵무기 개발도 아니고 무

126 Ganguly, "India's Pathway to Pokhran II," pp. 158–60.
127 Hymans, *The Psychology of Nuclear Proliferation*, pp. 185–7.

조건적 핵옵션 포기도 아닌 중간노선을 걸었는데 이제는 핵개발과 관련하여 한 단계 더 나아가게 된 것이다. 간디 총리가 핵실험을 지시한 1972년도에는 이미 핵실험을 위한 정치적, 기술적 준비는 거의 되어 있었으나 실제 핵실험은 간디 정부가 심각한 경제적 어려움으로 고전하던 1974년 5월 18일 인도 서부 라자스탄주의 사막 지역인 포크란 실험장에서 히로시마에 투하된 원자폭탄과 비슷한 규모의 15 킬로톤(kt) 기폭장치를 사용하여 전격적으로 수행되었다.[128] '미소짓는 부처(smiling Buddha)'라는 작전명으로 5개의 유엔 상임이사국 외의 국가로는 처음으로 실행된 이 핵실험에 대해 인도 정부는 '평화로운 핵폭발(peaceful nuclear explosion)' 실험이라고 주장하며 어떠한 군사적 목적도 배제한 핵에너지의 평화로운 사용을 위한 실험일 뿐이었다고 주장하였다. 실제로 이 시기 인도의 핵개발은 원자에너지 부서와 과학자들이 주도하고 인도의 국방정책과는 완전히 분리된 채로 진행되었다고 알려진다. 당시 민간지도자들은 핵무기를 정치적, 경제적 관점에서만 접근했을 뿐, 전략적 측면에서 군사적 유용성은 고려하지 않았던 것이다.[129] 국내적으로는 인도가 국제사회에서 새로운 지위를 보유했음에 큰 반향을 일으키며 전폭적인 지지를 받았으나 국제사회는 이를 강력히 성토하였다. 특히 몇 년 후 미국은 당시 핵 비확산을 위해 많이 노력하던 카터 행정부 하에서 핵 비확산법 등을 통해 인도에 대하여 핵에너지 관련

128 이것이 퍼코비치(Perkovich)로 하여금 국내정치적 변수의 주된 영향력을 주장하게 하였다. Perkovich, *India's Nuclear Bomb*, p. 177. 그러나 나랑(Narang)은 핵기폭 장치의 기술적 어려움과 당시 PNE의 수장이 바뀌었던 이유 때문에 시간이 지체되었다고 주장한다. "Strategies of Nuclear Proliferation," p.139.

129 Ayesha Ray, *The Soldier and the State in India: Nuclear Weapons, Counterinsurgency and the Transformation of Indian Civil-Military Relations* (Sage, 2013), pp. 68–72.

물질, 기술 수출 금지 등 강력한 제재를 가하였다.

1970년대 중후반에는 인도의 내부문제가 크게 불거지고 외부위협 요인도 많이 드러나지 않으면서 인도의 핵무기 개발은 지지부진하였다. 1975년 간디 총리는 점증하는 경제난과 야당, 시민사회의 강력한 반발에 직면하여 계엄령 선포라는 비민주적 방법으로 정권의 생존 위기를 돌파하려 하였다. 당시 인도-소련 조약에 대한 신뢰도 간디 정부가 핵개발을 위해 매진하지 않게 된 이유였다.[130] 또한 간디 총리는 개인적으로 아버지나 전임자 못지않게 핵무기를 혐오하였다고 한다. 직접 지시한 1974년 PNE 실험도 일부 과학자들과 관료들이 사실을 호도했기 때문이었다고 느꼈을 정도로 이후 한동안 간디 총리는 핵무기에 대해서 전혀 언급하지 않았다.[131] 1977년 계엄령이 해제된 후 실시된 총선에서 예상을 뒤엎고 국민회의당과 간디 정부의 실정과 부패에 환멸을 느낀 유권자들에 의해 국민회의당이 참패하고 범야권 연합정부가 승리하여 마하트마 간디의 윤리적 노선에 충실했던 모라르지 데사이(Morarji Desai)가 총리로 선출되면서 인도의 핵개발 노력도 완전히 멈추게 되었다. 하지만 데사이 총리의 연립정부가 1979년 무너지고 잠시의 임시정부를 거쳐 1980년 1월 선거에서 다시 국민회의당 정부가 무난히 승리하면서 간디 총리가 인도의 지도자로 복귀하였다.

당시 인도의 큰 우려는 1979년 12월의 소련의 아프가니스탄 침공과 이에 따른 주변 전략환경의 급변이었다. 계속되는 군부정권의 집권과 미국의 반대에도 공공연하게 추진되던 핵개발 노력으로 1970년대

---

130 Ganguly, "India's Pathway to Pokhran II," p. 161.

131 Perkovich, *India's Nuclear Bomb*, p. 188.

후반 급랭하였던 파키스탄과 미국의 관계가 파키스탄에 이웃한 아프가니스탄에 대한 소련의 침공으로 극적으로 변화한 것이다. 미국은 즉시 파키스탄과의 관계를 개선하면서 파키스탄에 전폭적인 경제적, 군사적 지원을 제공하였다. 이러한 지원에는 파키스탄의 핵개발 묵인과 함께 핵투발 수단으로 사용될 수 있는 F-16전투기의 수출도 포함하고 있어 인도 정부가 촉각을 곤두세울 수밖에 없었다. 미국의 파키스탄에 대한 주요 무기 공급은 인도가 유지하고 있던 재래식 전력에서의 우위가 급속히 사라질 수 있다는 것을 의미하였다. 당시 존재하던 중국으로부터의 핵위협에 더하여 핵으로 무장한 파키스탄과도 대치해야 할 수 있다는 위험한 전략적 현실에 직면하게 된 것이다. 이렇게 불리하게 변화하는 전략환경에 대하여 인도의 많은 언론과 정치인들이 인도의 자체 핵무장 옵션으로 대응해야 한다고 목소리를 높였다.[132]

4. 1980년대와 90년대

이미 1970년대 말부터 파키스탄의 핵무기 개발 노력은 인도를 자극하며 인도가 핵무기의 전략적 유용성에 대하여 고민하게 되는 동기를 부여하였다. 1965년 중반에 시작된 파키스탄의 핵무기에 대한 관심은 1971년 전쟁의 치욕적인 패배 이후 본격화되었는데 1980년대 초에는 파키스탄의 핵무기 개발 프로그램에 대한 확실한 정보가 관련국가

132 Ganguly, "India's Pathway to Pokhran II," pp. 162-3.

에 이미 알려졌다. 1981년 인디라 간디 총리가 파키스탄의 핵무기 개발 능력 보유에 적극 대응하여야 한다고 천명하는 등 인도는 핵무기의 전략적 가치에 대해 다시금 심각하게 접근하기 시작하였다. 1982년에는 인도 공군이 당시 갓 수입된 최신 전폭기를 사용하여 파키스탄의 핵시설을 파괴하는 방안을 검토하였다고 한다. 하지만 파키스탄의 보복공격을 우려한 간디 총리가 이러한 예방적 타격에 반대하여 실행되지는 않았다.[133] 한편 인도의 핵무기 개발능력을 과시한 1974년 핵실험 이후에도 핵개발과 관련한 후속조치가 지지부진하자 1983년에 3군 참모총장들이 집단으로 간디 총리에게 인도가 반드시 자체 핵무기 능력을 보유하여야 한다는 서신을 전달하기도 하였다.[134] 같은 해 인도가 플루토늄을 무기 수준으로 재처리할 수 있다는 보도가 나왔다. 1984년에는 간디 총리의 부인에도 불구하고 당시 파키스탄의 지도자 지아(Zia) 장군은 인도가 파키스탄의 핵시설에 대해 이스라엘의 오시라크 공격을 모방한 공습을 계획하고 있다고 비난하였다. 이렇게 양국 간 핵무기 개발을 둘러싼 공방이 치열해지고 양국 핵시설에 대한 선제공격 가능성이 고조되면서 국제사회의 우려가 증대하였고 미-소 강대국의 관심도 고조되었다. 이러한 우려는 1985년 인도-파키스탄 양국이 서로간의

133 Ray, *The Soldier and the State in India*, 72–75.

134 Harsh Pant, "India's Nuclear Doctrine and Command Structure: Implications for Civil-Military Relations in India," *Armed Forces & Society*, Vol. 33, No. 2 (Jan 2007), p. 243. 1980년대 초 인도 주변의 안보환경이 불리하게 변하고 있었는데도 간디 총리의 핵무기에 대한 불신을 계속되었다고 한다. 1982년과 83년 인도의 과학자들이 실제로는 핵실험과 유사한 핵관련 실험을 요청하였을 때 처음에는 승인했다가 나중에 그 실체를 알게 된 후 취소했을 정도로 핵무기는 여전히 간디 총리로서는 피하고 싶은 옵션이었다. Perkovich, *India's Nuclear Bomb*, pp. 242–3.

핵시설을 공격하지 않겠다고 약속한 협정에 서명함으로서 잠시 종식되었다.[135]

한편 인디라 간디 총리가 1984년 암살당하고 아들인 라지브 간디(Rajiv Gandhi)가 후임 총리에 오른 이후에 인도의 핵정책도 약간의 변화를 겪게 되었다. 네루의 손자로서 라지브 총리는 장기적으로 전세계의 핵무기를 점차 제거하겠다는 원대한 라지브 간디 행동 계획(Rajiv Gandhi Action Plan)을 유엔 총회에서 제안하였다. 이러한 제안은 예상대로 강대국의 무시 속에 큰 관심을 끌지 못하였는데 이러한 전세계적 차원에서의 다자적 핵군축 노력과 별개로 인도의 핵관련 과학자들은 라지브 총리 정부의 많은 지원을 받았다. 효과적인 억지력을 발휘하기 위해 핵탄두를 경량화하여 탄두가 탄도미사일 등 투발수단과 결합하게 하며, 기타 다른 기술적 역량도 습득해야 한다는 결정도 라지브 총리 재임 시절 내려졌다고 한다.[136] 또한 라지브 총리가 군 현대화를 강력히 추진하는 가운데 1986–87년 양국 간에 남아시아에서의 첫 핵위기라 할 수 있는 위기 상황도 발생하였다.[137] 1980년대 중반 인도군의 핵개발에 대한 의지와 역할을 적극적으로 대변한 인물은 육군참모총장

---

135 Ray, *The Soldier and the State in India*, pp. 75–6.

136 Ganguly, "India's Pathway to Pokhran II," p. 165; Kenneday, "India's Nuclear Odyssey," p. 142. 시기는 1986년 이후(일부 학자들은 1988년 또는 1989년 주장)라 한다. 이후 핵개발에 방위연구개발 기구(Defense Research and Development Organization, DRDO)와 원자력 에너지 위원회(Atomic Energy Commission, AEC)의 선택된 학자들이 주도적으로 핵무기 개발을 이끌게 된다. Hymans, *The Psychology of Nuclear Proliferation*, p. 190.

137 3장에서 언급했듯이 학자들에 따라 1984년이나 1990년 위기를 첫 '핵'위기로 보기도 한다. 이는 양국의 핵무기 사용능력의 발전 정도에 대한 평가 차이에 기인한다.

을 역임한 순다르지(Sundarj) 장군이었다. 그는 열정적으로 인도의 자체 핵무장을 역설하였고 인도군이 신뢰적 최소억지능력(credible minimum deterrence)을 보유하기 위해 몇 개의 핵탄두가 필요할 것인 지까지 주장한 인물이었다. 인도, 파키스탄 양국의 핵무기 개발경쟁이 숨가쁘게 진행되던 1986년 순다르지 장군은 변화하는 안보환경 하에서 인도군의 공세적 기동능력을 시험하고자 브라스탁스 작전(Operation Brasstacks) 추진하여 결과적으로 양국 간의 위기를 고조시켰다.[138] 1990년의 카시미르 위기 시에도 양국 간 핵전쟁 발발 위험이 존재하였고, 국제사회 또한 당시 상황을 크게 우려하여 적극적으로 개입, 중재하였다. 미국의 부시 대통령은 게이츠(Gates) 국가안보 부보좌관을 양국에 특사로 보내어 위기 고조를 막으려 하였다. 위기 종식 이후 인도는 라지브 총리의 지시로 당시 국방장관이던 아룬 싱(Arun Singh) 주도 하에 인도의 핵능력과 핵관련 지휘, 통제 시스템에 대하여 검토하였는데 결론은 정부 내 일관된 핵정책이 부재하고 파키스탄의 핵능력에 대응하기 위한 지휘, 통제(C & C) 시스템이 부재하다는 것이었다.[139]

한편 이 시기의 특징은 하드 헤징(hard hedging) 기간으로서 인도 안보정책결정기구의 최고위층, 특히 총리의 확고한 통제 하에 핵개발 프로그램이 서서히 진행되었다는 것이다. 인도의 총리들은 당시의 안보상황에서 핵무기가 외부의 안보위협으로부터 가장 확실한 억지력을 보장하는 체계라는 확신을 갖지 못하였기에 핵개발에 대해 양면적이고

138 Pant, "India's Nuclear Doctrine and Command Structure," p. 244.

139 Ayesha Ray, "The Effects of Pakistan's Nuclear Weapons on Civil-Military Relations in India," *Strategic Studies Quarterly* (Summer 2009), pp. 22-31.

모호한 정책을 지속하였다. 또한 인도의 총리는 과학자 그룹과 군부가 핵관련 정책에 영향을 끼치는 것을 방지하는 데 많은 노력을 기울였다.[140] 1980년대에는 파키스탄과 일련의 위기를 겪으면서 그간 민간의 절대적 우위 영역이었던 핵개발 관련 분야에도 점차 군부의 영향력이 증대하였고 이와 더불어 국내정치에서도 인도군의 핵무장과 핵무기 운용에 대한 요구를 적극 반영하겠다고 공약한 보수적이고 민족주의적인 BJP가 1989년 집권연정에 참여하는 등 핵 무기화에 대한 압력이 가속화되었으나[141] 인도 총리의 입장은 확고하였다. 즉 인도 총리가 필요로 하는 선에서만 핵개발이 진전될 수 있었던 것이다. 기존 핵정책에 불만이 있던 순다르지 장군을 비롯한 많은 군부 지도자들의 노력에도 불구하고 핵무기 개발과 관련한 모든 정책 결정과정은 여전히 총리를 필두로 한 민간 지도자들이 확고하게 장악하였다.[142] 나랑은 1964년 이후 이때까지의 시기를 기술, 시설, 조직 등 면에서 상당한 성과를 거두었으나 인도의 총리들이 핵개발의 군사화를 지시하지는 않은 하드 헤징(hard hedging) 기간이라고 본다. 즉 이 당시 인도의 전략은 '지금은 명백히 아니지만 확실히 절대 아닌 것은 아닌'("explicitly not now, but explicitly not never") 임계선 상태에 도달하게 되었다고 볼 수 있을 것이다.[143]

140 Narang, "Strategies of Nuclear Proliferation," pp. 140–3.

141 Ray, "The Effects of Pakistan's Nuclear Weapons on Civil–Military Relations in India," pp. 22–31.

142 1998년 5월의 역사적인 핵실험도 인도군에 자문 받지 않고 민간정치지도자들이 독자적으로 내린 결정이라고 알려져 있다. Ibid., p. 31; Pant, "India's Nuclear Doctrine and Command Structure," pp. 243–4; Rajat Ganguly, "India's Military: Evolution, Modernization, and Transformation," *India Quarterly*, Vol. 71, No. 3 (2015), pp. 193–4.

143 Narang, "Strategies of Nuclear Proliferation," p. 143.

5. 인도인민당(BJP)과 1998 핵실험

1991년 12월 갑작스런 소련의 해체는 전세계에 큰 충격을 안겨준 동시에 냉전해체의 기쁨과 보다 안정적인 미래에 대한 희망도 제공하였다. 하지만 인도의 입장에서 소련의 붕괴는 전략적으로 대단히 우려스러운 일이 아닐 수 없었다. 파키스탄이 지속적으로 유엔에 제기하던 카시미르 문제에 대한 거부권 행사나 인도가 필요로 하는 최신 재래식 무기의 공급처로서의 기능이 더 이상 가동되지 못한다는 사실 외에도 중국을 견제하면서 인도 안보를 보장해 주었던 존재가 사라졌다는 의미였기 때문이다. 1971년 소련과 맺었던 조약은 무용지물이 되어버린 것이다. 하지만 이미 1980년대 중반 고르바초프가 소련의 지도자가 되면서부터 소련의 대 인도 방위공약은 시들해지기 시작하였다. 소련이 중국, 파키스탄과의 관계개선을 시작하였기 때문이다. 절실한 개혁개방을 위해 소련 정부는 주변 안보환경을 안정시킬 필요가 있었고 따라서 중국과의 관계개선을 무엇보다 우선시하였던 것이다. 소련군의 아프가니스탄에서의 철수는 소련과 파키스탄과의 관계를 한층 가깝게 하였다. 이런 와중에 소련이 붕괴되면서 인도에게는 중국의 핵위협에 대응할 수 있는 옵션이 얼마 남지 않게 되었다.[144] 라지브 총리가 의욕적으로 추진하던 글로벌 비핵화를 위한 행동 계획(Action Plan)도 소기의 성과를 전혀 거두지 못하자 이 시기부터 인도의 핵보유 전략은 하드 헤징(hard hedging)에서 전력질주(sprinting)로 전환하게 된다.[145]

---

144 Kenneday, "India's Nuclear Odyssey," 142–4.

145 Narang, "Strategies of Nuclear Proliferation," pp. 143–5.

1995년에는 인도의 기대에 반해 미국이 주도하던 핵 비확산 조약(NPT)이 연장되었다. 또한 같은 해 미국의 클린턴 행정부는 핵개발을 의심받던 국가에 대해 경제원조를 단절한다는 프레슬러 개정안(Pressler Amendment)을 수정하였다. 파키스탄의 핵개발 노력에 영향력을 행사하기 위하여 브라운 개정안(Brown Amendment)을 통해 파키스탄에 3억 7천만 달러에 달하는 경제, 군사 원조를 재개하기로 결정한 것이다. 미국의 파키스탄 지원 재개와 확장된 NPT가 가져올 인도 핵정책에 대한 제약 가능성은 당시 국민회의당의 나라시마 라오(Narashima Rao) 총리 정부를 강하게 압박하였다. 당시 유엔 군축 컨퍼런스에서 포괄적 핵실험 금지조약(Comprehensive Test Ban Treaty, CTBT)에 대한 합의도 거의 성사단계인 것으로 알려지면서 인도 정부는 기회의 창이 급속히 닫히고 있다는 불안감을 강하게 느꼈고 이러한 압력에 라오 총리는 1995년 12월 핵실험을 위한 준비를 허락하였다. 그러나 정찰위성을 통해 인도의 핵실험 계획을 눈치 챈 미국이 강하게 압력을 넣어 인도의 핵실험 의도는 좌절되었다.[146]

이후 인도의 반대에도 불구하고 CTBT는 참여국들의 압도적인 지지로 통과되었다. 한편 1990년대 말에 인도 국내정치는 연립정부가 안정적으로 존속하지 못하고 계속 교체되는 혼란을 경험하였다. 세속주의적인 국민회의당에 실망한 인도 시민들에게 강력히 어필한 BJP가

146 Ganguly, "India's Pathway to Pokhran II," p.168. 이에 대해 다른 견해도 존재한다. 라오 총리가 담당 과학자들에게 실험 사이트에 준비하라는 지시는 했지만 미국이 이러한 준비를 탐지하기 전에 이미 핵실험을 취소했다는 것이다. 라오 총리는 CTBT 도 후원하는 등 인도가 비핵국으로 머무는 것이 최선의 선택이라고 믿었기에 핵실험을 강행하지 않았다는 주장이다. Hymans, *The Psychology of Nuclear Proliferation*, p. 194.

1998년 3월에 제1당이 되면서 다시금 집권에 성공하였고 아탈 바지파이(Atal Vajpayee)가 총리로 선출되었다. BJP는 선거 캠페인에서도 중국과 파키스탄으로부터의 안보 위협에 대처하기 위하여 핵무기 보유를 포함한 강력한 국방력을 건설할 것을 주장하였다. 이미 인도는 핵실험에 필요한 모든 과학적, 기술적 지식과 시설, 노하우를 확보한 상태였다. 1998년 4월 파키스탄이 사정거리 1500 km의 중장거리 탄도미사일인 가우리(Ghauri) 미사일을 시험발사하자 바지파이 총리는 인도의 안보환경 악화에 대한 대응이라는 명목으로 핵실험을 지시하였다. 이에 인도의 DRDO와 AEC의 주관으로 1998년 5월 11일과 13일 하나의 수소폭탄 실험을 포함한 다섯 차례의 핵실험을 24년 전 '미소짓는 부처'와 같은 포크란 시험장에서 전격적으로 감행하였다. 그로부터 3주 후 파키스탄 역시 인도 핵실험에 대한 대응으로 국제사회의 경고에도 불구하고 핵실험을 감행하면서 이제 남아시아의 인도–파키스탄 두 라이벌 국가는 공개적으로 핵무기를 보유한 채로 경쟁, 대결하게 되었다.

1990년에 들어서는 이미 인도와 파키스탄의 핵능력을 의심하는 국가는 없었다.[147] 이미 양국은 공개적 핵실험을 실시하지는 않았지만 실

147 하지만 실제로 핵무기를 사용할 수 있는 정도의 기술력과 지휘, 통제 등의 조직을 갖췄는지에 대해서는 논란이 있다. 퍼코비치 같은 학자나 미국 정부 관리들은 1989–90년에 인도가 이미 단시간에 핵무기를 투발할 수 있는 능력을 갖추었다고 보았지만 (Perkovich, *India's Nuclear Bomb*, p. 295) 캄파니(Kampani)는 인도가 1989–90년까지 핵폭탄(nuclear device)을 보유하게 된 것은 사실이지만 실제로 핵탄두를 경량화하여 이를 공군기에 실어 사용할 수 있고 그에 필요한 제도적, 조직적 준비를 갖춘 것은 1994–5년이 되어서야 가능했다고 주장한다. Gaurav Kampani, "New Delhi's Long Journey: How Secrecy and Institutional Roadblocks Delayed India's Weaponization," *International Security*, Vol. 38, No. 4 (Spring 2014), pp. 85–6.

질적으로 '휴식중인 억지'(recessed deterrence) 또는 '비핵무기화 상태의 억지'(non–weaponized deterrence)의 상태로 대치하게 된 것이다.[148] 그럼에도 불구하고 1998년 5월 인도와 파키스탄의 연이은 핵실험은 국제사회에 큰 충격이었다. 이제 이미 수차례의 전쟁을 치른 두 적대국가가 핵무기를 보유한 채로 마주하고 있는 형국은 핵확산 문제는 물론 분쟁 발생시 핵전쟁으로의 확전 가능성까지 암시하므로 이에 대한 우려도 엄청나게 커지게 되었다.

6. 인도의 핵개발 배경과 이유

인도는 왜 핵무기를 보유하려 하였나? 1974년과 1998년의 핵실험 직후 인도 국민들은 인도가 강대국들에 당당히 맞설 수 있고 그들에게 뒤지지 않는 지위를 보유하게 되었다며 격하게 환영하였다. 따라서 인도 국내여론은 인도의 핵보유에 대단히 우호적이었다고 할 수 있다. 물론 이러한 국내정치적 기대치가 인도 정부의 핵실험 감행과 핵보유 노력을 온전히 설명해 주지는 않는다. 파키스탄의 경우, 인도라는 존재론적 위협이 실존하고 재래식 전쟁에서 라이벌 인도에게 계속 패배하며 강대국의 핵우산 제공도 받지 못하던 위치였기에 신현실주의적 외부 위협이 그들로 하여금 핵무기를 개발하는 데 결정적인 동인으로 작용했다는 공감대가 대체로 학자들 사이에 많이 형성되어 있지만, 이와 달

148 Hymans, *The Psychology of Nuclear Proliferation*, p. 191.

리 인도의 핵개발 원인은 학자들에게 큰 논쟁거리를 제공하였다. 중국과의 전쟁에서 패배, 그리고 이어지는 중국의 핵실험, 게다가 강대국의 안전보장을 받으려는 노력도 그리 성공적이지 못했기에 외부 위협 동인을 주요 원인으로 생각할 수 있다. 하지만 1974년 핵실험은 소련과 거의 동맹에 준하는 안보조약을 맺은 지 얼마 지나지 않은 시기에 감행되었고 1998년의 핵실험 타이밍도 외부 위협 변수로 설명하기는 쉽지 않다.

하이만스(Hymans)는 핵실험이 강행된 데에는 그 어떤 변수들보다 대립적이고 민족주의적인(oppositional nationalist) 국가정체성 의식을 가진 바지파이 총리의 존재가 결정적인 역할을 했다는 '지도자의 정체성 변수의 절대성'을 주장하였다. 즉 전임 총리들과 달리 파키스탄에 대해 대립적이고 민족주의적인 국가정체성(oppositional nationalist national identity conception) 의식을 가진 바지파이 총리에게 파키스탄의 가우리 미사일 실험은 이미 존재하고 있던 정체성 성향에 두려움과 자부심을 혼합시켰고 이렇게 만들어진 위험하고 폭발적인 심리적 칵테일이 분출된 것이 핵실험 강행 지시의 이유였다는 것이다.[149] 칸티 바지파이(Kanti Bajpai)도 바지파이(Vajpayee) 총리의 개인적 경험과 성향이 결정적인 핵실험 원인이었다고 주장한다. 국민회의당 정부 시절에도 중국, 인도로부터의 위협 변수와 국제 비확산 레짐의 압력 등이 존재했음에도 불구하고 핵실험을 하지 않은 데에는 BJP와 바지파이 총리와는 이데올로기나 성향적으로 완전히 달랐기 때문이라고 한다. BJP가 핵개발과 관

149 Hymans, *The Psychology of Nuclear Proliferation*, p. 198.

련해 보다 강경한 입장을 지속적으로 표명한 데다 바지파이 총리 개인적으로도 1996년의 불안정한 정국에서 단지 16일밖에 총리로 재임하지 못했던 기억 때문에 1998년 총리로 다시 선임되자마자 정치적 생존을 위해 신속히 강력한 뭔가를 보여주어야 한다는 압박감이 핵실험 지시로 이끌었다는 것이다. 또한 핵실험 후 예상되는 미국의 제재와 압력에도 굳건하게 굴하지 않는 강력한 지도자의 이미지를 만들려고 하였고 그 결과 총리 개인과 BJP의 인기가 한동안 높은 수준을 유지하면서 바지파이 총리의 의도는 성공했다고 주장한다.[150] 한편 경제발전모델과 핵개발과의 상관관계를 고려해 보면 인도의 경제개방과 무역자유화가 핵개발을 위한 노력을 줄이지 않은 것은 명백해 보인다. 오히려 이러한 경제모델의 전환으로 경제성장을 이루면서 핵개발을 위한 재정적 여유를 갖게 되었다고 볼 수 있다.[151]

인도의 핵개발은 핵무기 보유가 국제사회에서 존중받는 지위와 어느 강대국에도 당당히 맞설 수 있다는 위상을 위한 상징으로서 중요한 기능을 한다는 주요 사례로 자주 거론된다. 또한 인도의 정치인, 과학자들은 기존 핵보유 강대국들이 NPT 출범시 약속한 자신들의 핵무기 감축 약속을 절대 지키지 않으면서 핵무기 미보유국들에게만 비확산을 강요한다고 강력히 반발하였다. 인도의 1998년 핵실험 직후 강대국을 포함한 국제사회로부터 비난이 쏟아지고 제재가 가해지자 당시 바지파이 총리의 국방, 외교 보좌관이자 이후 인도 외무장관으로 활약하게

150 Kanti Bajpai, "Ch. 1. The BJP and the Bomb," in Scott Sagan, ed., *Inside Nuclear South Asia* (Palo Alto: Stanford University Press, 2009), pp. 25–67.

151 Karthika Sasikumar and Christopher Way, "Ch. 2. Testing Theories of Proliferation in South Asia," in Sagan, ed., *Inside Nuclear South Asia*, pp. 86–91.

되는 자스완트 싱(Jaswant Singh)이 Foreign Affairs에 강대국들의 위선과 이중 잣대를 강력히 비난하면서 인도 핵실험을 정당화하는 글을 실었다.[152] 이티 아브라함(Itty Abraham)도 탈식민지 이후 핵보유는 독립 인도의 중요한 상징이라고 주장하였다. 1998년의 핵실험도 단지 인도가 핵밀실(nuclear closet)에서 커밍아웃한 것이 아니라 인도지도자들과 대중 모두에게 핵무기 보유국 그룹의 새로운 멤버가 되었다는 자랑스러운 신(新) 정체성을 부여한 일대 사건이었다는 것이다.[153] 즉 서구학자들이 주로 적용하는 현실주의적 외부위협 변수로는 인도의 핵개발 노력을 온전히 설명할 수 없다고 주장한다. 오히려 신생독립국으로서의 당당하고 정당한 자부심을 위해 국가안보와 국가발전이 핵에너지를 매개로 한 과학기술 분야에서 결합된 결과가 인도의 핵무기 보유라는 것이다.[154]

인도 독립 직후 네루 총리부터 주도해 오던 강대국 세력균형 원리를 비판하는 비동맹 운동, 핵없는 평화로운 세상 만들기 운동 등의 윤리적 자의식도 인도 지도부, 특히 국민회의당 지도부에겐 단지 레토릭이 아닌 실제 행동강령으로 크게 각인되어 있었던 것으로 보인다. 그러나 잔인했던 냉전 대결체제를 비롯한 현실의 엄혹함이 인도로 하여금 그저 도덕적 원칙에 기반하여 외교정책을 수립하게끔 놔두지는 않았다. 인도 정부는 오랫동안 직접 자체 핵무기를 개발하기보다는 강대국

152 Jaswant Singh, "Against Nuclear Apartheid," *Foreign Affairs* (Sep/Oct, 1998), pp. 41–52.

153 Itty Abraham, "Contra–Proliferation: Interpreting the Meanings of India's Nuclear Tests in 1974 and 1998," in Sagan, ed., *Inside Nuclear South Asia*, pp. 106–36.

154 Abraham, *The Making of the Indian Atomic Bomb*.

의 안보 보장을 받거나 국제적 비확산, 비핵화 레짐의 도움으로 중국이나 파키스탄으로부터의 안보적 위협을 상쇄하려고 하였으나 아쉽게 실패로 돌아가고 만다. 예를 들면 1980년대 후반 어렵게 구축한 소련으로부터의 안보보장이 불확실해지고 라지브 총리의 핵감축을 위한 다자적 노력도 수포로 돌아가자 결국 핵옵션을 꺼낼 수밖에 없게 된 것으로 보인다.[155] 인도의 경우 핵과학자 그룹의 역할도 상당히 부각된다. 특히 뛰어난 민간 과학자들 중 전략안보 분야에 종사하게 된 전략분야 소수집단(strategic enclave)이라고 불리는 그룹은 인도 자체 핵개발에서 수행한 역할을 크게 인정받는다.[156] 이렇게 인도의 핵개발 원인은 단 하나의 이론이나 동인으로 설명하기 쉽지 않다. 세이건(Sagan)이 얘기한 신현실주의적 외부위협 요인, 구성주의적 국제지위 향상 갈구 요인, 과학자–관료 그룹 결탁 등의 국내정치적 요인이 복합적으로 고려되어야 인도가 왜 핵무기를 보유하려 하였는지에 대한 정확하고 포괄적인 그림이 그려질 수 있을 것이다.[157]

한편 인도 정부가 꾸준한 기술 축적과 관련 인프라, 기구 개발에도 불구하고 왜 그리 오랜 자제 기간을 가졌고 또 핵실험은 왜 그리 갑작스럽게 결정해서 감행했는지도 쉽게 설명되지 않는다. 강굴리(Ganguly)는 다른 요인들을 완전히 배제하지는 않지만 강대국 간 세력균형의 변화, 중국이나 파키스탄의 핵개발 노력의 속도와 방향 등을 주요 요인으

155 Kenneday, “India's Nuclear Odyssey,” pp. 144–7.

156 Itty Abraham, “India's “Strategic Enclave”: Civilian Scientists and Military Technologies,” *Armed Forces & Society*, Vol. 18, No. 2 (1992), pp. 231–52.

157 Sagan, “Why Do States Build Nuclear Weapons?”

로 다룬다. 나랑(Narang)의 경우 핵개발 옵션을 계속 유지하면서 상황에 따라 헤징 등 다른 전략을 사용하였다고 주장한다. 예를 들면 나랑은 1990년 경 냉전이 해체되면서 소련의 보호막이 사라지고 라지브 총리의 핵군축 행동 계획도 실패하자 더 이상 남은 옵션이 없어 핵개발에 매진하면서 하드 헤징에서 전력질주(sprinting)로 핵개발 전략을 전환하였다고 한다. 그러나 캄파니는 같은 시기, 즉 1989–90년 경 확실히 핵기폭장치를 확보하였으나 실제로 핵무기 사용이 가능하게 된 것은 거의 7년이 지나서였는데 이는 국제 비확산 레짐과 미국이 서슬 퍼렇게 핵개발을 감시하고 있는 상황에서 무엇보다 조직적 은밀성(secrecy)을 우선시하다 보니 핵무기를 안전하고 신뢰할 수 있게 투발할 수 있게 되기까지 제도적으로 계속 지연되었기 때문이라는 것이다.[158] 이렇게 인도의 핵개발 이유와 핵개발 과정에서의 많은 의문들을 설명하는 여러 이론과 주장들이 존재한다. 이는 인도 핵개발이 지닌 복잡성과 더불어 핵개발 과정 속에 여러 흥미로운 스토리들이 있었기 때문일 것이다.

7. 소결론

인도는 탄생 초기에 내부적으로는 공민적 민족주의(civic nationalism)와 세속적 민주주의(secular democracy)를 내세웠고, 대외적으로는 당시 신생 독립국들을 대표하여 격렬하게 전개되던 미-소 초강대

158 Kampani, "New Delhi's Long Nuclear Journey."

국을 필두로 한 양 진영 간의 냉전에서 어느 진영에도 속하지 않고 독자적으로 협력적 길을 모색하겠다는 비동맹 운동을 추진하였다. 이는 인도의 전통적인 다양성과 함께 오랫동안 치열하게 진행되어 온 민족독립운동의 경험이 투영되면서 생성된 결과라고 볼 수 있을 것이다. 핵과 관련해서는 해방운동 과정에서의 자랑스러운 자산이었던 간디식의 비폭력 저항이 도덕적, 윤리적으로 큰 영향을 주었다. 초대 네루 총리를 비롯한 많은 지도자들이 극단적 파괴력을 보유한 핵무기에 대한 혐오와 배척의 감정을 숨기지 않았다. 그러나 냉전이 낳은 강대국 중심의 냉혹한 세력 균형 변화와 인도 아대륙의 지정학적 위치 등이 인도가 외부 위협을 좀더 냉정하게 바라보도록 강제하였다. 특히 중국과의 전쟁에서 패배, 인도를 패배시킨 중국의 핵실험 성공은 인도 지도부에 크게 경종을 울리는 사건이었다. 설상가상 재래식 전쟁에서 잇따라 패배한 파키스탄의 핵무기 보유 노력과 이러한 파키스탄과 중국과의 연대도 인도에게 큰 전략적 고민을 안겨 주었다.

신생 독립국으로서의 정체성과 관련하여 식민지를 갓 벗어났음에도 식민지를 거느렸던 서구 열강처럼 발전할 수 있음을 보여주고자 했던 인도의 열망도 근대 과학기술과 그 기술력의 총아였던 핵 관련 발전에 매진하게 만들었다. 우수하고 야심찬 과학자 집단의 존재도 핵개발을 상대적으로 용이하게 하였다. 이러한 사연들은 인도의 핵확산과 관련하여 하나의 이론이나 개념으로 담아내기에는 너무나 풍부하다. 하지만 그 스토리들 간에도 우선순위가 있고 복잡 다양한 사연에도 불구하고 외부 안보위협에 대한 인식변화가 핵무기 보유에 가장 큰 영향을 끼친 것으로 보인다. 인도의 핵개발 과정에는 국내정치의 변화에 따라서도 많은 부침이 있었는데 이는 상대적으로 인도정치가 민주성을 누리고 있기 때문이라고 볼 수도 있을 것이다.

제5장
파키스탄의 핵개발

제5장

파키스탄의 핵개발

세계에서 인도네시아 다음으로 많은 1억 8천만 명의 무슬림들이 살고, 테러와 종파분쟁이 횡행하는 가운데, 핵무장까지 한 취약국가로 낙인찍힌 파키스탄은 서구인들의 관심을 끌 수밖에 없는데, 특히 지정학적 요충에 자리 잡고 있다는 이유 때문에 미국과 중국의 지대한 관심을 받고 있다. 이렇듯 파키스탄의 존재와 그 안위가 가지는 파급력은 남아시아 지역을 넘어 아시아 전역에 상당한 영향을 미칠 수 있을 정도로 중요한 이슈임이 분명하다. 특히 전략적으로 민감한 지역에 자리한 파키스탄의 위치 또한 강대국의 개입을 불가피하게 만들었다. 파키스탄은 외부 강대국의 개입을 통해 안보를 영위하려 하였으나 더욱 강력한 숙적 인도와의 대결에서 강대국의 도움이 결코 만족스럽지 못하자 결국 핵무기 개발에 나서게 된다. 이렇게 위험한 외부환경이 파키스탄의 현실주의적 전략 사고에 심대한 영향을 끼쳐 파키스탄 정부의 핵 포함 안보정책과 대외관계 형성에 크나큰 역할을 한다.

지도 11. 현재 파키스탄

2장에서 설명했듯이 현실주의자들은 한 국가의 안보가 위협받을 때 자신의 국방력을 자체적으로 신장하는 내부 균형노력 (internal balancing)과 함께 외부에서 동맹을 찾음으로서 (external balancing) 안보 위협을 상쇄하고자 노력한다고 주장한다. 파키스탄과 같이 불안한 안보 상황에 처해 있으나 자신의 국력이 주변국에 비해 상대적으로 미약한 국가일 경우, 자체적인 국방력 증강 노력에는 한계가 있기 때문에 불가피하게 외부에서의 동맹을 통해 안보 능력을 향상시키고자 한다.[159] 그러나 파키스탄과 같은 상대적 약소국이 강대국과 동맹을 맺을 경우 안보는 상당히 증진시킬 수 있으나 그에 따른 대가를 지불해야 한다. 비대칭적인 동맹관계(asymmetric alliance)에서 약소국은 안보와 자율성간에 쉽지 않은 줄타기를 할 수밖에 없고 결국은 방기(abandonment)와 연루(entrapment)라는 동맹 안보 딜레마에 봉착하게 된다. 이러한 상황에서 약소국은 더 강한 동맹국에 의한 방기 가능성에 대해 지속적으로 우려하지 않을 수 없고 방기되지 않기 위해 많은 노력을 기울여야 한다.[160] 방기를 방지하기 위해 동맹국간의 협상 시 약소국은 대체로 강대국의 요구에 순응하게 되는데, 동맹관계에서 자신의 존재가치의 중요성을 부각시키기 위해 노력하는 한편 때로는 방기 발생 시 강대국의 손해 가능성을 지속적으로 강조하기도 한다. 또한 한 강대국에 의해 방기되었을 때 이를 대체할 수 있는 다른 강대국이 존재한다면 약소국의 협상력은 상대적으로 높아질 것이다. 하지만 비대칭 동맹관계에서 칼자루는 강대국이 쥐고 있을 수밖에 없고 안보상황 변화에 따른 약소국의 강대국에 대한 전략가치 변화에 따라 동맹관계는 전환을 거듭하게 된다.

파키스탄의 대외관계 형성에 무엇보다 결정적으로 작용한 요인은

159 여기서 동맹은 월트 (Walt)의 주장을 따라 두 개 이상 주권 국가 간의 안보 협력을 위한 공식적 또는 비공식적 합의라고 느슨하게 정의한다. Stephen Walt, *The Origin of Alliances* (Cornell University Press, 1987, p. 12.

160 Glenn Snyder, *Alliance Politics* (Cornell University Press, 1997), pp. 181–7.

바로 이웃한 적대국 인도의 존재였다. 두 민족 이론을 비롯한 파키스탄의 정체성은 이슬람이라는 종교적 요인도 큰 역할을 했지만 힌두 인도라는 타자와의 모순 관계로 인해 더욱 명확한 자리매김을 하게 되었고, 독립 이후 파키스탄의 모든 대외정책에 대한 사고를 지배하게 되었다.[161] 비극적인 분할 과정을 거쳐 생겨난 파키스탄은 탄생 직후부터 인구, 경제, 군사력 등 모든 면에서 압도적으로 우세한 인도와 처절한 생존 경쟁을 해야 하는 상황이었기에 인도는 파키스탄에게 있어 가히 인도 신드롬(India Syndrome)이라 불릴 정도로 존재론적 위협(existential threat)으로 다가왔다. 인도와의 격차를 줄이려는 목적 외에도 경제, 사회 등 모든 분야에서 낙후되고 불안정했던 파키스탄은 외부의 도움이 절실할 수밖에 없었다.

따라서 혹독한 식민지의 경험이 아직 생생한 가운데, 신생 독립국으로서 자주적인 외교정책을 펼치고자 하는 열망은 있었으나 엄혹한 현실에 직면하게 되면서 보다 현실주의적인 외교정책을 펼치며 외부에서 신뢰할 만한 동맹국을 찾아야 했다. 파키스탄은 무엇보다도 독립과 안보를 위해 당시 주요국들이었던 미국, 소련, 중국과 모두 우호적인 관계를 유지하고자 하였는데 이 중에서도 파키스탄의 생존과 안보에 특히 중요했던 강대국은 미국과 중국이었다. 어느 국가와도 비대칭적 동맹관계를 맺을 수밖에 없었던 파키스탄은 항상 존재하는 방기의 위험 속에서 양 강대국 간에 아슬아슬한 줄타기를 하며 최대한 안보를 지키고자 하였다. 파키스탄을 둘러싼 안보 환경에서 냉전기 소련의 존

161 Pande, *Explaining Pakistan's Foreign Policy*, pp. 28–9.

재는 당시 소련과 친선관계를 유지하던 인도에 대한 견제 차원과 더불어 미국, 중국 모두에게 사활적으로 중요하게 작용했다. 냉전 종식 후 소련의 위협은 사라진 대신 비전통적 안보위협이 난무하게 되면서 미, 중 강대국의 전략 우선순위도 급격히 변하여 이들 국가들과 파키스탄 간의 동맹관계에도 지대한 영향을 끼치게 된다. 미국의 경우 글로벌 테러와의 전쟁이라는 대전략으로 전환하면서 파키스탄의 존재가 다시 급부상하였고, 중국의 경우 지역 라이벌 인도의 견제와 함께 글로벌 파워인 미국의 역량을 분산, 약화시킬 필요에서 파키스탄과의 우호적인 관계를 지속해야 할 필요가 있었다.[162]

그러나 이렇게 상대적 약소국 파키스탄에게 미국과 중국이라는 존재가 때에 따라서는 상당히 큰 도움을 주는 강대국 동맹국이었지만 언제나 의지할 수 있는 동맹으로 신뢰하기에는 턱없이 부족하였다. 인도와의 분쟁에서 열세에 몰린 급박한 상황에서 고대하던 도움이 양국 어디로부터도 오지 않을 때 파키스탄의 선택은 외부의 도움이 아닌 내부의 자체역량, 즉 재래식 전력 열세를 일거에 극복할 수 있는 핵무장이었던 것이다. 이 장에서는 파키스탄이 인도와의 경쟁에서 안보극대화를 위해 어떠한 노력과 과정을 겪었는지 파키스탄의 대미, 대중 관계 변화, 그리고 핵무장에 대한 종국적인 결심과 실행과정을 살펴볼 것이다. 보다 구체적으로는 신현실주의적인 시각을 중심으로 미국, 중국과의 비대칭 동맹 관계 하 파키스탄이 가지고 있었던 동맹 안보 딜레마에 대한 치열한 고민과 적응, 그리고 핵개발에 대한 결심과 외부견제 극복 노력을 다루고자 한다.

---

162 Fair, *Fighting to the End*, pp. 175–89.

1. 인도와의 갈등고조와 초기노력

전술했듯이 파키스탄의 경우 그 탄생부터 범상하지 않았다. 당시 인도의 마지막 총독인 마운트바튼을 비롯하여 많은 사람들이 파키스탄의 탄생과 존속에 회의적인 시각을 가질 정도로 '두 민족 이론'의 논리와 혹독한 현실이 신생국의 미래를 비관적으로 보게 만들었던 것이다. 독립국 출범 이후에 각기 다른 문화와 전통, 관습, 언어를 바탕으로 생활하던 다양한 민족들이 오직 이슬람이라는 종교 하나만을 공통점으로 하여 탄생한 국가라 초기부터 많은 갈등이 발생할 수밖에 없었다. 펀잡(Punjab)인들의 군, 권, 경 독점에 대한 신드(Sindh)인들과 발루치스탄(Baluchistan)인들의 반발이 지속되었고 인도 식민지 시절부터 불분명하던 아프가니스탄과의 국경선 때문에 졸지에 분단되어버린 파슈툰(Pashtun) 부족의 저항 등이 끊이지 않던 상황에서, 민간과 군부가 교차하며 혼란을 가중시켰고 안정, 민주화, 통합 중 어느 하나도 제대로 이루지 못한 중앙 정부의 무능과 부패로 인해 갈등의 골은 깊어져만 갔다.[163] 이렇게 내부의 국가건설, 국민건설 과제 해결도 벅찬 상황에서 1947년 인도로부터의 분할독립과 동시에 인도와 카시미르를 둘러싼 1차 전쟁을 경험하며 파키스탄은 험난한 신생독립국으로서의 여정을 시작하였다. 파키스탄인들은 분할과 전쟁 과정에서 엄청난 인명, 재산피해를 겪었으며 향후 신생국 국가안보와 국가건설, 국민건설, 경제발전 등 혹독한 도전과 불확실성에 직면하였다.

163 Jaffrelot, "Nationalism without a Nation," pp. 15–32.

이렇게 외부의 도움이 절실했던 불안정한 신생국 파키스탄에게, 남아시아 대륙을 수백 년간 식민통치했던 영국의 쇠락은 이제 그 빈자리를 채울 것으로 보이는 미국으로 관심을 돌리게 만들었다.[164] 파키스탄 건국의 아버지인 진나는 미국이 파키스탄의 생존과 번영에 필수적이라고 보았기 때문에 미국의 도움을 간절히 원했다. 식민지 시대에 영국 관리들이 파키스탄 지역의 전략적 중요성을 인식했듯이, 이제 영국을 대신해 남아시아 지역의 세력균형을 책임지게 된 미국 또한 중동, 소련의 중앙아시아, 중국, 남아시아와 국경을 마주하고 있는 파키스탄의 지정학적 가치를 인식하여 미국이 오히려 파키스탄을 더 간절히 원하게 될 것이라고 파키스탄 정부는 낙관적으로 전망하였다.[165]

그러나 당시 미국 대통령 트루먼은 파키스탄의 독립을 인정하긴 했지만 남아시아 국가보다는 유럽, 동아시아 등 다른 지역에서 벌어지던 사건들에 더욱 주목하였기 때문에 파키스탄에는 아무런 원조도 제공하지 않았다. 당시 미국 정부는 파키스탄이 과연 생존이 가능한지도 회의적으로 보았기에 남아시아를 거의 석권한 인도에 더 많은 관심을 보였다. 그러나 점차 냉전이 심화되면서, 국무장관이던 조지 마샬(George Marshall)이 가장 큰 이슬람 국가로 탄생한 파키스탄의 지정학적 위치에 따른 전략적 가치에 주목하는 등 파키스탄의 가능한 역할에 점차 관심을 가지게 되었고, 미 합참은 소련을 견제하고 중동 유전지

164 파키스탄 정부의 이러한 친서방, 친미 정책은 좌익계 지식인, 비동맹 주의자, 이슬람 주의자 등 국내의 심각한 저항에 직면하였다. 이들은 친미 정책이 미국에의 종속을 의미할 뿐이라고 주장하였다. Shadid Amin, *Pakistan's Foreign Policy: A Reappraisal* (New York: Oxford University Press, 2000), p. 8.

165 Pande, *Explaining Pakistan's Foreign Policy*, pp. 88–9.

역을 보호하는데 파키스탄이 유용할 수 있음을 시사하는 보고서를 발간하였다.[166] 1949년 중국 공산당의 승리로 세계에서 가장 인구가 많은 국가인 중국을 잃게 된 미국은 아시아 전역에서 소련과 중국의 팽창을 봉쇄해야 한다는 대전제 하에 남아시아와 파키스탄에 더욱 관심을 보이게 되었으며, 파키스탄도 인도와 달리 미국이 탐탁지 않아 하던 비동맹주의에 찬성하지 않고 이슬람 국가로서 공산주의에 강경한 반대의사를 표명하는 등 미국의 기대에 부응하고자 하였다. 마침내 1950년 5월에는 미국의 초청을 받아 리아캇(Liaquat Ali Khan) 총리가 워싱턴을 방문하여 미국 관리들에게 좋은 인상을 심어 주었다.[167] 그러나 이러한 노력에도 불구하고 파키스탄은 미 정부의 정책을 파키스탄에 우호적인 것으로 바꾸는 데 성공하지 못했고 그토록 바라던 원조도 얻지 못하였다.

1950년 6월 한국전쟁이 발발한 직후 아직 미국에 머물던 리아캇 총리는 즉시 파키스탄은 미국의 대한반도, 대유엔 정책을 적극 지지한다고 표명하였다. 미국은 파키스탄이 한국에 참전하는 조건으로 원조 제공을 타진하였으나 파키스탄은 거절하였다. 이는 파키스탄에게 주요 위협이 인도로부터 기인하지 소련으로부터 오는 것은 아니라는 전략적 고려가 핵심적으로 작용한 것이었고 미국이 인도로부터의 안보를 확실히 보장해 주지 않는 한 한반도에 군대를 파견할 여력이 되지 않는다는 현실에 근거하였다.[168] 즉 인도가 포함되지 않은 대소련 봉쇄는 파키

166 Kanishakan Sathasivam, *Uneasy Neighbors: India, Pakistan and US Foreign Policy.* (Burlington, VT: Ashgate, 2005), pp. 100–1.

167 *Ibid.*, pp. 103–5.

168 이러한 자신의 안보 상황에 기반을 둔 양국 간의 전략적 견해 차이는 이후로도 지속되어 수시로 양국 관계를 곤란하게 한다. 즉 파키스탄은 미국을 인도를 상

스탄 안보에 도움이 되지 않는다고 여긴 것이다. 그러나 트루먼을 계승한 아이젠하워 대통령은 미국의 대소련 봉쇄 정책에 파키스탄이 핵심적 역할을 할 것이라 믿고 1953년 덜레스 국무장관을 이슬라마바드에 보내는 등 파키스탄과의 관계강화를 꾀하였다.[169] 그리고 미국의 파키스탄에 대한 원조가 1954년에 양국이 상호방위조약을 맺으면서 시작되어, 이후 10년간 파키스탄은 25억불의 경제원조와 7억불 상당의 군사원조를 미국으로부터 제공 받는다.[170] 경제, 군사원조와 함께 양국 간의 정보공유도 시행되었는데, 파키스탄 정부는 소련과의 접경에 위치한 페샤와(Peshawar) 기지를 미국 U2기 정찰을 위해 제공하는 등 지원을 아끼지 않는다. 파키스탄은 또한 1950년대 미국 주도하에 소련 봉쇄를 목적으로 창설된 Southeast Asia Treaty Organization (SEATO)와 Central Treaty Organization (CENTO)에 모두 가입한 유일한 나라였고 이러한 헌신으로 미국으로부터 가장 신뢰할 만한 동맹국이라는 ("most allied ally") 찬사를 받는다.

그러나 1960년 케네디가 미 대통령에 당선된 후 파키스탄은 새로운 미 행정부가 인도에 우호적인 제스처를 보내는데 대해 우려하지 않을 수 없었고 워싱턴을 방문하던 아유브 대통령은 만일 인도가 더욱 강

대하는 동맹국으로 원한 반면에 미국은 파키스탄을 소련을 봉쇄하기 위한 동맹국으로 원하였던 것이다. *Ibid.*, p. 106.

169 Bruce Riedel, *Deadly Embrace: Pakistan, America, and the Future of the Global Jihad* (Washington, D. C.: Brookings Institution Press, 2011), pp. 12–3. 같은 해 당시 부통령이던 닉슨도 파키스탄을 방문하였는데 닉슨과 덜레스 모두 파키스탄에 대한 찬사를 아끼지 않았다.

170 Lawrence Wright, "The Double Game: The Unintended Consequences of American Funding in Pakistan," *The New Yorker,* 16 May 2011.

성해지면 파키스탄 같은 약소국은 중국의 도움을 청할 수밖에 없다고 하며 미국의 계속적인 지원을 압박하였다.[171] 이는 미국과의 비대칭 동맹 상황에서도 중국이라는 대체가능한 국가의 존재가 파키스탄의 입지를 강화시켜 협상력을 높여 줬던 한 예라고 할 수 있겠다. 파키스탄과 관련해 케네디 대통령도 파키스탄에 대한 지원을 멈추지는 않았지만 파키스탄의 경쟁국이었던 인도에도 지원을 하였고, 특히 1962년 인도–중국 간 국경분쟁 이후 인도에 대한 지원을 확대하여 파키스탄을 곤혹스럽게 하였다. 1965년 제2차 인도–파키스탄 전쟁 발발 직후 미국은 양국에 대한 원조를 모두 중단한다. 이 원조중단 때문에 원조물자 부족으로 인한 어려움과 더불어 파키스탄이 느낀 실망감은 대단하였다. 미국의 동맹국인 파키스탄과 비동맹 운동의 맹주국으로 오히려 소련과 가깝던 인도에 미국이 똑같은 잣대를 들이댄다는 사실에 대해 엄청난 배신감을 느낀 것이다.

냉전 초기 파키스탄은 바로 이웃에 위치한 주요 강대국인 중국과도 우호적인 관계를 유지하려고 노력하였다. 파키스탄과 중국은 모두 대 인도관계에 대한 공통이해로 인해 애초부터 전략적으로 가까워질 구실이 있었다.[172] 파키스탄은 마오의 공산당이 중국내전에서 승리한 다음 해인 1950년 중화민국과의 외교관계를 단절하고 갓 수립된 중화인민공화국을 승인한 최초의 이슬람 국가였다. 파키스탄은 중국정부가 예민하게 반응하는 중국의 대대만, 티베트 정책에 대해서도 비판을 삼

171 Pande, *Explaining Pakistan's Foreign Policy*, p. 97. 이후에도 파키스탄은 이렇게 미국이 인도와 가까워질 때마다 중국 카드를 꺼내 미국을 압박하였다.

172 Mohan Guruswamy, "The China Factor,"In Stephen Cohen, Ed., *The Future of Pakistan* (Brookings Institution Press, 2011), p. 123.

갔다. 이렇게 중국의 이해를 인정하면서까지 파키스탄이 중국을 필요로 할 수 밖에 없었던 것에는 몇 가지 이유가 있다. 앞서 언급했듯이 무엇보다도 양 국가는 인도에 대해 적대적인 관계를 유지하고 있어서 전략적으로 협력할 필요가 있었다. 그리고 당시 1960년대에는 중국이 외교적으로 상당히 고립되어 있었는데 파키스탄은 중국이 세계와 통할 수 있었던 몇 안 되는 창구를 제공하였다. 또한 외교적 고립에도 불구하고 중국은 강대국의 지위가 암묵적으로 인정되어 있어 안보를 위해 외부 지원이 절실하던 파키스탄에 중요한 우호국이 될 여지가 있었던 것이다.[173]

그러나 처음부터 양국의 관계가 돈독했던 것은 아니다. 1950년대 파키스탄의 친미 정책과 특히 미국 주도하에 소련과 중국을 봉쇄하기 위해 고안된 CENTO와 SEATO에의 가입은 중국을 우려하게 만들었다. 하지만 파키스탄과 인도 간의 지속되는 분쟁은 인도의 존재를 껄끄러워 하던 중국이 파키스탄과 가까워질 수 있는 계기를 만들어 주었다. 1959년 중국과 인도간에 라닥(Ladakh) 지역을 둘러싼 갈등이 있을 때부터 당시 파키스탄 외교부 관리였던 부토 같은 이는 중국과의 전략적 협력을 주장하였다.[174] 이러한 연유로 파키스탄과 중국은 냉전 시기 서로 적대적인 캠프에 속해 있었고, 이슬람 국가와 무신론 공산주의 국가라는 상반된 정치체제를 가졌으며, 국경을 마주하고 있으나 험준한 산지로 인해 교역, 소통이 거의 없었음에도 돈독한 관계를 유지하게 된 것이다.

---

173 Amin, *Pakistan's Foreign Policy*, p. 11.

174 Iqbal Ahmed Khan, "Bhutto's Foreign Policy Legacy." Dawn. http://archives.dawn.com/archives/31374 (2012/6/27 검색)

1962년 중국-인도 국경분쟁 직후 미국은 인도에 대한 제2전선을 열지 않도록 파키스탄을 압박하였고 중국의 팽창을 걱정하여 인도에 소량의 군사원조를 제공하였는데, 이러한 미국의 정책은 파키스탄을 크게 실망시켰다. 이 기회를 놓치지 않고 중국은 파키스탄에 관계개선을 제안하였고 파키스탄은 이에 우호적으로 응답하여 양국 간의 관계는 급속히 진전되었다. 특히 파키스탄이 인도 관련 가장 중요한 이슈라고 생각하는 카시미르 문제에 있어서, 1964년 저우언라이 총리가 공동성명에서 카시미르 주민들의 투표에 의해 결정해야 한다는 파키스탄의 주장에 동의하는 등 중국의 지지를 이끌어 냈다.[175] 1965년 2차 인도-파키스탄 전쟁 때 중국은 비록 상징적인 제스처이긴 했지만 인도에 강력한 경고를 보냈고,[176] 전쟁 직후 상당한 규모의 재래식 전력과 경제원조를 파키스탄에 제공하였다.[177] 그러나 2차 인도-파키스탄전의 과정과 결과는 파키스탄 정부에게 상당히 실망스러운 것이었고 미국, 중국 모두 미더운 동맹국이라고 하기에는 턱없이 부족한 행태를 보여주었다. 사실 파키스탄이 2차 인도-파키스탄 전쟁을 감행할 것을 결정하게 된 여러 오인(誤認)들 중에는 전술했듯이 1965년 3월 베이징을 방문하고 돌아온 칸 대통령과 부토 외무장관이 만약 전쟁이 발발한다면 중국이 파키스탄을 군사적으로 도와줄 거라는 그릇된 믿음도 있었던 것

175 Robert Sutter, *Chinese Foreign Relations: Power and Policy Since the Cold War* (New York: Lowman & Littlefield, 2008), p. 301.

176 Sumit Ganguly, "India and China: Border Issues, Domestic Integration and International Security." In Francine Frankel and Harry Harding, eds., *The India-China Relationships: What the US Needs to Know* (Washington, D.C.: Woodrow Wilson Center Press, 2004), pp. 117–8.

177 Pande, *Explaining Pakistan's Foreign Policy*, p. 123.

이다.[178]

한편 파키스탄은 독립국가로 탄생한 지 얼마 되지 않은 1953년에 당시 미국의 원자 에너지 지원 프로그램이었던 '평화를 위한 원자력(Atoms for Peace)' 프로그램을 환영한다고 발표하였다. 하지만 이 프로그램 자체에 대한 파키스탄 정부의 참여 노력은 거의 없었고 원자폭탄에 대한 관심도 없다고 공식화하였다. 1956년에는 파키스탄 원자 에너지 위원회 (Pakistan Atomic Energy Commission, PAEC)가 설립되어 미국과 평화로운 원자력 에너지의 개발 협력에 합의하였다. 이후 미국과 캐나다의 협력으로 민수용 핵개발을 지속하였다.[179] 1965년에는 각각 미국과 IAEA의 지원을 받아 두 개의 소규모 연구용 원자로가 건설되었다. 1966년에는 캐나다 회사와 계약하여 최초의 민수용 원자로 건설에 착수하여 1972년에 완공하였다.

그동안에 파키스탄 국내, 국외정치에는 여러 차례 큰 지각변동이 일어난다. 1958년 첫 군사쿠데타를 통해 아유브 칸 (Ayub Khan)장군이 집권하게 되었다. 정통성 문제에도 불구하고, 당시 중동에서 중요한 친미 정권이었던 이라크를 민족주의적 군부 쿠데타로 인해 상실한 미국에게 파키스탄은 더욱 요긴한 파트너로 인식되었고, 이에 아이젠하워 대통령이 1959년 직접 파키스탄을 방문하는 등 지원을 지속하였다. 즉 미국에 우호적이지 않게 변화하던 지역 상황에서 파키스탄은 자신의 전략적 가치를 극대화할 수 있는 기회를 잡아 적극 활용하였던 것이다.

그러나 파키스탄은 미국이라는 초강대국과 동맹하고 있다는 기대

178 Ganguly, *Conflict Unending*, p. 42.

179 Riedel, *Deadly Embrace*, p. 14.

감이 불신과 실망으로 변화하자 자체 핵개발에 점점 관심을 가지게 되었다. 1960년대 초만 하더라도 파키스탄 정부는 핵에너지의 무기 전용이라는 유혹에서 벗어나고자 노력하였으나 외부의 안보환경 변화가 파키스탄의 핵개발 방향을 강제하기 시작하였다. 1962년 중국과의 전쟁에서 굴욕적인 패배를 경험한 인도가 전쟁 패배 이후, 특히 중국의 1964년 핵실험 직후 핵개발에 나섰다는 보고가 파키스탄 정부를 자극하였다. 만족스럽지 않게 종결된 1965년 2차 인도-파키스탄 전쟁 동안 파키스탄은 미국을 비롯한 CENTO 국가들의 지원을 기대하였으나 오히려 유엔 안보리의 무기금수 제재를 당해야 했다. 또한 당시 IAEA 고위 관료였던 무니르 칸(Munir Khan)으로부터 인도의 핵무기 개발에 대한 추가 정보를 입수한 후 그동안 인도가 원자폭탄을 보유할 시 파키스탄은 국민들이 풀을 먹더라도 반드시 자체 원자폭탄을 보유해야 한다고 주장해오던 당시 외무장관이자 강경 민족주의자 줄피카르 부토(Zulfikar Bhutto)는 파키스탄의 핵무기 개발을 강력히 제안하였으나 당시 지도자였던 군 출신 아유브 칸에 의해 거부되었다. 하지만 파키스탄에게 큰 실망을 안겨준 인도와의 1965년 전쟁은 인도군이 생각보다 훨씬 강하고 미국과의 동맹은 크게 신뢰할 수 없고 중국도 위기시 의존하기는 힘들다는 교훈을 파키스탄 고위층에 심어 주었다. 이후 인도의 핵개발 움직임 소식과 맞물려 이러한 난국을 타개하려면 파키스탄이 자체 핵무장을 해야만 한다는 핵무기 개발파와 핵무기 보유가 파키스탄 안보에 큰 도움이 되지 못할 것이라는 핵무기 개발 신중파 간의 대립과 논쟁이 한동안 지속되었다.[180] 당시 아유브 대통령은 1965년 전쟁의 만

---

180 Feroz Hassan Khan, *Eating Grass: The Making of the Pakistani Bomb* (Stanford

족스럽지 못한 결말로 인해 정치적 입지가 상당히 곤란해졌음에도 불구하고 부토 장관의 핵무기 개발 주장을 받아들이지 않았다.[181]

2. 줄피카르 부토: '풀을 뜯어먹더라도'

파키스탄과 미국과의 관계는 이미 파키스탄에 우호적이던 닉슨이 1968년 미국 대통령에 당선된 후 다시 잠시나마 돈독해졌다.[182] 특히 닉슨 정부는 미-중 관계개선을 위해 파키스탄의 중재를 바랐고 파키스탄은 이에 적극 호응하여 당시 국가안보보좌관이던 키신저가 극비리에 북경을 방문하는 데 결정적인 역할을 한다.[183] 1970년 동파키스탄에서 독립운동이 일어나고 야히야 칸 (Yahya Khan) 군부정권이 군대를 보내 잔인하게 진압할 때도, 국무성의 지속적인 호소에도 불구하고 미국은 파키스탄 정부에 대한 비난을 삼갔다. 1970년 10월 닉슨은 '예외적으로' 파키스탄에 무기를 공급해 주고자 했으나 행정부처 간의 반목과 의회의 반발로 무기 공급에는 실패하였다.[184] 방글라데시 독립운동이 결국 3차 인도-파키스탄 전쟁(방글라데시 독립전쟁)을 촉발했을 때에도 미국은 항공모함 선단을 벵갈해에 파견하여 인도에 대한 무력시위

University Press, 2012), pp. 59-67; Samina Ahmed, "Pakistan's Nuclear Weapons Program: Turning Points and Nuclear Choices." *International Security* Vol. 23, No. 4 (1999), pp. 182-3.

181 Talbot, *Pakistan*, p. 238.

182 Ganguly, *Conflict Unending*, pp. 64-5.

183 Henry Kissinger, *On China* (New York: Penguin Press, 2011), pp. 229-33.

184 조길태, 『인도와 파키스탄』, p. 404.

를 벌여 파키스탄에 대한 암묵적인 지지를 과시하였다.[185] 그러나 1965년과 마찬가지로 1971년에도 파키스탄, 인도 모두에게 미국으로부터의 군사원조가 중단되자 미국에 더 많이 의존하던 파키스탄의 전쟁수행능력은 훨씬 큰 타격을 받을 수밖에 없었다.[186] 따라서 3차 인도-파키스탄 전쟁에서 굴욕적인 패배를 경험하고 방글라데시 독립을 허용하여 인구의 반 이상을 상실한 파키스탄 내에서는 2차 전쟁 때와 마찬가지로 미국에 대한 실망감이 극에 달하였다. 동맹 관계에 있었던 미국이 위기에 처한 동맹국을 돕지 않고 더 이상 믿고 의지할 수 없는 존재가 되자 우려하던 방기가 현실로 나타난 것으로 여기게 된 것이다.

그림 6. 파키스탄의 핵개발을 위해 사활적 노력을 기울인 줄피카르 알리 부토[187]

185 Riedel, *Deadly Embrace*, p. 15. 당시 닉슨은 인도의 간디 총리를 인간적으로 싫어하였고 인도 자체를 남아시아에 존재하는 소련의 위성국 정도로 간주하였다. William Keylor, *The Twentieth-Century World and Beyond: An International History Since 1900* (Oxford University Press, 2006), p. 450.

186 Ganguly and Hagerty, *Fearful Symmetry*, p. 35.

187 출처: https://siyasatnama.com/news/39th-death-anniversary-of-zulfikar-ali-bhutto-being-observed/

한편 1971년 당시 동파키스탄에서 일어난 파키스탄군의 잔인한 군사행동으로 수백만의 난민들이 인도로 피난하는 등 인도의 개입이 임박해 가고 있을 때 인도 총리 인디라 간디는 중국이 파키스탄을 돕기 위해 인도-파키스탄 분쟁에 군사 개입하는 것을 막을 필요가 있어 모스크바를 직접 방문하여 평화 우호 조약을 맺었다.[188] 간디 총리가 강대국들의 지원을 얻기 위해 외유하는 동안 파키스탄의 부토 또한 중국의 지지를 확실히 하기 위해 베이징을 방문하였다. 중국은 동파키스탄 문제는 파키스탄 내부 문제라고 언질을 주었지만 파키스탄 사절단은 중국이 약속한 일반적인 지원이 군사적인 행동을 포함한다고 확대 해석하였다. 당시 파키스탄 지도자였던 야히야 칸 장군은 자신이 미-중 관계개선에 한 공헌을 생각하면 당연히 중국도 파키스탄에 대한 군사적인 원조로 보답할 것이라고 그릇되게 믿었던 것이다. 그러나 당시 중국 정부는 특히 인도가 소련과 우호조약을 체결한 마당에 남아시아에서 일어나는 분쟁에 직접 개입할 여력도 의지도 없었다.[189] 따라서 제 3차 인도-파키스탄 전쟁에서 중국은 군사적인 제스처를 극도로 자제하였다.[190] 그리하여 파키스탄이 우세한 인도군에 일방적으로 밀릴 때 고대하던 어떠한 군사적 도움도 중국에서 도달하지 않았다.

이렇게 3차 인도-파키스탄 전쟁 (방글라데시 독립전쟁)에서 인도군에 패배 후 동파키스탄까지 상실하면서 파키스탄 엘리트층에는 더 이

188 *Ibid.*, p. 32.

189 당시 중국에서는 파괴의 광풍이 한 꺼풀 꺾이긴 했지만 문화대혁명이 여전히 진행 중이었다.

190 Ganguly, *Conflict Unending*, p. 67.

상의 치욕을 막고 영토의 존엄성 수호를 위해서는 핵무기를 통한 인도군 억지 말고 다른 길은 없다는 공감대가 광범위하게 형성되었다. 당시 기대하였던 미국, 중국으로부터의 원조가 철저히 무시되자 자체 핵무장이야말로 인도에 대한 유일한 억지 수단이라는 주장이 소수의견에서 주류의 견해로 변화한 것이다. 이제 인도와의 재래식 전력에서의 격차는 극명해졌고, 동파키스탄 상실로 인한 국력 감소도 상당한 데다 동맹이라는 미국과 중국, 그 어떤 쪽도 더 이상 신뢰할 수 없게 되자 이러한 불리한 상황을 타개하고자 파키스탄에게는 '풀을 뜯어먹으며 살더라도' 더 이상 선택의 여지가 없다고 믿게 된 것이다. 이러한 분위기에서 당시 총리가 된 부토가 1972년 PAEC에 3년 내 핵무기를 개발할 것을 극비리에 지시하기에 이른다.[191] 이 결정은 인도의 '평화적 핵실험' 2년 전에 이뤄진 것이다. 당시 부토 총리는 방글라데시 전쟁 패배 이후 인도군의 재래식 전력을 억지하고 국제사회에서 실추된 파키스탄의 입지를 회복하기 위해서 핵개발을 지시했다고 알려진다. 하지만 부토 총리의 핵개발 결정의 국내정치적 목표는 핵개발 프로그램을 군부 통제로부터 독립적으로 유지함으로써 군부에 대한 총리 자신의 영향력을 강화하고 부토 자신의 반(反)인도 결의를 부각시켜 국민들로부터의 지지를 끌어올리는 것이었다.[192] 파키스탄의 과학자, 엔지니어, 관료들이 지도자가 설정한 핵무기 개발 데드라인을 맞추는 데 난항을 겪고 있었는데 유럽의 핵 관련 연구소에서 일하다가 핵개발에 필요한 핵심정보를 갖고

191 비슷한 시기 닉슨 독트린 선언 이후 미국으로부터의 방기 위험을 느끼던 한국의 박정희 정권도 비밀리에 핵개발을 시도하였다.

192 Talbot, *Pakistan*, p. 238.

있던 칸(A. Q. Khan) 박사가 1975년 귀국하자 핵개발 노력은 급물살을 타게 된다. 파키스탄은 미국의 견제에도 불구하고 인도와의 전력 격차를 상쇄하기 위해 가장 중요한 수단이라고 믿었던 핵개발을 비밀리에 지속하였다. 지속적인 방기의 위험 때문에 미국을 더 이상 신뢰하지 않게 된 파키스탄은 1973년 먼저 프랑스로부터 플루토늄 재처리 시설 취득을 계약하는 것으로 핵개발 프로젝트를 시작한다. 1974년 인도의 핵실험은 파키스탄의 핵개발 노력을 더욱 자극하였다.

그러나 인도의 핵실험 이후 파키스탄 역시 핵개발 노력에 박차를 가할까 두려워 한 미국과 국제 비확산 레짐이 파키스탄의 핵개발을 저지하기 위해 전방위 압력을 가하기 시작한다. 1975년 초에 이미 포드 대통령과 키신저는 파키스탄이 핵개발을 시도하지 않고 비확산 안전장치를 준수하는 조건으로 파키스탄에 대한 무기 판매를 허용하겠다고 밝혔다. 또한 파키스탄이 프랑스와 서독에서 재처리 시설과 중수로를 구입하려는 계약을 체결했다는 정보를 입수한 후 미국 정부는 그 계약을 파기하도록 파키스탄에 전방위적인 압력을 가하였다. 1976년에는 미 의회가 시밍턴 개정안(Symmington Amendment)을 통해 핵 재처리 시설을 수입하는 나라에 대한 미국의 지원 중단을 결의하였고 키신저가 직접 파키스탄을 방문하여 파키스탄의 핵개발 노력 중단을 권고하였다.[193] 1976년 말 미 대통령에 당선된 카터는 인권, 민주주의, 핵 비확산을 강조했는데 이는 1977년 쿠데타로 집권한 지아 울 하크(Zia ul-

193 Or Rabinowitz and Nicholas Miller, "Keeping the Bombs in the Basement: US Nonproliferation Policy toward Israel, South Africa, and Pakistan," *International Security*, Vol. 40, No. 1 (Summer 2015), pp. 71–2.

Haq) 군사정부에게도 직접적인 압력이 되었다. 이후 카터 행정부는 파키스탄에 대한 제재를 더욱 강화하였다. 이렇게 미국의 대 파키스탄 핵개발 저지 압력이 강화되는 동안 파키스탄과 중국과의 관계는 크게 개선되었다. 1971년 전쟁 이후 중국의 파키스탄에 대한 지원은 대폭 늘어나서 1971-74년에만 3억불 규모의 군사물자가 파키스탄에 제공되었다.[194] 따라서 1960년대 긴장관계를 거치면서 1970년대 미국에 사실상 방기되어 가고 있던 파키스탄에게 중국은 잠깐의 경색기를 거친 후 훌륭한 미국의 대체 세력으로 기능하게 된 것이다.

미국의 전방위적 비핵화 압력으로 1976년 캐나다가 카라치에 위치한 카라치 원자력 발전소(KANUPP)에 공급할 예정이었던 중유, 부속품 등의 제공약속을 파기하였다. 미국의 경고에도 불구하고 지아 정권이 민간정권 지도자였던 부토를 처형하고, 비밀 핵개발 의혹이 지속되자 미국은 1977년 남아시아 방문 때 의도적으로 파키스탄만 제외하기에 이른다. 파키스탄과 미국은 더 이상 동맹국이 아니게 되었다.[195] 당시 상황에서 미국의 파키스탄에 대한 실망보다 파키스탄의 미국에 대한 실망은 더 큰 것이었다. 1978년 프랑스도 미국의 압력에 굴복하여 차슈마(Chashma) 원자력 발전소에 약속하였던 핵재처리 시설 수출 계약을 파기하였다. 또한 쿠데타로 인해 실각된 부토가 지아 장군을 우두머리로 한 군부에 의해 처형되자 많은 파키스탄인들은 이러한 일련의 사건 배후에 미국이 있다고 믿게 되었다. 이제 핵개발은 파키스탄의 주권

194 Pande, *Explaining Pakistan's Foreign Policy*, p. 125.

195 Riedel, *Deadly Embrace*, p. 27.

과 존엄을 상징하게 된 것이다.[196] 즉 미국 등 국제사회의 파키스탄 핵개발 저지 노력이 증가하면 증가할수록 파키스탄의 자체 핵억지 능력 보유 노력은 배가되었고 파키스탄 엘리트와 국민들이 이러한 목표를 향해 더욱 단단히 단합되는 계기가 되었다. 양국 관계가 이렇게 악화되는 가운데 1979년 11월에 발생했던 이슬라마바드 주재 미 대사관에 대한 습격으로 인해 미국은 모든 원조를 중단하기에 이른다. 이는 비대칭 동맹의 관계에서 전략 가치를 상실한 상대적 약소국의 운명이 여실히 드러나는 순간이었다.

미국과의 관계가 악화되면서 파키스탄의 자체 핵억지력에 대한 노력은 더욱 강해졌다. 하지만 1970년대 중후반 파키스탄의 PAEC가 핵개발을 위해 확보하려던 플루토늄 기반의 핵분열 물질은 인도 핵실험 이후 한층 강화된 국제 비확산 레짐의 노력으로 큰 난항을 겪게 되었다. 부토 총리는 이미 유럽의 핵연구소에서 핵심기술을 갖고 귀국한 칸(A. Q. Khan) 박사를 초청하여 우라늄 농축을 통한 핵분열 물질 획득을 지시한 바 있다. 이렇게 하여 칸 연구 실험소(Khan Research Laboratories, KRL)가 신설되면서 파키스탄의 핵개발 노력은 PAEC의 플루토늄 경로와 KRL의 우라늄 경로가 서로 경쟁하면서 점진적이지만 열정적으로 진행되었다. 특히 미국의 압력으로 캐나다와 프랑스로부터의 기술, 장비 도입이 불가능해지자 파키스탄 정부는 플로투늄이 아닌 우라늄을 사용한 핵폭탄 생산으로 관심을 전환하였고 이를 위해 원심분리기 등의 장비를 더욱 비밀스럽게 구입하기 위해 노력하게 되었다. 원심분리

196 Ahmed, "Pakistan's Nuclear Weapons Program," pp. 184–5.

시설은 카후타(Kahuta)와 시할라(Sihala)에 건설되었다. 아이러니하게도 자체 핵무장을 부르짖던 부토의 실각 이후에 파키스탄의 실질적인 핵무장 옵션이 현실화된 것이다.[197] 이렇게 파키스탄의 핵개발 노력은 미국의 압력에도 불구하고 꾸준히 지속되었다.[198] 1979년 소련의 아프가니스탄 침공 이후 파키스탄의 전략적 가치를 높게 산 미국의 압력이 급격히 완화된 틈을 타서 파키스탄은 핵개발에 더욱 박차를 가한다.

3. 1980년대와 90년대

1979년 12월 소련의 아프가니스탄 침공 직후 파키스탄의 전략적 지위는 다시 한 번 급상승하였다. 급박해진 미국의 카터 대통령이 4억 불의 긴급원조를 제안했으나 지아 장군은 일거에 거절한다.[199] 파키스탄 정부는 카터보다 더 보수적이고 소련에 강경한 이가 (레이건) 대통령이 될 경우 파키스탄의 전략적 가치와 취약함을 더욱 효과적으로 호소할 수 있어 더 많은 원조를 얻을 수 있을 것이라고 계산하였던 것이

197 Talbot, *Pakistan*, p. 239.

198 1979년 미국 국무부의 보고에 의하면 미국 정부 일각에서는 파키스탄의 핵개발이 핵무기 획득이라는 목적보다도 그러한 핵확산 노력을 통해 미국을 강제(compellence) 함으로써 경제적 양보를 얻어내려는 협상 카드(bargaining chip)로서의 목적이 크다고 보는 시각도 있었다. 물론 이러한 시도는 성공하지 못하다가 소련의 아프가니스탄 침공이라는 외부 변수 발생 이후에야 경제적 지원을 풍족히 받아내게 되었다. Tristan Volpe, "Atomic Leverage: Compellence with Nuclear Latency," *Security Studies*, Vol. 26, No. 3 (2017), p. 517.

199 당시 지아 장군은 카터 대통령의 원조에 대해 카터 대통령이 과거 땅콩농장을 경영했다는 사실에 빗대어 "peanuts" 라고 경멸적으로 거부하였다.

다.[200] 파키스탄의 기대가 맞아 떨어져, 카터에 이어 대통령이 된 대소 강경파 레이건 대통령은 30억불의 경제원조와 20억불 상당의 군사원조를 약속하였다. 1981년 미 의회는 파키스탄에 대해 6년간 32억불 상당의 경제, 군사 원조를 승인했고 1987년에도 2년 반 동안 40억불 상당의 원조를 약속하였다.[201] 레이건 행정부는 또한 30억불 상당의 원조를 소련군과 싸우고 있던 아프가니스탄 무자헤딘 저항군에 제공하였는데 이 원조는 파키스탄의 정보기구(Inter-Services Intelligence, ISI)를 통해 전달되었다. 1970년대 데탕트의 결정적인 종말을 고했던 소련의 아프가니스탄 침공으로 인해 양 강대국 간의 냉전이 다시 부활하였고 아프가니스탄과 국경을 맞대고 있던 전략적 위치 덕분에 파키스탄은 미국의 대소 봉쇄 전략의 첨병으로 다시 한 번 촉망받게 된 것이다. 이렇게 1980년대 초반 미국은 핵 비확산 관련 엄격한 제재조치들을 파키스탄에 한해 크게 완화해 주었다.[202] 또한 아프가니스탄 주둔 소련군과 싸우기 위해 파키스탄의 ISI에 제공되었던 군사원조의 반 이상은 핵개발을 위해 전용되었다고 알려진다.[203] 하지만 1980년대 중반 이후 소련의 지역 영향력 감소와 함께 파키스탄의 전략적 중요성 또한 줄어들면서 미국의 비확산 압력이 한층 거세어졌다.

미국의 거센 압력에도 불구하고 핵무기 개발에 전력하면서 미국과

200 Ganguly, *Conflict Unending*, p. 50.

201 Janne Nolan, *Trappings of Power: Ballistic Missile in the Third World* (Washington, D.C.: Brookings Institution Press, 1991), p. 194.

202 당시 전략적 가치에 따른 미국의 묵인이 파키스탄의 핵개발에 큰 도움이 되었기에 나랑은 이 시기 파키스탄의 핵보유 전략을 '보호 속에서의 추진'(sheltered pursuit)이라고 규정한다. Narang, "Strategies of Nuclear Proliferation," pp. 122-3

203 Wright, "The Double Game."

의 관계가 다시금 소원해진 파키스탄에게 중국의 협조와 지원은 1980년대 중반 이후 핵개발과 핵탄두의 투발 수단인 장거리 미사일 개발에 큰 도움이 되었다. 1970년대, 80년대에 이미 파키스탄, 중국 양국 정부 간의 핵개발 관련 거래가 있었고, 칸 박사가 양자 사이에서 중개자 역할을 하였으며 80년대에는 중국도 여러 번 방문했다고 알려진다.[204] 인도와 인도를 후원하던 소련과 관계가 껄끄럽던 중국은 인도의 파키스탄에 대한 핵개발 분야에서의 압도적 우위를 상쇄하기 위해 남아시아에서의 핵 균형자 (nuclear equalizer) 역할을 자처하며 핵탄두 디자인 등 민감한 기술까지 파키스탄에 전수해 준 것이다.[205] 더 나아가 중국은 파키스탄에 플루토늄 생산 원자로 건설을 지원하고 우라늄 재처리 시설과 함께 핵무기 건설 블루프린트도 제공한 것으로 알려졌다.[206] 핵개발을 통해 인도와의 재래식 전력 열세를 상쇄하고 미국의 전방위 압력을 극복하고자 했던 파키스탄에 중국의 도움은 가뭄의 단비 같은 것이었다. 이렇듯 냉전 시기 파키스탄은 인도에 관해 공통의 이해를 갖고 있던 중국과 긴밀한 협조 관계를 유지하였는데 이는 특히 파키스탄과 미국의 관계가 멀어질 때 더욱 가까워지는 패턴을 보여 주었다. 이렇게 이 시기에 파키스탄에게는 다행하게도 인도(와 소련)를 견제하고 미국을 대체하려는 중국에게서 엄청난 기술적, 물질적 지원이 쇄도하였다.

중국의 도움과 함께 파키스탄의 우수한 핵 과학자, 기술자들이 대

204 Gordon Corera, *Shopping for Bombs: Nuclear Proliferation, Global Insecurity, and the Rise and Fall of the A.Q. Khan Network* (Oxford University Press, 2006), pp. 44–5.

205 Ganguly and Hagerty, *Fearful Symmetry*, p. 19, n 54.

206 Bates Gill, *Rising Star: China's New Security Diplomacy* (Brookings Institution Press, 2007), pp. 80–1.

거 투입되어 국가적 사업으로 대대적인 노력을 경주한 덕분에 파키스탄의 핵개발 노력은 급속도로 진전되어 1983년에는 실물 모형시험이라고도 불리는 콜드 실험(cold test)을 진행할 수 있게 되었다. 1984년에 칸 박사(A. Q. Khan)가 공개적으로 파키스탄이 우라늄 농축 기술을 완비했다고 발언한 후 이러한 핵심 기술 습득은 파키스탄에게 외부 도움 없이도 자립할 수 있다는 국가적 자긍심과 기술적 현대화의 상징을 의미하였다.[207] 이후 1990년대 초까지 파키스탄은 24차례의 cold tests를 시행한 것으로 알려졌으며 대체로 1980년대 후반까지는 파키스탄의 핵무기 개발 능력이 완수되었다고 간주되어진다.

이렇게 지아 장군에 의한 핵개발 노력이 지속되자 미국의 압력도 증가하였다. 비록 레이건 행정부가 아프가니스탄 작전에서 파키스탄과의 협력을 위해 파키스탄의 핵개발 프로그램을 의도적으로 묵인했지만, 의회의 압력으로 1985년 행정부와 의회가 협력하여 이러한 파키스탄의 계획을 좌절시키고자 하였다. 미 대통령이 파키스탄이 핵개발을 하고 있지 않다고 확신한다는 견해를 미 의회에 전달해야만 파키스탄에 원조를 제공한다는 프레슬러 개정안 (Pressler Amendment)을 통과시켜 수년간 실행하도록 한 것이다. 레이건 대통령이 86, 87, 88년에, 그리고 후임 부시 대통령이 89년에 파키스탄에 핵개발 의혹이 없다는 보증을 의회에 전달한다. 그러나 미국은 1987년부터 파키스탄이 A. Q. 칸 네트워크를 통해 비밀리에 핵개발을 하고 있다는 정보를 입수했고, 1990년에는 파키스탄의 핵무기 전용과 개발이 거의 완결했다는 결론

207 Feroz Khan, *Eating Grass*, p. 160.

을 내리고 프레슬러 개정안을 승인하지 않았다.[208] 이는 또한 소련의 아프가니스탄 철수 후 미국에게 파키스탄의 전략적 가치가 급속히 저하되었다는 사실에도 기인한다.

1990년 미국이 프레슬러 개정안 승인을 거부하면서 이미 계약을 체결한 F-16 전투기의 인도가 거부됨으로서 거의 유일한 핵무기 투발수단을 상실하게 된 파키스탄은 미국이 핵개발 프로그램을 완전히 되돌릴 것을 요구하는 등 까다롭고 엄중한 F-16 재도입 조건을 제시하자 전투기 외의 다른 핵무기 투발수단인 탄도미사일 개발에 본격적으로 착수하게 된다. 당시 파키스탄의 자체 미사일 개발 기술은 보잘 것 없었고 1987년에 신설된 미사일 기술 통제 레짐(MTCR)의 강력한 견제 때문에 탄도미사일 개발 노력은 쉽지 않았다. 파키스탄은 이러한 어려움을 중국과의 협력을 통해 극복하고자 하였다.

중국은 1991년부터 M 시리즈라고 알려진 미사일과 그 개발기술을 파키스탄에 제공한 것으로 알려졌다. 파키스탄은 1991-2년에 중국으로부터 250-300km 사정거리를 가지는 M-11미사일을 제공받았다고 한다.[209] 이후에도 파키스탄은 자신의 미사일 개발 능력을 향상시키는데 중국의 지속적인 협조를 받았다. 이러한 양국의 미사일 개발 협조 노력으로 양국은 모두 미국으로부터 경제제재를 여러 차례 받게 되지

208 Mitchell Reiss, *Bridled Ambition: Why Countries Constrain Their Nuclear Capabilities* (Woodrow Wilson Center Press, 1995), pp. 187-8.

209 Dinshaw Mistry, *Containing Missile Proliferation: Strategic Technology, Security Regimes, and International Cooperation in Arms Control* (Seattle: University of Washington Press, 2003), p. 126.

만 협력을 멈추지는 않았다.[210] 중국의 대 파키스탄 미사일 원조는 계속되어 파키스탄은 중국으로부터 1990년대 중후반 미사일 공장, 시설과 노하우를 전수받고 사정거리 600-800km인 Shaheen 미사일 개발 프로젝트에도 중국 관계자들을 참여시켜 도움을 받기에 이른다.[211] 이러한 노력이 파키스탄과 인도와의 재래식 전력 격차 확대를 막는 데 도움이 되었음은 주지의 사실이다. 고체연료 기반의 중국 제공 기술은 향후 파키스탄이 Ghazavani(단거리), Shaheen I(단거리), Shaheen II(중거리) 탄도 미사일을 개발하여 2000년대 초반 실험을 거쳐 실전배치하는데 상당한 도움을 주었다. 중국으로부터의 도움 외에 PAEC와 라이벌 관계인 KRL은 북한과의 협력을 통하여 액체연료를 사용한 덕에 사정거리가 더 긴 북한 '노동'미사일의 파키스탄 버전인 Ghauri 중거리 미사일 개발에도 성공하게 된다.[212] 미국도 1990년대 초에는 이미 인도와 파키스탄의 핵개발 노력이 돌이킬 수 없을 만큼 진행된 것을 깨닫고 이전의 즉각적인 핵 프로그램 폐기 정책에서 한발 물러나 1993년에는 일단 기존의 핵개발 정책을 마무리하고 이후 서서히 폐기하는 방향으로 대폭 물러나게 된다.[213]

한편 1990년 이라크의 쿠웨이트 침공으로 걸프 지역에 전운이 몰려올 때 파키스탄 정부는 미국 주도의 다국적군에 참여할 것인지에 대해 격렬한 논쟁을 벌였다. 만약 파병하지 않을 경우 미국과 사우디아라

210 Gill, *Rising Star*, pp. 81-2.

211 Mistry, *Containing Missile Proliferation*, p. 61.

212 Feroz Khan, *Eating Grass*, pp. 243-7.

213 Reiss, *Bridled Ambition*, p. 203.

비아의 원조를 얻는 데 더욱 어려움이 있을 것이고, 이러한 상황을 인도가 적극적으로 이용할 수 있다는 판단 하에 군부를 포함한 파키스탄 내부의 격렬한 반대에도 불구하고 파병을 결정하여 소규모 군대를 사우디아라비아에 보냈다.[214] 사실상 방기된 상황임에도 불구하고 미국과의 끈을 완전히 단절시키기에는 파키스탄의 안보 상황이 너무나 불확실했던 것이다. 이렇게 냉전이 해체되고 있던 상황에서 파키스탄은 불안한 미래의 안보를 위해 다각적인 노력을 기울여야만 했다. 물론 지속적인 핵개발 노력이 그 우선순위에 있었다.

4. 1998년 핵실험

1998년 5월 11일 전세계는 인도의 핵실험에 경악하였다. 당연히 파키스탄이 받은 충격은 엄청날 수밖에 없었다. 즉시 최고위 관료들이 회동하여 인도가 왜 핵실험을 감행하였는지, 파키스탄은 어떻게 대응하여야 하는지 논의하였다. 결론은 핵실험 시 불가피하게 받게 될 경제제재로 인하여 이미 어려움에 처한 파키스탄 경제가 더욱 큰 타격을 입을지라도 파키스탄의 장기적 국익과 대중 여론 등을 모두 고려할 때 반드시 단시일 내에 자체 핵실험으로 대응해야 한다는 것이었다. 인도의 핵실험 직후 미국의 고위관리들이 방문하여 파키스탄의 대응 핵실험을 저지하고자 온갖 채찍과 당근을 제시하였으나 이미 위기 상황에서

214 Yasmeen, "Pakistan's Cautious Foreign Policy."

미국으로부터의 방기를 수차례 경험한 파키스탄에게 먹혀들기 힘들었다. 파키스탄이 대응 핵실험을 감행하는 것을 막기 위하여 클린턴 대통령은 샤리프 총리와의 직접적인 전화통화 외에도 탤보트(Strobe Talbott) 국무부 부장관을 특사로 파견하여 파키스탄을 설득하였으나 남아시아 전략적 위협인식에 대한 양국의 입장 차이만 확인하고 돌아갈 수밖에 없었다.[215] 파키스탄 고위층에서는 지금 아니면 영원히 기회가 없을 것이라는 ('now or never') 분위기가 팽배하여 마침내 5월 28일과 30일 핵실험을 감행하였다.[216] 이렇게 국제사회의 비난과 제재에도 불구하고 파키스탄은 핵무기 보유국의 지위를 획득하였다.

한편 핵 실험 이후 핵무기 보유를 선언하며 국제 핵비확산체제에 정면으로 도전한 파키스탄에 국제사회의 비난과 제재가 뒤따른다. 미국은 이미 1970년대부터 파키스탄의 핵개발 노력을 좌초시키고자 여러 압력수단을 동원한 바 있다. 1980년대 초반에는 냉전이 다시 극에 달했을 때 미국의 레이건 행정부가 대소 봉쇄에 전략적으로 요긴하였던 파키스탄의 핵무기 개발 노력을 묵인해 주기도 하였다. 그러나 소련의 몰락으로 냉전 체제가 붕괴된 후 미국의 파키스탄에 대한 관심은 급격히 저하되어 원조는 급감하고 핵 비확산을 위한 압력은 가중된다. 미국 정부는 1990년 직후 비밀 핵개발을 이유로 이제 관심 밖이 된 파키스탄에 대한 원조를 취소했고 소련 철수 후 파키스탄은 더욱 친이슬람적인 정책을 펼침과 더불어 비밀핵개발까지 감행하여 미국의 신뢰를 잃게 되면서 미국이 인도와 더 친밀해지는 계기를 제공했다. 파키스탄

215 Feroz Khan, *Eating Grass*, pp. 274–77.

216 *Ibid.*, pp. 269–83.

은 전략적 가치를 상실한 약소국으로서 강대국으로부터 동맹의 지위에서 방기되는 운명을 다시금 맞이한다. 이후 1995년에 군사원조에만 국한되도록 법안이 개정되어 이후 재개된 원조도 식량이나 마약퇴치 등의 목표에 국한되었으며 그 가치도 1년에 4천 5백만 불을 넘지 않았다. 1998년 핵실험 이후에는 다시 한 번 미국으로부터의 모든 원조가 정지되고 경제제재를 받기에 이른다.[217]

1998년 5월 핵실험 직후 미국은 무기수출 통제법(Arms Export Control Act)과 수출입은행법(Export-Import Bank Act)에 의거하여 즉각 인도, 파키스탄에 대한 경제제재를 발효하였다. 이러한 경제제재에는 인도적인 이유를 제외한 모든 미국 해외 지원 중단, 미국은행의 대출, 투자 금지, 국제금융기구의 대출이나 지원 반대 등이 포함되었다. 그러나 몇 달 안에 이러한 경제제재는 거의 해제되었다. 이미 7월에 미 상원은 파키스탄에의 밀 수출을 위하여 무기수출 통제법을 개정하였고, 10월에는 인도-파키스탄 구제법(India-Pakistan Relief Act)을 통과시켜 클린턴 대통령으로 하여금 미국과 인도, 파키스탄과의 관계를 핵실험 이전으로 거의 복원하는 것을 가능하게 하였으며 1년 기한인 이 법안을 1999년에 연장하였다. 이 법안은 '대통령이 인도와 파키스탄에 대한 경제제재가 미국의 국익과 배치되지 않는다는 것을 증명하는 한에서만 시행해야 한다'라고 모호하게 지정하여 클린턴 대통령이 경제제재를 완만히 해제하는 것을 가능하게 하였다.

부시 대통령도 2001년 취임 후 인도와 관계 정상화를 꾀하였고 파

217 Wright, "The Double Game."

키스탄의 경우에도 파웰 국무장관이 파키스탄 외무장관과 6월 워싱턴에서 만나 아프가니스탄 탈레반, 테러리즘, 경제제재 등 심도 깊은 의견교환을 하면서 관계가 머지않아 정상화될 것임을 암시하였다. 그 해 9월 9/11 이후 파키스탄은 그 전략적 중요성으로 인해 테러와의 전쟁을 수행하는 미국에게 다시금 핵심적인 파트너로 자리매김하게 되었고, 이에 모든 경제제재의 해제는 물론 미국으로부터의 막대한 경제적, 군사적 원조를 지원받게 되었다. 즉 9/11 이후 미국의 가장 중요한 전략적 우선순위는 냉전기의 대소봉쇄에서 대테러 전쟁으로 급속히 이동하였고, 9/11 공격을 감행한 알 카에다 테러 단체가 훈련하고 이 단체를 비호한 탈레반 정권이 장악하던 아프가니스탄의 인접국 파키스탄이 다시 한 번 새로운 미국 국제전략 수행의 총아로 떠오르게 된 것이다. 따라서 테러와의 전쟁에 사활을 건 부시 정부는 파키스탄에 거의 무제한적인 원조를 제공하였다.[218]

사실 파키스탄은 핵실험에 따른 제재 외에도 군사 쿠데타를 통해 민주적으로 선출된 정부를 대체한 국가에 대해 미국의 대외원조를 중지한다는 법안에 따라서도 제한을 받아야 하는 입장이었으나 아프가니스탄과 국경을 맞대고 있는 파키스탄의 지정학적 가치를 절대적으로 살 수밖에 없는 미 의회가 10월 파키스탄에 대해서는 이 법안 적용을 예외로 한다는 개정안을 통과시키고 부시 대통령이 이에 서명함으로써 무제한적인 지원을 미국으로부터 제공받게 된 것이다.[219] 당시 지도자

218 2010년에 미국은 파키스탄에 45억불의 원조를 제공하였는데 이는 미국이 한 국가에 제공한 가장 큰 원조의 하나이다.

219 Dianne Rennack, "India and Pakistan: US Economic Sanctions," CRS Report for Congress, February 3, 2003.

였던 무샤라프(Musharraf)는 2001년 7월 자신을 민간 대통령으로 선언하였지만 1999년 쿠데타로 집권했다는 원죄 때문에 국내외적으로 정통성 논란에 시달리고 있었고, 380억불에 달하는 외채로 곤욕을 치르고 있어 미국의 원조는 정권 안보를 위해 그야말로 가뭄의 단비였던 것이다.[220]

그러나 미국의 막대한 원조가 미국이 원하던 대테러 전에 합당하게 쓰였는지에 대한 논란이 끊이지 않았다. 9/11 직후부터 2009년 10월까지 총 110억불에 달하는 군사원조가 파키스탄군에 제공되었지만, 무샤라프 대통령이 인정했듯이 그 중 상당액은 인도와의 군비경쟁에 쓰여졌다고 한다.[221] 또한 2005년 비밀리에 파키스탄의 핵기술을 북한, 리비아 등 미국의 적대국들에게 제공한 사실이 드러난 A. Q. Khan 박사 스캔들 직후, 미 의회는 파키스탄에 대한 원조를 조건부로 제공하기로 결정했다.[222] 급기야 2009년에 미국의 루가와 케리(Lugar and Kerry) 상원의원이 향후 10년간 파키스탄 민간부문에 제공하기로 한 10억불 상당의 원조를 배분하는 데 있어 미 의회가 모니터하기로 하는 법안을 통과시켜 현재까지 1억 8천만 불만 제공되었는데 이러한 조건부 지원에 대해 파키스탄 국민들은 분노하였다.

한편 미국 이외에 14개 서방국가들도 인도, 파키스탄의 핵실험 직후 양국에 경제제재를 단행하였다. 특히 일본은 파키스탄에 대하여 2

220 Ganguly, *Conflict Unending*, p. 140.

221 Wright, "The Double Game."

222 Malik, et al. *Government and Politics in South Asia*, p. 231. 그러나 이에 대해 파키스탄은 자국이 북한과 핵관련 협조를 하였다는 의혹을 공식적으로 부인하였다.

억 3천만불 상당의 대출을 유예하였고 5천 5백만불 상당의 지원을 취소하였다. 또한 G-7 국가들은 미국과 함께 IMF나 World Bank 등 국제금융기관들의 인도, 파키스탄에 대한 대출을 반대하였다. 이미 파키스탄은 부실한 경제정책과 부패 등으로 경제적 상황이 악화되어 1997년에 IMF로부터 경제구조개혁을 단행한다는 약속 하에 16억불에 달하는 구제금융을 받기로 하였는데 핵실험 당시까지도 12억불 정도는 제공받지 못한 상태였다. 이러한 상황에서 미국 등 서방 주요 국가들의 압력을 받은 IMF와 World Bank 그리고 다른 금융기관으로부터도 절박하게 필요로 하는 대출이 중단되어 파키스탄 경제의 신용은 곤두박질치고 심각한 위기를 맞게 되었다. 그러하기에 미국으로부터의 점진적인 제재 해제는 파키스탄으로서는 너무나 절실히 원하던 바였다.

사실 파키스탄의 경우 핵실험 직후 단행된 미국으로부터의 직접적인 경제제재로 인한 피해는 그리 심각하지 않았다. 1990년 직후 프레슬러 개정안에 따른 경제제재를 이미 받고 있던 상황이라 미국의 대 파키스탄 지원은 거의 존재하지 않았기 때문이다. 그러나 국제금융기관으로부터의 대출 중단은 이미 상당한 곤란을 겪고 있던 파키스탄에게 심각한 문제를 야기할 뻔하였다.[223] 인도와는 달리 파키스탄 경제는 이러한 국제금융제재를 견뎌내기 쉽지 않았으나 파키스탄 경제의 붕괴로 혜택 받을 국가는 어디에도 없을 것이라는 미국 고위관리의 말처럼 더 이상의 핵실험은 하지 않을 것이라는 모라토리움 약속과 포괄적 핵실험 금지조약(CTBT) 참여, 카시미르 문제 해결 노력 등의 조건 하에 파

223 Daniel Morrow and Michael Carriere, "The Economic Impacts of the 1998 Sanctions on India and Pakistan," *The Nonproliferation Review*, (Fall 1999), pp. 1–16.

키스탄은 마침내 경제제재의 그늘에서 벗어날 수 있게 되었다.[224]

5. 파키스탄의 핵개발 배경과 이유

파키스탄은 경제적으로 부유하지 않고 정치적으로 안정되어 있지도 않으며 부족 등 정체성을 둘러싼 갈등도 상당한 국가로 2018년 취약국가지수(Fragile State Index)에서 20위라는 높은 수위에 랭크될 정도로 여러 시급한 과제를 안고 있다. 하지만 이러한 불리한 여건에도 불구하고 왜 핵무기 보유에 사활을 걸 수밖에 없었는가? 전술했듯이 숙적 인도와의 재래식 전력 열세를 만회하기 위한 목적이 가장 크다 하겠다. 파키스탄은 인도를 파키스탄의 생존을 위협하는 존재론적 위협국가로 인식하고 있다.[225] 양 국가는 1947년 영국으로부터의 독립과 동시에 전개된 분할(partition)의 악몽을 간직한 채 독립 직후부터 시작하여 현재까지 네 번의 전쟁을 치렀고 그 외에도 수많은 전쟁 일보직전의 위기를 경험하였다.

탄생 때부터 국경을 마주한 거대한 인도라는 이웃 국가에게서 끊임없이 생존 위협을 받아온 파키스탄은 자신의 처지를 최대한 활용하면서 독립과 주권을 유지해 오고자 했다. 처음부터 시도한 것은 자체 군사력 강화 (internal balancing)였다. 1947–50년 기간 동안에는 국가예

224 Thomas Lippman, "US Lifts Sanctions on India, Pakistan," *Washington Post*, November 7, 1998.

225 Pande, *Explaining Pakistan's Foreign Policy.*

산의 70%를 국방비로 쓸 정도로 심각한 노력을 기울였다.[226] 그러나 인구, 영토, 경제력 모든 면에서 압도적으로 우위에 있는 인도와의 군비경쟁은 애초부터 한계가 명확하였다. 최근의 통계를 보면 파키스탄은 2005년에는 국내총생산 5%에 해당하는 40억불의 군비를 지출하여 세계 28위 정도를 유지했었는데,[227] 2012년에도 국내총생산 2.8%인 52억불의 군비를 지출했음에도 상대적인 순위는 33위로 더욱 추락하였다. 인도가 세계 10위권 이상을 꾸준히 유지해 온 군사대국임을 감안하면 오랜 기간 열배에 가까운 격차는 극복하기 쉽지 않았다. 이렇게 뚜렷한 국력의 열세로 인하여 대부분의 전쟁과 대결에서 파키스탄은 인도와의 격차를 뼈저리게 절감하였다. 현재도 양국 간의 국력 지표를 비교하면 격차가 두드러진다. 인도는 인구도 훨씬 많고 GDP도 파키스탄의 9배에 달한다. 또한 인도의 군비지출은 2017년 기준 640억불 정도인데 이는 세계5위의 군비지출 국가 수준으로 파키스탄보다 7배 많은 군비를 지출하였다.[228] 따라서 인구, 경제력, 군비지출 등 일반적 국력과 재래식 군사력의 모든 지표에서 인도는 압도적으로 파키스탄에 앞서 있는 현실이다. 이러한 재래식 전력의 뚜렷한 격차를 만회하기 위한 유일한 방법은 핵무기를 통한 대(對)인도 억지라고 파키스탄은 결론내린 것이다.

또한 파키스탄에게는 핵우산을 포함하여 안보를 지원해 줄 수 있

226 Ian Talbot, "Does the Army Shape Pakistan's Foreign Policy?" In Jaffrelot, Christoffe, ed., *Pakistan: Nationalism without a Nation?* (London: Zed Books, 2002), p. 314.

227 Peter Lavoy, "Pakistan's Strategic Culture." A paper prepared for Defense Threat Reduction Agency, 31 October 2006, p. 8. http://www.fas.org/irp/agency/dod/dtra/pakistan.pdf (2016/8/25 검색)

228 Nan Tian et. Al., "Trends in World Military Expenditure, 2017," SIPRI Fact Sheet, May 2018.

는 의존할 만한 강대국 동맹국이 부재하다. 1947년 탄생 후부터 파키스탄은 전략적 지위와 지정학적 위치를 이용하여 미국, 중국과 불안한 동맹관계를 교차적으로 맺으면서 경제적, 군사적 지원을 제공 받았다.[229] 그러나 1971년 전쟁에서 양 강대국 모두로부터 '방기'를 경험한 후 결국 자신의 방위는 자신이 수행할 수밖에 없으며 자력에 의한 인도와의 대결에서 생존하기 위한 유일한 수단은 핵무기뿐이라고 결론내린 것이다.[230] 즉 파키스탄의 핵개발은 폴(T. V. Paul)이 말한 기술적 능력을 갖고 있는 국가가 적대적 이웃과 지속적으로 라이벌 관계를 유지하고 신뢰할 만한 강대국과 동맹관계를 맺지 못했을 경우 핵무기 보유에 나설 가능성이 급증한다는 주장에 잘 들어맞는 사례라고 할 수 있겠다.[231] 미스트리(Mistry)도 파키스탄이 핵무기를 획득하고자 하는 이유를 다음과 같이 정리한다. 무엇보다도 파키스탄에게 미국과 중국 두 강대국 모두 절실히 필요로 할 때는 막상 의지할 만한 동맹국이 아니었음을 각인시켜주었기에 자체 힘을 강화할 필요성을 느꼈고, 산업기반 또한 낙후해 경제력에 기반을 둔 재래식 억지력이 갈수록 힘들어지고 있던 터라 핵개발만이 인도의 우세한 재래식 전력을 상쇄해 줄 수 있다고 믿게 되었다는 것이다.[232]

또한 파키스탄의 핵개발 당시 리비아 등 많은 중동 국가들로부터

229 T. V. Paul, *The Warrior State: Pakistan in the Contemporary World* (Oxford University Press, 2014), Ch. 5.

230 Sarikumar and Way, "Ch.2 Testing Theories of Proliferation in South Asia."

231 T. V. Paul, *Power vs. Prudence: Why Nations Forgo Nuclear Weapons* (Montreal: McGill–Queen's University Press, 2000), p. 153.

232 Mistry, *Containing Missile Proliferation*, p. 122.

경제적 지원을 받으면서 세계 유일의 핵무기를 보유한 무슬림 국가라는 자부심과 함께 핵무기 보유국으로서 국제사회에서의 지위 향상도 기대하였다. 즉 엄청난 제약과 고난에도 불구하고 파키스탄이 핵개발에 전력하여 핵무기 보유에 성공한 이유는 인도라는 재래식 전력에서 우세한 국가와 대결함에 있어 국가적 치욕을 극복해야 한다는 점, 위기 상황에서 도움을 제공받을 수 있는 믿을 만한 강대국이 부재하다는 점과 더불어 비록 경제적으로 부유하지 않는 개발도상국이지만 핵무기 획득이라는 최고수준의 기술습득을 통해 핵무기를 보유한 유일한 무슬림 국가로서의 정체성을 과시하며 국제적으로 지위를 향상시키고자 하는 목표와 동기가 모두 유기적으로 작용한 결과이다.[233] 이러한 파키스탄의 핵무기 보유 이유들 중 인도와의 재래식 전력 열세와 강대국 핵우산이 부재하다는 약점을 극복하고 우세한 인도군을 억지함으로써 대외적 안보위협에 대응하려 한다는 것이 가장 중요한 이유라고 할 수 있겠다.

6. 소결론

파키스탄이 1947년 독립한 이후에 바로 인도와의 1차 전쟁을 치르면서 외부안보 위협으로부터의 안전보장이 이 신생국의 가장 시급한 과제로 떠올랐다. 파키스탄은 먼저 당시 남아시아에 이해관계가 있

233 Feroz Khan, *Eating Grass*, pp. 7−11.

고, 파키스탄의 숙적 인도와 우호적이었던 소련과 사이가 좋지 않던 미국과 중국 양 강대국으로부터 도움을 얻고자 하였다. 파키스탄과 이 양 강대국과의 관계는 때로는 의존적으로, 때로는 상호보완적으로, 애증이 교차하는 쉽지 않은 관계였다. 파키스탄이 미국이나 중국으로부터 원했던 바는 구체적으로 조금씩 다르긴 하지만, 독립 시기부터 인도라는 거대하고 위협적인 이웃에 맞서 끊임없이 생존의 방법을 갈구해야 했던 파키스탄에게 인도에 대한 안보라는 파키스탄 외교정책 최우선목표를 담보해 줄 수 있는 유일한 외부 세력으로서의 역할이었다. 본문에서 설명했듯이 이들 국가와의 관계가 항상 원만하진 않았고 어려운 시기가 여러 번 있었으나 파키스탄의 기본 생존전략과 미중 강대국들의 남아시아에서의 전략적 이해를 고려하면 서로를 원할 수밖에 없었던 이유들은 분명히 존재하였다. 캐플란(Kaplan)이 주장하듯이, 이는 무엇보다도 인위적으로 탄생한 파키스탄의 지정학적 위치가 파키스탄이 안고 가야할 운명으로 작용해 기회와 위협을 동시에 제공하는 데서 기인한 것이다.[234] 파키스탄이 양 강대국과의 관계를 고려하는 데 있어서 인도의 위협으로부터 벗어나기 위한 전략적 고려가 민간, 군사 정권을 막론하고 항상 우선시되었고 이슬람이나 이데올로기의 영향력은 국내정치에 한정되었다.[235] 또한 파키스탄 정부의 대 강대국 정책, 특히 대미우호정책은, 국내에서 종교적, 이데올로기적 강경파들의 상당한 반발을 무릅쓰고 진행된 지극히 현실주의적이고 실용주의적인 전략이었다.

234 Robert Kaplan. "What's Wrong with Pakistan." *Foreign Policy* (July/August 2012).

235 Mohammad Waseem, "The Dialectic between Domestic Politics and Foreign Policy." In Christophe Jaffrelot, eds., *Pakistan: Nationalism without a Nation?* (London: Zed Books, 2002), p. 271.

이들 국가와의 관계는 비대칭 동맹 상황에서 파키스탄이라는 상대적 약소국의 고민과 선택을 여실히 보여주는 사례라고 하겠다.

그러나 강대국과의 동맹을 통한 외부적 균형(external balancing) 노력으로 미국과 중국 두 강대국에 의존하려던 전략은 수차례 결정적 순간에 방기를 경험하면서 자체 역량 강화(internal balancing)의 방향으로 선회할 수밖에 없었다. 파키스탄에게 재래식 전력에서 우월한 인도에게 맞서는 유일한 내부역량 강화 방법은 자체 핵무기 개발이었고, 그야말로 '풀을 뜯어먹는' 각고의 노력 끝에 핵무기 보유에 성공한다. 그 과정에서 양 강대국은 자국의 전략적 이해에 따라 때로는 협조와 지원, 적어도 묵인을, 때로는 압력을 통한 저지 노력을 보여 주었다. 특히 미국은 대부분의 경우 비확산의 목표를 분명히 하여 자주 파키스탄의 핵 개발 노력을 좌초시키려 한 바 있다. 그러나 파키스탄은 외부의 압력과 방해, 자체 경제력의 한계에도 불구하고 결국 핵보유국의 지위를 쟁취하였다. 이는 엄혹한 지역정세와 강대국의 변화하는 세력관계, 라이벌 인도의 상대적 국력 성장에 직면한 파키스탄의 확실한 자국 안보 보장을 위한 여러 수단이 신현실주의적 동기와 열망으로 표출, 실현된 것이라고 볼 수 있을 것이다.

제6장

1998년 핵실험 이후 양국의 핵개발 경쟁

제6장
1998년 핵실험 이후 양국의 핵개발 경쟁

1998년 핵실험 이후 새롭게 핵클럽에 가입하게 된 인도와 파키스탄은 그 이후에도 지속적으로 핵무기 개발경쟁을 벌여왔다. 이미 수차례의 전쟁과 위기 상황을 겪었던 라이벌 국가가 핵무기를 보유한 상태에서 한 치의 양보도 없이 대치하게 되자 국제사회는 우려의 시선으로 양국의 관계 추이를 지켜보아야만 했다. 양국 간에는 카시미르 문제 등 수십 년 동안 갈등의 중심이었던 여러 문제들이 해결되지 않은 상태였고 서로 간 불신의 골도 대단히 깊은 상황이 지속되었다. 여기에 가공할 수단인 핵무기까지 보유하자 언젠가 또 다른 위기나 분쟁 상황이 발생해 걷잡을 수 없이 확전되어 종국엔 핵전쟁으로 비화되진 않을까 걱정하지 않을 수 없게 된 것이다.

1990년대 초반부터 북한발 핵위기를 생생하게 경험하였던 한반도에 남아시아에서의 핵개발 경쟁과 핵무기 사용 가능성의 점증은 단순히 먼 나라의 얘기로 치부할 수 있는 사안이 아니었다. 북핵 대응책 마련을 위해 북한 이전에 새로운 핵무기 보유국이 된 국가들이 왜, 어떻게 행동하고 이 국가들의 외교전략, 정책이 어떻게 변화하는지에 관심이 급증하고 있다. 따라서 1998년 핵실험에 성공하며 핵무기 보유국으로 인정받게 된 인도와 파키스탄의 핵무기 개발경쟁과 개발 이후 대치 사례가 한반도에 큰 도움을 줄 수 있을 것이다. 특히 파키스탄과 북한은 그들이 왜 핵무기를 보유하려 하였는지 그 이유와 관련하여 상당한 유사성이 존재한다. 먼저 양국 모두 인도와 한-미 동맹이라는 압도적으로 강한 재래식 전력을 보유한 상대와 대치하고 있다. 그리고 양국 모두 강대국이 제공하는 핵우산으로부터 보호받지 못하는 상황이다. 이 두 조건은 상대적 약소국이 핵무기를 보유하려 하게 만드는 중요한 요인이다.[236] 또한 북한의 핵개발은 파키스탄에 기반을 둔 칸(A. Q. Khan) 박사의 비밀 네트워크로부터 상당한 도움을 받은 것으로 알려져 있다.[237] 이에 대한 반대급부로 북한은 파키스탄의 탄도미사일 개발에 많은 도움을 준 것으로 알려진다.

본 장은 이렇게 핵개발과 관련하여 북한과 많은 공통점을 갖고 있고 한반도에 많은 교훈을 제공할 수 있는 남아시아에서의 인도-파키스탄 공개 핵실험 이후 양국 간의 핵무기 개발경쟁과 양국의 핵무기 보유 이후 전략의 변화에 주목하여 분석한다. 먼저 양국의 핵무기 보유와 관

236 T. V. Paul, *Power vs. Prudence*, pp. 21-23; Richard Betts, "Paranoids, Pygmies, Pariahs and Nonproliferation Revisited," in Zachary Davis and Benjamin Frankel, (Eds)., *The Proliferation Puzzle: Why Nuclear Nations Spread and What Results* (London: Frank Cass, 1993), pp. 108-109.

237 Corera, *Shopping for Bombs*, Ch. 4.

련하여 핵무기 보유가 라이벌 국가 간의 관계에 어떠한 영향을 끼치는지 기존의 논쟁을 중심으로 살펴본다. 그리고 핵무기 보유 이후 양국의 군사전략과 외교정책의 변화에 대해 단계적으로 집중 분석한다. 양국의 핵보유 이후 양국의 대미, 대중 외교전략이 어떻게 변화하였는지 살펴본 후 본장을 마무리할 것이다.

1. 국가의 핵무기 보유 이후 전략 변화

냉전기 동안 미소 양 초강대국 간의 '열전(hot war)'은 일어나지 않았다. 많은 학자들, 특히 현실주의자들은 냉전기간 동안 미-소 간의 "평화"가 유지된 것은 양국이 보유하고 있던 막대한 양의 핵무기의 억지력 덕분이라고 주장한다. 양국 모두 명백한 2차공격능력(second-strike capability)을 보유하여[238] 누구라도 핵선제공격 시 상호확증파괴(Mutually Assured Destruction, MAD)가 확실한 상황에서 양국은 감히 상대방을 공격할 엄두를 내지 못했기 때문에 상대적 평화와 전략적 균형이 유지될 수 있었다는 것이다. 냉전이 1990년 전후로 해체되고 냉전기 양극 체제의 한 축을 담당했던 소련이 붕괴되면서 미국 중심의 일극

238 핵전략에서 1차공격능력(first-strike capability)은 상대방의 핵자산에 대한 선제공격을 가하여 상대방의 핵능력을 반격불능의 무장해제(disarming) 상태로 제거할 수 있는 능력을 말한다. 2차공격능력(second-strike capability)은 상대방의 선제공격에도 상대방에 확실한(assured) 핵보복 공격을 가할 수 있는 능력을 말한다. 2차공격능력은 상대방의 선제핵공격을 감내할 만한 핵무기의 생존성(survivability)을 확보하는 것이 필수적인데 이는 핵무기 숫자의 증대, 투발수단의 다양화 등으로 확보할 수 있다.

체제로 세계질서가 재편되었다. 이후 핵무기를 비롯한 군사적 대치 중심이었던 냉전의 종식이 군사적 긴장을 전세계적으로 완화시킬 것이라는 기대와 희망이 컸다. 그러나 냉전기에 잠복되어 있던 민족, 종교 등 정체성을 둘러싼 분쟁이 급증하고 글로벌 테러리즘, 전염성 질환, 기후변화 등 비전통적 안보위협이 증대되면서 탈냉전기 미래 질서에 대한 불확실성이 커졌다. 또한 냉전기에도 고민이었던 핵무기의 수평적 확산이 탈냉전기에 다시 국제안보에 큰 위협이 되었다. 냉전기 미소를 중심으로 유엔 안전보장이사회 상임이사국인 5개 국가만을 대상으로 하던 제1핵시대(First Nuclear Age)를 지나 탈냉전기를 맞아 바야흐로 제2핵시대(Second Nuclear Age)가 도래한 것이다.[239]

동서의 대립되는 캠프 사이에 미소 간의 수직적 핵개발 경쟁과 군비통제협상을 가능하게 했던 양 초강대국 간의 전략적 안정(strategic stability)[240]으로 특징지어지는 제1핵시대와는 달리 제2핵시대는 제3세

239 Paul Bracken, *The Second Nuclear Age: Strategy, Danger, and the New Power Politics* (St. Martin's, 2012).

240 핵무기 보유 국가들 간의 전략적 안정은 공격시 감당할 수 없는 보복을 받을 것이 확실하여 어느 국가도 감히 공격하지 않고 양국 모두 상호억지를 유지하는 관계를 일컫는다. 좀 더 세분하여 아래 세 가지 연결된 분야의 안정이 통합된 개념이라 볼 수 있는데; 먼저 위기 상황에서 어느 누구도 선제적으로 군사력을 사용하지 않는 상황과 (위기 안정, crisis stability), 어느 누구도 선제 핵공격을 감행하여 상대방의 2차보복 능력을 제거하려 하지 않는 상황 (1차공격 안정, first-strike stability), 그리고 핵무기를 더 늘리는 것이 상대적 균형을 유리하게 한다고 믿을 이유가 없어 핵군비경쟁을 자제하는 상황 (군비경쟁 안정, arms-race stability)을 일컫는다. 이렇게 세 가지 안정이 유기적으로 통합되어 핵무기 보유국가 간에 전략적 안정이 유지될 수 있는 것이다. 이러한 안정을 누리기 위해서는 양국이 모두 확실한 2차공격능력을 갖추어서 선제 무력사용(핵사용 포함)이 무의미하고 오히려 자국의 이익에 큰 위해를 가할 것이라는 상황과 서로의 능력에 대해 상호 인지하고 공감해야 한다. Elbridge Colby and Abraham Denmark, "Nuclear Weapons and US-China Relations: A Way Forward," A Report of PONI Working Group on US-China Nuclear Dynamics, March (CSIS), 2013, pp. 14-

계 국가들을 포함하는 수평적 핵확산과 불확실성으로 특징지어진다. 비국가 행위자들도 핵무기 보유가 가능하다는 우려와 함께 이러한 수평적 핵확산이 주로 남아시아, 중동, 동아시아 등 지역적 불안정성이 상존하고 인근 국가 간 라이벌 관계가 심한 지역들에서 일어나고 있다는 점이 제2핵시대의 도래와 지속을 걱정스럽게 하고 있다.[241]

제2핵시대의 핵확산이 전세계의 안정과 평화에 도움이 될지, 아니면 더욱 불안정하게 할지에 대해서는 학자들 간에 격렬한 논쟁이 있었다. 신현실주의의 대가인 월츠(Waltz)를 비롯한 일부 학자들은 핵확산이 반드시 부정적이고 불안정한 것이 아니며 인도, 파키스탄 같은 국가들의 핵무기 보유가 냉전기 동안 양 강대국이 유지했던 것과 같은 안정 유지에 기여할 수 있을 것이라 주장한다.[242] 라보이(Lavoy)도 인도와 파키스탄의 핵보유가 양국 간의 전쟁방지에 기여할 것이라 하였고,[243] 해거티(Hagerty)는 한발 더 나아가 남아시아의 사례를 인용하면서 '핵무기 보유 국가끼리는 전쟁하지 않는다' 라고 주장하였다.[244] 즉 일부 현실주의자들은 핵확산 낙관주의자(proliferation optimists)의 입장에서 제2핵시대에 불안정이 상존하는 남아시아 같은 지역에서도 오랫동안 대치하던 라이벌 국가들이 핵무기를 보유하는 것은 오히려 양국 간의 안정

5; International Security Advisory Board. 2016. "The Nature of Multilateral Strategic Stability," April 27, 2016, US Department of Defense.

241 Andrew Futter 『핵무기의 정치』 (고봉준 옮김, 명인문화사, 2016), pp. 87–91.

242 Scott Sagan and Kenneth Waltz, *The Spread of Nuclear Weapons: A Enduring Debate* (W. W. Norton, 1995), pp. 1–45.

243 *Ibid.*, p. 48.

244 Cited from Paul Kapur, *Dangerous Deterrent: Nuclear Weapons Proliferation and Conflict in South Asia* (Stanford University Press, 2007), p. 7.

을 위해서 바람직하다며 낙관적인 견해를 피력하는 것이다. 하지만 핵무기 보유국 확산이 핵무기 사용 가능성을 높이고 예방적 핵전쟁, 핵사고의 가능성 증가로 오히려 불안정성이 훨씬 증대할 것이라는 핵확산 비관주의자들(proliferation pessimists)의 주장도 만만치 않다.[245] 현실주의자들 중에서도 핵확산에 기반을 둔 안정이라는 주장에 대해 지휘, 통제(command & control)의 어려움, 확전통제(escalation control) 메커니즘의 불확실성, 다양한 투발수단 도입으로 인한 위기 안정성(crisis stability) 저하 가능성 증대 등의 이유를 들어 반박하는 학자들이 많다.

실제로 핵확산 낙관주의자들의 희망적인 전망에도 불구하고 남아시아에서의 핵확산이 양국 간의 전략적 균형이나 전쟁 방지에 기여했다고 보기는 힘들다. 1998년 양국이 모두 핵실험에 성공한 직후인 1999년 규모가 크진 않았지만 치열했던 카길 전쟁(Kargil War)이 발발하였다. 2001년 12월에는 파키스탄군이 후원하는 것으로 간주되는 카시미르 지역 기반의 테러그룹이 감행한 인도 국회의사당 공격으로 인해 양국이 자국 군대에 대규모 동원령을 내려 국경을 맞대고 거의 1년여 간 장기 대치하는 일촉즉발의 위기가 있었다. 2008년 인도 뭄바이에 대한 테러 공격에 의해 다시 한 번 양국 간에 심각한 위기 상황이 진행되었다. 2016년과 2019년에도 파키스탄 지원 무장단체의 카시미르 지역 테러 공격과 이에 대한 인도의 반격으로 인한 위기 상황이 발생하였다. 비록 이들 제한적 전쟁과 몇 차례의 위기 상황이 전면전으로 악화되지는 않았지만 다음번에 발생할 수 있는 위기 상황은 양국이 핵무

245 Futter, 『핵무기의 정치』, pp. 91–4.

기로 무장하고 있는 만큼 대규모 전쟁으로 치달을 수 있는 위험성을 항상 내포한다. 즉 핵무기 보유 이후 새로운 핵보유국의 행동은 더욱 위험해질 가능성도 적지 않고 라이벌 관계인 양 국가의 상호 핵무기 보유가 반드시 전략적 안정에 기여한다고 보기도 힘든 것이다.

전술했듯이 호로위츠(Horowitz)는 한 국가가 핵무기를 보유하게 되면 당분간은 상대방에 공세적이고 강압적인 정책을 추진할 가능성이 높아지지만 시간이 지날수록 분쟁개입도 자제하고 절제할 것이라 하였다.[246] 따라서 핵능력을 보유한 지 얼마 되지 않는 시기 동안은 재래식 전력에서 라이벌 인도에 열세인 파키스탄이 한동안은 강경한 정책을 고수할 가능성이 많고 이후에는 점차 온건한 정책을 시행할 것이라고 해석할 수 있겠다. 벨(Bell)은 새롭게 핵무기를 보유한 국가는 대체로 이전보다 공세적인 6개의 정책을 추진한다고 주장하였다. 이들 행태 중 파키스탄에 대해서는 카길 전쟁이나 이후의 재래식 도발에서 보이듯이 핵무기를 재래식 전력에서 훨씬 앞서는 인도를 견제하는 방패로 적절히 사용하여 공세적인 외교정책을 수행하는 국가로 평가하였다. 즉 핵무기 보유 덕분에 외부로부터의 위협을 강하게 느끼고 있는 경우, 분쟁이 일어난다 해도 위험한 수준으로의 위기 악화까지도 감당할 수 있게 되어 공세적인 외교정책을 추진할 가능성이 높아진 국가의 전형적인 예가 파키스탄인 것이다.[247] 따라서 핵무기 보유가 인도에 항상 열세였던 파키스탄이 기대하던 국가안보의 급속한 증대라는 인식에 도달하지 않았고, 지역의 전략적 안정에도 기여하지 못한 것으로 보인

246 Horowitz, "The Spread of Nuclear Weapons and International Conflict."
247 Bell, "Beyond Emboldenment."

다. 현재 남아시아 지역에는 양 라이벌 국가 간의 핵 독트린, 군사기술 향상, 정체성 갈등 등과 관련하여 심각한 불안요소가 존재한다.

1) 인도-파키스탄의 핵보유 이후 핵전략 변화

① 인도의 핵보유 이후 핵전략 변화

1998년 핵실험 이후 인도는 중국과 파키스탄을 겨냥하여 핵 독트린과 핵전략을 발전시켰다. 공식적으로 1999년에 발표되고 2003년에 재확인된 인도의 핵 독트린은 '신뢰적 최소억지'(credible minimum deterrence 또는 minimum credible deterrence)이며, 핵무기로 먼저 공격받지 않는 한 절대 핵무기를 먼저 사용하지 않겠다는 핵선제 불사용 원칙(No-first-use, NFU)도 포함한다고 공표하였다.[248] 인도는 핵전력 태세(nuclear posture)에 있어서도 많은 관심을 기울여 왔다. 바이핀 나랑(Vipin Narang)에 의하면 핵전력 태세는 핵무기를 어떻게 사용할 것인가에 관한 것으로 핵능력, 교리, 지휘통제 등을 포함하는 개념인데 후원하는 강대국의 유무, 재래식 무장력이 우세한 경쟁국 유무, 민군관계의 위임형 유무, 자원 제약의 여부 등의 변수에 따라 촉매형(catalytic posture), 확증보복형(assured retaliation), 비대칭 확전형(asymmetric

248 Swaran Singh, "India's Nuclear Doctrine: Ten Years After the Kargil Conflict," in Bjumitra Chakma ed., *The Politics of Nuclear Weapons in South Asia* (Burlington, VT: Ashgate, 2011), p. 62; Rajesh Rajagopalan, "India's Nuclear Doctrine Debate," June 30, 2016. http://carnegieendowment.org/2016/06/30/india-s-nuclear-doctrine-debate-pub-63950 (검색일: 2018년 2월 8일); Rajesh Basrur, *Minimum Deterrence and India's Nuclear Security* (Stanford University Press, 2006). 최소억지(minimum deterrence)는 가능한 최소한의 핵무기로 상대방의 공격을 억지하는 것을 말한다. Ibid., pp. 24-32.

escalation posture)의 세 가지 태세가 있다고 한다.[249] 인도의 경우 핵보유 초기부터 확증보복형 핵전력 태세를 유지하고 있다. 인도는 이렇게 공개적 핵보유국 지위를 선언한 후 핵독트린과 핵태세를 발전시키며 중국과 파키스탄에 대한 확실한 억지력을 보유하고자 하였다. 이렇게 핵전략을 정립, 발전시켜 나가는 과정에서 군부의 영향력도 점차적으로 증대하였다. 군부의 핵무기 분야 전문성이 인정받고 반영되기 시작한 것이다. 이렇게 인도군이 핵무기의 전략적 사용 방안을 고민하고 진화시켜 나가는 데 인도 핵실험 직후 핵실험을 감행하여 역시 핵무기 보유국 지위에 올라선 이웃 파키스탄의 도발은 큰 자극이 되었다. 핵무기 보유 이후 인도군에 대한 첫 도전은 핵무기 보유 직후인 1999년 카길(Kargil) 전쟁에서 시작되었다.[250]

1999년 봄에 시작되어 두 달여간 카시미르의 험준한 산지에서 전개된 전투는 양국의 핵무기 보유 선언 직후에 발발하여 핵전쟁으로의 비화를 우려한 전세계의 이목을 집중시켰다. 카길 지역에 은밀히 침투하여 국경 지역 고지대 초소들을 장악한 파키스탄군을 격퇴시키기 위해 인도육군과 공군이 많은 노력을 기울여야 했는데 그 과정에서 핵전쟁으로의 확전을 우려한 민간지도자들이 정치적, 전략적 결정을 담당하고, 인도 육군과 공군이 자율적으로 전술적 작전을 입안, 실행하였다. 카길전쟁은 민군 협력의 모범적인 사례였긴 했지만 핵무기가 존재

---

249 Vipin Narang, *Nuclear Strategy in the Modern Era: Regional Powers and International Conflict* (Princeton University Press, 2014), p. 4.

250 카길 전쟁에 관한 상세한 정보는 Peter Lavoy, ed., *Asymmetric Warfare in South Asia: The Causes and Consequences of the Kargil Conflict* (Cambridge University Press, 2009)에서 얻을 수 있다.

하는 상황에서 어떠한 방위체계를 수립하여야 하는지의 근본적인 질문을 던졌다. 전후 카길 평가위원회(Kargil Review Committee)가 즉각 설립되어 전쟁과정에서의 문제점들을 분석하였다. 보고서는 군조직 개혁, 정보기구 역량 증대 등을 권고하였는데 위원회가 가장 강조한 것 중 하나는 인도군에게 파키스탄군처럼 핵정책 관련 정보가 모두 제공되어야 하고 나아가 핵정책 입안 과정에 군부의 적극적 참여가 보장되어야 한다는 것이었다. 인도군부는 지속적으로 라이벌 국가가 모두 핵무기로 무장한 상태에서 어떻게 핵무기를 전략적으로 사용해야 하는지 그 방안을 강구해야 한다고 제안하였다. 위에서 언급한 인도의 공식적인 핵독트린도 카길 전쟁 종식 직후에 발표되었는데 이는 군부의 제안에 대해 인도 정부가 심각하게 주의를 기울이기 시작했다는 반증이라 할 수 있다. 또한 인도군부의 핵전략, 독트린 개발 노력은 오랫동안 명확한 방위전략을 제시하지 않아 군부를 곤란하게 했던 민간정부의 전략적 공백(strategic vacuum) 상태에 대한 군부의 자체적인 대응으로 발전하였다는 점도 주목할 만하다.[251]

2001년 12월 인도 국회의사당에 테러 공격이 감행되면서 인도군은 파라크람 작전(Operation Parakram)을 발동하였고 이에 거의 1년 동안 지속되었던 트윈 픽스(Twin Peaks) 위기가 시작되었다. 인도군이 3개의 기갑사단과 지원부대로 구성된 공격군단(strike corps)을 포함해 50만명의 병력을 국경으로 이동시키는 데 3주가 걸렸다. 이렇게 인도군의 병력동원이 지체되는 동안 파키스탄군이 2개의 공격군단을 포함한 30만

251 Ray, *The Soldier and the State in India*, p. 83.

명의 병력을 동원하는 바람에 인도군의 기습 장점은 상쇄되고 말았다. 거의 백만에 달하는 군대가 양측에서 동원되어 국경을 마주하고 대치하는 가운데 파키스탄군은 중거리 미사일이 대기상태라고 경고하였고 인도군도 미사일 실험을 실시하였다. 2002년 5월에는 카시미르의 칼루첵(Kaluchek) 육군 기지에 무장단체의 공격이 자행되어 어린이들을 포함한 민간인과 군인이 다수 사망하면서 위기는 극에 달하였다.[252] 수개월 간의 위기 상황에서 인도군은 정부가 불명확한 목표를 제시하고 지나치게 방어적인 태세를 적용하면서 인도군의 느린 대응을 군대의 준비가 덜 된 탓이라고 비난한 데 대해 큰 실망감을 표출하였다. 육군 참모총장을 비롯하여 인도군의 고위 장성들은 정부 지도자들이 어떠한 군사적 옵션이 있는지 이해 못하고 파키스탄이 후원하는 무장단체의 테러공격에 어떻게 대응할 것인지 명확한 계획을 갖고 있지 않다고 비판하였다. 인도군 또한 방어적, 수세적 대응에서 탈피하여 보다 적극적이고 공격적으로 파키스탄의 비대칭 재래식 공격에 대응하기 위하여 새로운 군사 독트린이 필요하다는 데 공감하였다. 이 위기를 기회삼아 인도군은 핵무장한 파키스탄의 비대칭 재래식 공격에 어떻게 보다 공세적으로 대응할지 새로운 군사독트린을 입안하는 데 주도적인 역할을 담당하게 되었다.[253] 당시 파키스탄이 활발하게 핵능력을 향상시키고

252 당시 위기 진화를 위해 파키스탄을 방문한 미국의 리차드 아미티지(Richard Armitage) 국무 부장관에게 무샤라프가 무장단체의 인도 침입 중단을 약속하였고 이러한 공언이 인도에 전달되면서 인도는 파키스탄에 대한 공세를 멈추기로 결정하였다 한다. 그러나 이러한 약속이 지켜지지 않았음이 곧 드러나게 된다. Paul Kapur, *Jihad As Grand Strategy: Islamist Militancy, National Security, and the Pakistani State* (Oxford University Press, 2017), p. 94.

253 Ray, "The Effects of Pakistan's Nuclear Weapons on Civil–Military Relations in

핵무기 투발수단을 다양화하는 상황을 더 이상 좌시할 수도 없었다.

이렇게 파라크람 작전은 수개월 동안의 군사력 동원과 대치에도 불구하고 큰 성과 없이 종료되었다. 이후 파키스탄이 후원하는 무장 세력이 테러공격 등의 도발을 펼치는데도 파키스탄의 핵보복을 두려워하여 강경하게 대응하지 못하는 상황을 탈피하고자 인도육군을 중심으로 신속한 기동과 결정적 타격에 적합하지 않던 기존의 방어적 독트린을 대체할 '차가운 시작(Cold Start)'이라는 새로운 군사독트린을 2004년 4월에 발표하였다. 새로운 독트린을 입안하면서 인도 육군은 왜 파라크람 작전이 실패하였는지에 대한 면밀한 검토와 평가 후에 구식독트린이 기본적으로 지나치게 방어적이면서 현대전에 걸맞은 신속하고 결정적인 동원과 작전에 필요한 장비나 조직이 결여되었다고 결론 내렸다. 따라서 인도군이 이 새로운 독트린을 통하여 얻으려는 군사적 목표는 국제사회가 개입하기 전에 파키스탄군에 신속한 재래식 보복공격을 가하여 상당한 타격을 입힐 수 있는 능력을 보유함과 더불어 파키스탄이 핵무기 사용을 정당화할 수 없을 만큼 그 군사적 목표가 제한적이어야 한다는 것이다.[254] 이 독트린의 또 다른 목표는 파키스탄군을 상대로 한 전쟁에서 승리하기 위해 기존의 모 아니면 도 식의 협소한 선택지에서 벗어나 선제공격을 포함한 다양한 군사적 옵션을 제공하는 것이었다. 보다 공세적인 새로운 독트린의 도입은 인도 육군이 1990년대부터 주장해온 '핵무기 환경에서 재래식 전쟁을 수행할 공간을 찾아야 한다'

India," pp. 39−41.

254 Walter Ladwig III, "A Cold Start for Hot Wars?: The Indian Army's New Limited War Doctrine," *International Security*, Vol. 32, No. 3 (Winter 2007/08), p. 164.

는 전략분야에서의 군대의 전문성이 마침내 반영된 고무적인 사례라 볼 수 있다. 또한 핵무기라는 획기적인 무기체계의 도입에 따라 핵무기 사용 위협을 통해 상대방의 공격을 억지하려는 정치적, 군사적 목표를 달성하기 위해서는 기존에 영역이 명확히 분리되었던 민군관계가 보다 수렴되고 협력이 강화되어야 한다는 당위성도 새로운 독트린에 투영되었다. Cold Start의 실현을 위해서는 신속한 결정과 동원, 집행이 보장되어야 하는데 이를 위해서는 민과 군이 모두 포함되는 의사결정기구가 필수적이라는 것도 입증되었다. 즉 공세적인 새로운 독트린의 도입은 군부의 자율성을 최대한 보장하여야 하기에 전통적인 민간통제의 형식과 절차에도 변화가 있어야 한다는 것이 명백해졌다.[255]

이렇게 인도군의 새로운 군사적 접근은 인도군이 필요로 하던 혁신과 경량화, 그리고 21세기 전장에 맞는 기동성과 화력을 발전시킬 것으로 기대되었다. 그러나 이 독트린의 입안 단계부터 이러한 접근이 파키스탄의 핵사용 임계점(threshold)을 초과하여 오히려 지역의 전략적 안정을 저해할 수 있는 가능성이 적지 않다고 비판받았다.[256] 새로운 독트린에 대해서는 대체로 두 방향으로 비판이 집중되었는데 하나는 인도군이 어떻게 대응할지 의도적으로 모호하게 함으로써 이러한 불확실성이 파키스탄 정부로 하여금 테러조직에 대한 지원을 자제하게 만들 것이라 보았으나 실제 효과는 오히려 기대와는 반대였다는 것이다. 새

255 Ray, "The Effects of Pakistan's Nuclear Weapons on Civil–Military Relations in India," pp. 41–45.

256 Ladwig III, "A Cold Start for Hot Wars?," pp. 167–70.

로운 독트린도 2008년 뭄바이 공격을 방지하지 못하였다.[257] 더 심각한 문제는 인도의 새로운 군사 독트린이 파키스탄 정부가 소규모 인도군의 공격조차도 억지하기 위해 전술적 사용 목적의 저강도(lower-yield) 핵탄두를 포함하는 다양한 종류의 핵무기 투발 시스템의 다량 개발, 보유를 정당화할 수 있는 구실을 줬다는 것이다. 또 다른 비판은 인도군은 새로운 독트린 실행에 필요한 물질적 장비, 시설이나 조직구조를 갖추지 못했다는 것이었다.[258]

파라크람 작전의 실망스런 종료 후에 인도의 핵 지휘, 통제(C & C) 분야에서도 더욱 견고한 조직화, 제도화 노력이 있었다. 파라크람 종료 직후인 2002년 12월 파키스탄의 무샤라프 대통령이 파키스탄의 유사시 비재래식 무기 사용 위협 덕분에 인도군의 전면적 재래식 전쟁 수행을 예방할 수 있었다고 주장하여 인도 정부를 분개시켰다. 파키스탄이 공공연하게 핵무기의 1차 사용 가능성을 공표했다는 것이다. 이에 대한 대응과 기존의 핵무기 관련 준비태세와 문제점에 대한 분석과 평가를 바탕으로 인도 정부는 2003년 1월 더욱 정교해진 핵 독트린을 발표하였다. 신뢰적 최소억지와 핵선제 불사용 원칙이 재차 강조되었고 상

257 사실 뭄바이 공격 이후 Cold Start의 실행이 파키스탄에 대한 대응 방안의 하나로 검토되었다. 하지만 확전의 위험성이 너무 크다고 배제되었다. Christopher Clary and Vipin Narang, "India's Counterforce Temptations: Strategic Dilemmas, Doctrine, and Capabilities," *International Security*, Vol. 43, No. 3 (Winter 2018/19), p. 13. 2010년 누설된 미 대사관 보고에서는 인도가 Cold Start 실행을 위한 정치적 의지나 군사적 역량을 결여하고 있다고 분석하였다. Arka Biswas, "Pakistan's Tactical Nuclear Weapons: Relevance and Options for India," *The Washington Quarterly*, Vol. 40, No. 3 (Fall 2017), p. 173.

258 Walter Ladwig III and Vipin Narang, "Taking 'Cold Start' out of the Freezer?" *The Hindu*, January 11, 2017.

대방으로부터 핵공격을 받은 후에 대량보복(massive retaliation)으로 대응한다고 공표하였다. 이러한 응징보복공격을 포함한 핵무기 사용여부는 핵통수기구(Nuclear Command Authority, NCA)를 통하여 민간 정부 지도자가 결정한다고 공표하였다. 인도 핵무기에 대한 궁극적인 통제권을 갖는 NCA는 총리를 의장으로 하는 정치위원회(Political Council)와 외교안보보좌관을 의장으로 하는 집행위원회(Executive Council)로 구성되어 있다. 3군과 정보기구 지도자들로 주로 구성된 집행위원회는 정치위원회에 의견을 전달하고 정치위원회의 결정을 수행한다. 핵무기 관련 최종결정은 주로 민간관료들로 구성된 정치위원회의 의장인 총리가 갖고 있다. 이러한 핵무기 관련 지휘, 통제 시스템은 민군관계에서 군에 대한 민간통제의 전통이 잘 반영되어 있고 핵무기 분야에서도 최종결정권은 민간지도자들이 갖고 있어야 한다는 의지가 구현되어 있는 지휘, 통제(C & C) 체계이다.[259] 또한 NCA 산하에는 인도 전략무기와 핵억지를 실무적으로 책임지는 Strategic Forces Command(SFC)가 창설되어 3성장군이 지휘하면서 NCA의 지시에 따라 작전을 수행하도록 하였다.[260] 2017년에 발간된 Armed Forces Joint Doctrine에서는 SFC가 인도군이 보유한 모든 핵탄두와 투발수단을 통제한다고 처음으로 공개하기도 하였다.[261]

1999년 카길 전쟁과 2001-2년, 2008년의 위기 이후에도 인도군

259 Pant, "India's Nuclear Doctrine and Command Structure," pp. 248-50.

260 Hans Kristensen and Matt Korda, "Indian Nuclear Forces, 2018" *Bulletin of Atomic Scientists*, Vol. 74, No. 6 (2018), p. 364.

261 Clary and Narang, "India's Counterforce Temptations," p. 37.

은 파키스탄군의 공공연한 후원을 받는 무장단체에 의한 여러 차례의 소규모 도발을 지속적으로 경험하며 핵무기를 보유한 파키스탄에 대한 적절한 군사적 대응책 마련에 부심하였다. 핵무기를 보유한 파키스탄이 핵전쟁으로의 확전을 우려한 인도가 적극적인 군사적 대응을 자제하는 경향을 보이자 마음 놓고 테러조직, 무장조직을 지원하여 카시미르와 인도에 대한 대리전쟁을 지속시키던 상황을 어떻게든 바꾸고자 노력한 것이다. 2004년 발표된 Cold Start도 이러한 고심과 노력의 산물이다. 그러나 이후에도 Cold Start의 군사적 효용성과 파키스탄의 비대칭 재래식 도발에 대한 억지 능력과 관련한 비판과 회의가 끊이지 않았다. 파키스탄은 Cold Start에 대한 대응책으로 2013년 전술핵무기(Tactical Nuclear Weapons, TNWs)의 적극적 배치를 포함한 전범위 억지(full-spectrum deterrence, FSD)로의 전환을 발표하며 Cold Start의 실행을 방지하고자 하였다.[262] 이렇게 파키스탄이 자신의 비대칭 도발에 대한 인도군의 Cold Start 실현을 무력화하고자 시도하면서 인도군은 다시금 단호하면서도 적절한 대응책을 찾아야 했다. 군사적으로 강력하게 응징하면서도 파키스탄이 의도적으로 낮게 설정해 놓은 전술핵무기 사용 임계점을 넘지 않는 균형점을 찾아야 하는 것이다.

어떻게 하면 파키스탄의 인도를 타깃으로 한 무장단체 침투, 도발 지원을 효과적으로 막을 수 있을지에 대하여 퍼코비치와 달턴(George Perkovich and Toby Dalton)은 다음의 다섯 가지 방안을 제안하였다. 첫 번째는 인도 육군이 중심이 된 '상황을 주도하는 전략(proactive strategy)'

262 Arka Biswas, "Surgical Strikes and Deterrence-Stability in South Asia," Observer Research Foundation(ORF) Occasional Paper #115, June 2017, pp. 2, 5-6.

인데 Cold Start가 그 예가 될 것이다. 하지만 인도육군이 이렇게 대담한 작전에 필요한 장비와 조직, 정찰 능력을 언제나 보유할 수 있을지 의문이고, 설령 이러한 능력을 확보한다 해도 이러한 전략이 파키스탄의 전술핵보복을 야기하지 않을 최선의 선택인지는 논란의 여지가 크다. 두 번째는 인도의 공군력을 동원하여 테러단체와 직접 연관이 있는 목표물이나 ISI 시설에 제한적인 공습을 가하는 것이다. 이는 다분히 미국이나 이스라엘의 대응 사례를 적극 참고한 것인데 미국이나 이스라엘과 비교하여 인도군의 공군 공습능력이 상당히 허약하고 미국, 이스라엘의 공습 대상인 지역 테러단체에 비해 파키스탄 공군은 훨씬 더 막강하다는 점에서 성공 여부에 대한 우려가 존재한다. 세 번째는 파키스탄이 자국이 후원하는 무장단체를 적극적으로 활용하여 인도에 대한 비대칭 대리전(asymmetric proxy war)을 수행하는 것에 직접적으로 대응하여 파키스탄 내부의 반파키스탄 단체를 적극 지원하는 대칭적, 비례적 비밀공작(symmetric and proportionate covert operation)을 수행하는 것이다. 그러나 이러한 접근은 성공 여부도 불확실하고 이러한 작전 시도 자체가 인도에 유리한 국제 여론을 상당히 악화시킬 수 있다는 위험성이 존재한다. 네 번째는 이러한 작전들을 보완하는 의미에서 기존의 핵 독트린, 핵 태세를 재점검하여 파키스탄의 핵사용 보복 가능성을 억지하는 인도의 새로운 핵전략 방안을 마련하는 것이다. 이러한 인도 핵전략 수정 방안은 그 파괴력과 상징성 때문에 특히 많은 논란을 야기할 것이다. 마지막으로 2001년과 2008년 위기에서 인도의 절제가 더 이상의 확전을 막고 위기를 종식시켰듯이 우호적인 국제여론을 통해 파키스탄을 경제적, 도덕적, 외교적으로 응징하는 비폭력적 강압(nonviolent compellence)을 고려해 볼 수 있다. 물론 이 다섯 가지 방안 모두 장, 단점이 확실하고 어느 방안도 소기의 목적을 달성하리라는 보장은 없다. 결국 논쟁은 계속되고 상황에 맞는 대응이 실시되어야 하는 것이다.[263]

파키스탄이 후원하는 무장단체의 군사적 도발에 대한 적절한 균형점 대응이 과연 어떻게 입안되고 시행되어야 하는지 논란이 지속되는 가운데 2016년 9월 22일 카시미르의 우리(Uri)에 위치한 인도 육군 여단본부에 파키스탄의 지원을 등에 업은 지역 테러조직의 공격으로 인도군 19명이 사망하는 사건이 발생하였다. 이에 대한 대응으로 인도군은 9월 29일 새벽 기습적인 국부공격(surgical strike)을 감행하였다. 인도 육군 특수부대가 통제선(Line of Control)을 넘어 카시미르의 파키스탄 측 영토를 상당히 침투하여 테러조직의 훈련장 여러 곳을 기습공격한 후 철수하였다고 인도육군이 공식 발표하였다. 이러한 발표에 대해 파키스탄은 그러한 공격은 전혀 없었고 인도군의 통제선 위반행위로 두 명의 파키스탄 국경수비대가 사망했을 뿐이라고 거세게 반박하였다. 발표 직후 인도 내에서도 무인항공기, 정밀타격능력, 정확한 정보와 감시가 필수적으로 요구되는 국부공격능력을 과연 인도군이 보유하고 있는지에 대한 논란이 있었다.[264] 그러나 대부분의 인도 언론과 대중들은 인도군의 발표를 신뢰하였고 주요 외국관리들도 이러한 국부공격의 실체를 인정하였다. 이 국부공격은 인도군이 파키스탄의 비대칭 재래식

263 George Perkovich and Toby Dalton, *Not War, Not Peace: Motivating Pakistan to Prevent Cross-Border Terrorism* (Oxford University Press, 2016), pp. 19–22.

264 Shawn Snow, "Is India Capable of a Surgical Strike in Pakistan Controlled Kashmir?" *The Diplomat*, September 30, 2016.

도발에 어떠한 임계점을 설정하고 이에 비례한 어떤 맞춤형 대응을 할 것인지 잘 보여주는 사례로 주목받았다. 우리(Uri) 공격 전에도 유사한 공격으로 다수의 사망자가 발생하였을 때 모디 정부는 향후 이러한 공격에 대한 단호한 대응을 다짐하였는데 우리 공격 발생 후 이 다짐을 실행에 옮긴 것이다. 이미 모디 정부는 2015년 6월 미얀마 접경 지역에서 실시된 특수부대 작전을 통해 응징공격의 억지효과 가치를 발견하였다고 전해진다.[265]

2016년 9월의 국부공격은 세 가지 목표를 달성하고자 하였다. 첫 번째이자 가장 중요한 목표는 테러조직의 공격을 미연에 방지하는 것이었고 따라서 이 공격은 다분히 선제공격의 성격을 띠었다. 인도 특수부대는 최대 2킬로미터까지 통제선 안으로 침투하여 7곳의 테러조직 출발거점을 공격하였고 38명의 테러리스트와 2명의 파키스탄군을 사살하였다고 전해진다. 이러한 성과에 비춰볼 때 첫 번째 목표는 단기간이나마 달성한 것으로 본다. 두 번째 목표는 인도를 공격하는 테러조직을 끊임없이 지원, 후원하는 파키스탄군을 응징하는 것이다. 이 공격으로 파키스탄 측에 발생한 사상자로만 보면 전체적인 카시미르 분쟁과 인도-파키스탄 충돌의 역사를 고려할 때 그렇게 큰 피해를 입혔다고 보긴 힘들지만 이제까지 무기력한 대응에 실망한 인도 대중의 분노를 잠재우는 데는 크게 성공하였다. 외국의 반응도 인도의 대응에 대한 이해와 파키스탄의 행동에 대한 비난이 주를 이루며 파키스탄의 국제적 위신과 명성에 타격을 주는데 성공하였다고 볼 수 있다. 세 번째이

265 Ankit Panda, "Lessons from India's 'Surgical Strike,' One Year Later," *The Diplomat*, September 29, 2017.

자 가장 야심찬 목표인 파키스탄이 자행하는 낮은 수준의 재래식 도발(sub–conventional war)에 대한 억지가 성공하였는지는 판단하기가 쉽지 않다. 이번 국부공격은 Cold Start에서 상정하는 육군 주도의 신속하고 강력한 재래식 공격의 규모에도 한참 미치지 못하는 소규모 정밀공격이었다. 따라서 인도의 Cold Start 실행에 전술핵무기 선제사용을 불사하겠다는 파키스탄의 전범위억지 전략의 신뢰성에 타격을 가한 것이라고 보기는 힘들다. 그러나 파키스탄의 전술핵무기 사용 위협이 이러한 소규모 특수부대 공격에는 무용지물이 되면서 핵무기 사용으로의 확전 가능성을 애초에 차단하는데 성공하였다고 볼 수 있다. 따라서 이번 공격은 파키스탄이 의도적으로 낮춰놓은 핵무기 사용 임계점을 넘지 않으면서 낮은 수준 재래식 도발에 대하여 적절하게 대응하는 공간을 인도군이 찾은 것이라고 볼 수 있으며, 따라서 전반적으로 양국 간의 억지 안정에 어느 정도 공헌한 군사적 방식이라고 볼 수 있다.

그러나 이러한 식의 공격방법이 인도군의 공식적인 작전방식(modus operandi)가 될지는 아직 지켜봐야 한다는 견해가 많았고 이후 파키스탄군이 어떠한 대응방식을 마련할 것인지도 귀추가 주목되었다.[266] 사실 이 공격 이후에 오히려 무장조직에 의한 침투가 급증했다는 보고도 있었고, 통제선 주변에서의 소규모 충돌이 지속되면서 여전히 많은 사상자가 발생하였다.[267] 또한 인도군의 전반적인 '전략적 자제

---

266 Biswas, "Surgical Strikes and Deterrence–Stability in South Asia," pp. 8–18.

267 Riyaz Wani, "Kashmir: Killing Militants Won't Kill Militancy," *The Diplomat*, May 31, 2018.

(strategic restraint)' 태세가 근본적으로 변화하였다고 보기도 힘들었다.[268] 그러나 우리(Uri) 공격 직후 모디 총리가 모든 군사적 방안을 강구해 보라고 지시한 뒤 불과 며칠 뒤에 감행된 것으로 볼 때 인도육군이 이미 이러한 계획을 입안하고 있었던 것으로 보인다.

2019년 2월 14일에는 카시미르의 풀와마(Pulwama)에서 인도의 경찰예비병력을 수송하던 트럭이 자살폭탄 테러공격을 받아 40명 이상이 사망하는 사건이 발생하였다. 이 공격은 2001년 인도 의사당 공격을 비롯하여 여러 차례 인도에 테러공격을 감행하였던 Jaish-e-Mohammad(JeM) 조직의 사주를 받은 지역 청년에 의해 자행된 것으로 밝혀지면서 또다시 인도의 격분을 불러 일으켰다. 통제선을 사이에 둔 몇차례의 소규모 공방전 이후 2월 26일에 인도 공군은 전투기들을 동원하여 파키스탄 내, 국경에서 50km 거리인 발라콧(Balakot)에 위치한 JeM 조직의 캠프를 전격 공습하였다. 이는 인도군이 처음으로 카시미르가 아닌 파키스탄 내부에, 그것도 이제까지의 어떤 반격보다 국경에서 가장 깊숙이 위치한 목표를 공습했다는 점과 이어진 양국 공군의 충돌로 1971년 방글라데시 전쟁 이후 처음으로 남아시아 지역에서 공중전이 수행되었다는 점에서 큰 주목을 받았다. 그러나 파키스탄은 인도 공군이 발라콧의 무장단체 캠프를 파괴하였다는 주장을 부인하고 파키스탄군이 연루되었다는 비난도 일축하였다. 또한 공중전에서 인도공군의 주력인 미그-21이 파키스탄 공군의 F-16에 의해 격추되면서 양군간의 긴장이 한층 고조되었다. 긴장악화를 원치 않은 파키스탄에 의해

268 Panda, "Lessons from India's 'Surgical Strike,' One Year Later."

조종사가 곧 귀환하면서 양국 간의 긴장은 완화되었지만 이 작전은 인도군에 또다시 큰 숙제를 안겨주었다.[269]

퍼코비치와 달턴이 제시했듯이 공군 전투기를 이용한 제한적 공습은 확전 가능성을 통제하는 데 상대적으로 용이하고 정확한 정보와 역량이 있다면 소기의 성과를 거둘 수 있는 대응 방안이다. 하지만 우려했던 대로 무장단체의 응징과 향후 이들 단체에 의한 공격 억지라는 목표를 달성했는지 불투명하고 양국 공군 간에 공중전이 벌어지면서 확전의 위험성도 적지 않은 것으로 밝혀졌다.[270] 무엇보다도 자국의 공군기가 파키스탄 공군기에 의해 격추되어 허약한 공군력의 실체가 드러나면서 인도는 적지 않은 망신을 당하였다. 사실 공군을 비롯한 인도군 장비의 노후화에 대한 우려는 어제 오늘의 일이 아니다. 비록 수많은 업그레이드를 거쳐 성능이 많이 향상되었다고는 하지만 50년대 후반부터 구소련에서 실전 배치된 미그-21이 여전히 인도 공군의 주력이라는 사실은 큰 충격을 주었다. 인도군이 지속적인 군 현대화를 진행하여 장비 면에서 많은 발전이 있었지만 21세기에 맞는 신형 기종은 Su-30이나 Mirage-2000 정도에 국한되고 이들 기종의 보유대수도 충분치 않다는 비판이 많은 실정이다. 인도군 장비의 68%가 너무 노후해서 '빈티지(vintage)' 라고 조롱당할 정도로 장비의 상태가 열악하고, 전쟁 발생시 단 10일 정도의 전쟁만 수행할 수 있는 탄약을 보유함으로서 장비의 부족 정도도 심각한 상황이다. 프랑스제 신형 라팔 전투기를 도

269 "Pulwama Attack: Nine Killed in Kashmir Gun Battle," *BBC*, February 18, 2019; Abu Argan Naqash and Sanjeev Miglani, "India Launches Air Strike in Pakistan: Islamabad Denies Militant Camp Hit," *The Diplomat*, February 26, 2019.

270 Perkovich and Dalton, *Not War, Not Peace*, Ch. 3.

입하려는 계획이 리베이트 여부를 둘러싼 정치공방으로 비화하여 실현이 불투명해지면서 인도군과 정부의 방위력 증강을 위한 신형장비 도입의 시스템, 조직, 의사결정구조에 만연한 관료주의, 부패 등의 민낯이 다시금 드러났다. 특히 파키스탄 공군에 대해서도 명확하게 우위라는 것을 보여주지 못하면서 중국 공군에 대해서는 확연히 열세라는 것이 드러났기에 인도군 현대화에 대한 인도 당국의 고심이 더욱 깊어질 것이다. 또한 이는 군장비 현대화를 위해 인도가 미국과의 방위 협력을 확대하는 계기가 될 것으로도 보인다.[271]

이렇게 인도군은 핵전력을 강화하면서 확실한 억지능력을 보유하고자 노력해 왔지만 파키스탄의 지원을 받는 무장단체의 공격을 억지하는 데는 성공적이지 못하였고 이들 공격에 대한 확실한 응징도 쉽지 않았다. Cold Start도 이러한 고육지책으로 나온 전략이었으나 아직 실행에 옮겨지진 못하였다. 2016년의 국부공격과 2019년의 공습은 인도군의 제한적인 재래식 군사적 대응의 한 양상을 보여주었다.[272] 인도군은 지속적으로 파키스탄에 대한 여러 형태의 군사적 옵션을 고안하고 있으며 Cold Start의 실제적 실행은 최후의 수단일 가능성이 많다는 분

---

271 Vasabjit Banerjee and Prashat Hosur Suhas, "Indian Air Strategy after Balakot: The China Factor," *The Diplomat*, March 22, 2019; Maria Abi-Habib, "After India Loses Dogfight to Pakistan, Questions Arise about Its 'Vintage' Military," *New York Times*, March 3, 2019; Lara Seligman, "India's Dogfight Loss Could Be a Win for US Weapons-Makers," *Foreign Policy*, March 5, 2019. 최근 10년 간 미국의 인도에 대한 무기수출이 거의 0에서 $150억으로 급증하였다.

272 한편 2016년의 국부공격과 2019년의 공습은 인도군의 군사적 대응 방안 입안에서의 영향력 증대와 군사적 대응능력의 향상, 더 나아가 파키스탄의 전범위억지 전략에 대응하는 억지안정책 고안에 있어서의 책임과 역할 증대라는 인도 민군관계의 현 추세를 잘 보여준다고 할 수 있다.

석도 있다.[273]

전술했듯이 파키스탄은 인도군의 Cold Start 독트린에 대항하여 핵무기 사용 임계점을 하향조정하겠다고 공표하고 전술핵무기와 다른 핵무기 투발수단을 다양화하는 노력을 진행하였다. 이에 대응하여 인도군은 위의 육군 중심의 국부공격과 공군력을 사용한 공습 외에 핵무기 분야에서도 새로운 대응책을 모색해 나가고 있다. 기존의 탄도미사일의 성능을 향상시키고 새로운 투발수단의 개발도 추진하고 있는 것이다. 인도군은 2018년 1월에 사정거리 5,500−5,800km에 달하는 현재까지 최고수준의 Agni−V ICBM 미사일을 시험 발사하였다. 사정거리 10,000km 가 넘는 Agni−VI 미사일 개발도 지속하고 있다. 또한 기존의 Arihant 클래스 탄도미사일 탑재 잠수함(SSBN) 외에 신형 Arighat 클래스 SSBN 개발과 함께 사정거리 3,500km 상당의 K−4 SLBM도 개발중이다.[274]

하지만 최근 들어 인도의 핵전략 관련 가장 우려스러운 추세는 인도 정부가 기존 핵독트린을 수정하려는 움직임을 보인다는 것이다. 인도의 핵독트린은 신뢰적 최소 억지(credible minimum deterrence), 선제핵공격 불용(No−First Use, NFU), 그리고 대량 확증 보복(massive assured retaliation)으로 특징지어진다. 하지만 인도 정부와 군 일각에서는 이러한 독트린이 파키스탄의 무장단체를 이용한 비대칭 공격의 억지나 공

273 Ben Barry, "Pakistan' Tactical Nuclear Weapons: Practical Drawbacks and Opportunity Costs," *Survival*, Vol. 60, No. 1 (February−March, 2018), p. 76.

274 Franz−Stefan Gady, "India Tests Most Advanced Nuclear−Capable ICBM," *The Diplomat*, January 18, 2018; Kristensen and Korda, "Indian Nuclear Forces, 2018," pp. 364−5. 인도 해군이 보유한 K−15 SLBM은 사정거리 700km에 불과하다.

격 후 응징에 전혀 효과적이지 못했고, 파키스탄이 전술핵무기(TNWs)까지 실전배치하면서 운용의 폭이 훨씬 좁아졌기에 기존 핵전략에 대한 특단의 대책이 필요하다고 주장하였다. 이들은 특히 핵선제불사용(NFU)과 대량보복에 비판을 집중했는데 이 독트린이 심각하게 신뢰성(credibility)을 결여하고 있다는 것이 문제라고 하였다.[275] 먼저 비판론자들은 핵선제불사용(NFU) 원칙이 상대방(파키스탄)의 핵사용을 억지하기 위한 것이라 비대칭 공격에 무기력할 뿐만 아니라 오히려 파키스탄의 이러한 모험주의적인 책동을 부추긴다고 주장한다. 대량보복 전략은 크게 3개의 주요 결함이 있다고 하는데 첫 번째 문제는 이 전략이 대도시공격(countervalue)을 상정하여 불가피하게 많은 수의 민간인들이 살상될 수밖에 없는데 이는 지극히 비인간적이고 비도덕적인 전략이라는 것이다. 두 번째 결함은 위기가 확전되었을 때 인도가 짊어져야 할 부담감이 지대하여 실제 실행할 가능성이 지극히 희박하기 때문에 이 전략의 신뢰성(credibility)이 급속히 낮아진다는 것이다. 마지막으로 이 전략은 억지가 실패할 경우 어떻게 할지를 고려하지 않기 때문에 신뢰성을 더욱 떨어뜨릴 수밖에 없다고 한다. 따라서 핵선제불사용과 대량보복으로 특징지어지는 기존의 인도 핵독트린은 파키스탄에게 인도 핵억지 능력과 의지에 대하여 확실한 신뢰를 주지 못하는 허점이 가득한

275 대량보복 전략은 냉전 초기 아이젠하워(Eisenhower) 행정부 시절 소련에 대한 억지전략으로 적극 추진되었는데 당시에도 신뢰성의 문제에 직면하였다. 소련의 소규모, 제한적 도발에도 핵무기를 사용한 대량보복을 감행하겠다는 공언이 실제로 실현될 것으로 믿기지 않았기 때문이었다. Richard Smoke, *Nuclear Security and the Nuclear Dilemma: An Introduction to the American Experience in the Cold War* (Boston, MA: McGraw Hill, 1993, 3rd. edition), pp. 83-6.

독트린이기에 개정이 시급하다는 것이다.[276]

비판론자들은 또한 파키스탄이 Cold Start에 대한 대응으로 공언한 파키스탄의 전술핵무기 사용 가능성에도 인도의 핵독트린이 속수무책일 것이라고 비판한다. 억지전략의 신뢰성을 높이고 파키스탄 후원 무장단체의 공격에 효과적인 반격을 위해 파키스탄의 전술핵 공격을 미연에 방지하기 위해서는 기존의 대도시(對都市, countervalue) 전략이 아닌 대병력(對兵力 혹은 對군사목표, counterforce) 전략을 심각하게 고려해야 한다는 것이다.[277] 그런데 대도시가 아닌 파키스탄 핵자산의 파괴를 위한 對군사목표(counterforce) 공격은 그 효과를 높이기 위하여 불가피하게 선제공격(preemptive strike)이 요구될 수 있는데 이는 인도의 핵 선제불사용 독트린에 배치(背馳)된다. 이에 대해 2011년부터 14년까지 인도의 국가안보 보좌관(NSA)을 역임한 메논(Menon)은 2016년 발간된 자서전에서 인도의 핵무기 선제불사용 원칙에는 잠재적인 회색지대(gray area)가 존재하기에 '유연성(flexibility)'을 가미하여 핵무기 사용 임계점을 상황에 따라 낮추어 파키스탄에 대하여 선제핵공격을 감행할 수도 있다고 하였다. 메논 뿐만 아니라 적지 않은 인도의 고위 관료와 전략 분야 장성들이 핵선제불사용(NFU)의 창의적인 해석을 통한 선제

276 Biswas, "Pakistan's Tactical Nuclear Weapons," pp. 175–7.

277 Clary and Narang, "India's Counterforce Temptations," pp. 17–20. 사실 counterforce 전략은 전략적 불안정성을 증대시킨다는 이유에서 기피되기도 했지만 상대방의 핵자산이나 주요군사 목표물을 타격하기에는 정밀도가 부족했기 때문에 비현실적이라고 경원시되었다. 하지만 최근 과학기술의 현격한 발전으로 소형탄두를 사용한 정밀타격이 가능해짐에 따라 counterforce 전략의 새로운 시대가 도래하였다고 한다. Keir Lieber and Daryl Press, "The New Era of Counterforce: Technological Change and the Future of Nuclear Deterrence," *International Security*, Vol. 41, No. 4 (Spring, 2017), pp. 9–49.

對군사목표(counterforce) 공격 필요성을 공개적으로 밝혔다.[278] 이렇게 인도 핵억지전략의 신뢰성을 높이기 위해서는 핵선제불사용 원칙의 수정과 함께 대(對)도시 보복이 아닌 보다 믿을 만한 타깃인 핵자산 등 군사목표물을 대상으로 해야 한다는 것이다. 또한 보복공격의 규모(scale)도 도시를 목표로 한 대량공격이 아닌 신뢰가 갈만한 정도로 낮춰야 하는데 적의 공격에 '비례하여(proportionately)' 대응하는 것보다는 훨씬 커야 신뢰성을 담보할 수 있다 한다. 따라서 인도가 공개적으로 추진해야 할 핵독트린에 포함되어야 할 내용은 유연한 목표선정 전략(flexible targeting strategy)이라는 주장도 힘을 얻고 있다. 즉 신뢰성 확보를 위해서는 보복공격의 목표물(targets)과 규모(scale)가 유연하게 counterforce와 countervalue를 모두 상정하되 비례적인 것보다는 큰 규모로 확전가능성을 열어두어야 한다는 것이다. 그래야만 핵전략 수행의 부담이 파키스탄에게도 부과되면서 확전의 두려움 때문에 위기가 진화될 수 있다 한다.[279]

인도는 이렇게 고위관료들의 기존 핵독트린 수정해석 가능발언과 함께 실제 對군사목표(counterforce) 공격에 필요한 능력을 향상시키고 있다. 인도군이 보유하거나 개발 중인 단거리 탄도미사일과 SLBM도 이러한 목적을 수행할 수 있고 지상, 공중, 해상에서 모두 발사가 가능

278 Clary and Narang, "India's Counterforce Temptations," pp. 20-3; Ankit Panda, "Nuclear South Asia and Coming to Terms with 'No-First-Use' with Indian Characteristics," *The Diplomat*, March 28, 2017.

279 Biswas, "Pakistan's Tactical Nuclear Weapons," pp. 179-82. 비스와스(Biswas)는 파키스탄의 TNWs가 인도가 재래식 전력을 동원한 Cold Start를 실행할 때만 의미가 있기에 이러한 대체전략을 사용한다면 파키스탄의 전술핵무기 배치를 무의미하게 만들 수 있다고 주장한다.

한 BrahMos 순항미사일(cruise missile)은 특히 對군사목표(counterforce) 공격에 최적화된 자산으로 알려져 있다.[280] 이렇게 인도는 더 많은 수의 탄두와 투발수단을 더 소형화하여 정밀하게 목표물을 타격할 수 있는 對군사목표(counterforce) 공격을 염두에 둔 전력 향상을 꾀하고 있는 것으로 보인다. 여기에 파키스탄 핵자산의 확실한 탐지를 위하여 정찰위성을 포함한 정보, 감시, 정찰(ISR) 능력 또한 향상시키고 있는 데다 선제공격으로 유용이 가능한 다핵탄두(Multiple Independently Targetable Re-entry Vehicle, MIRV) 미사일도 개발 중인 것으로 알려졌다.[281]

또한 인도는 선제 對군사목표(counterforce) 공격에도 살아남은 파키스탄의 미사일을 요격하기 위해 미사일 방어 (ballistic missile defense, BMD) 시스템도 개발 중이다. 현재 인도의 BMD 개발은 두 단계로 진행되고 있는데 고고도의 위협에 대응하는 Prithvi Air Defense(PAD)와 저고도의 위협을 요격하는 Advanced Air Defense(AAD)가 그것이다. 물론 인도 정부는 BMD가 선제공격이나 1차공격(first strike)을 위한 공격적인 무기 시스템이 아니고 오직 방어를 위한 것이라고 주장한다. 또한 BMD 개발이 인도로 하여금 공격적 억지력 감소를 가능하게 해 남아시아에서의 군비통제를 이끌 수 있다고 한다. 그러나 냉전 시기에도

280 BrahMos 순항미사일의 현재 사정거리는 300-500km로 알려져 있는데 800km까지 늘리기 위한 노력이 진행 중이다. DRDO는 또한 핵탄두 탑재가 가능한 사정거리 1,000km의 Nirbhay 순항미사일도 개발 중이다.

281 Clary and Narang, "India's Counterforce Temptations," pp.28-34. MIRV는 적의 미사일 공격으로부터의 생존성을 높이기 위한 것이라 하지만 냉전의 경험을 반추하면 1차공격의 의도도 있는 것으로 볼 수 있다. 하지만 인도의 Agni-5가 MIRV 능력을 보유할 것이라는 추정에는 회의적인 시각도 존재한다. Kristensen and Korda, "Indian Nuclear Forces, 2018," p. 364.

그랬듯이 미사일 방어 시스템은 자국 전략자산을 보호하는 방패(shield)이기도 하지만 이러한 자국 주요 자산에 대한 방어력에 확신을 갖고 공세로 전환할 수 있는 칼(sword)로 기능하기도 한다.[282] 즉 인도가 아무리 자신의 미사일 방어시스템이 오직 방어목적으로 건설되고 선제공격으로 상대방을 겁박하려는 의도가 없다 하더라도 파키스탄 정부는 인도가 파키스탄의 핵반격을 확실히 막을 수단을 갖춰놓고 파키스탄에 대한 선제공격을 감행할 것이라고 인지할 수 있다는 것이다. 이는 인도의 BMD 구축이 확전지배(escalation dominance)[283]를 위한 행동이라고 인식되면서 파키스탄으로 하여금 대항조치(countermeasure)를 강구하게 만들 수밖에 없게 한다. 따라서 파키스탄이 이를 이유로 자신들의 핵탄두 숫자를 늘리고 투발수단을 다양화하고 있기에 양국 간의 전략적 균형과 관련하여 그 실효성에 대해서는 논란이 지속되고 있다.[284]

한편 인도의 핵능력 향상이 파키스탄만 겨냥하는 것이 아니라 모든 면에서 인도군보다 우세한 중국군에 대한 억지도 수행하여야 하기에 핵전략 수립, 핵무기와 투발수단 도입과 현대화 등의 과제 수행에 상당히 난항을 겪고 있는 것이 현실이다. 중국에 대한 핵억지 능력 개

282 Zafar Khan, "India's BMD: Implications for South Asian Deterrence Stability," *The Washington Quarterly*, Vol. 40, No. 3 (2017), pp. 189–92.

283 Ibid., p. 193; Clary and Narang, "India's Counterforce Temptations, p. 50. 확전지배(escalation dominance)는 분쟁 상태의 한 당사자가 상대방에게 불리하거나 상대방이 큰 대가를 치러야 하는 방향으로 분쟁을 확전시킬 수 있는 능력이 있지만 이 상대방은 그런 능력이나 옵션이 없는 상황을 일컫는다. Perkovich and Dalton, *Not War, Not Peace*, p. 15. 하지만 자국의 확전지배 능력에 대한 과신은 위기 시 신중한 대응을 결여하게 만들어 실제 확전이 통제하기 힘든 상황으로 악화되어 버릴 가능성을 초래할 수 있다.

284 Franz-Stefan Gady, "India Successfully Tests Prithvi Defense Vehicle, A New Missile Killer System," *The Diplomat*, February 15, 2017.

발이 파키스탄에게는 자신에 대하여 과도하게 공격적이라고 해석할 수 있는 여지가 충분한 것이다. 이러한 핵트릴레마(nuclear trilemma) 상황에서 인도군은 중국, 특히 파키스탄의 핵전략 변화, 발전에 주목하면서 다양한 대응책을 마련해 왔다.[285] 인도의 새로운 핵투발수단 도입과 미사일 방어 능력 향상 등 전반적 핵역량의 신장, 그리고 기존 핵독트린에 대한 제고가 파키스탄의 즉각적인 반응을 유발하면서 남아시아에서의 핵작용—반작용(nuclear action—reaction)의 사이클이 불안정성을 고조시키면서 힘차게 작동하고 있다.[286] 하지만 파키스탄과의 핵경쟁에서 우위를 점하기 위해 對군사목표(counterforce) 공격 능력과 미사일 방어(BMD) 능력을 의욕적으로 향상시키고 있는 인도의 목표가 의도한 대로 충족될 가능성은 그리 커 보이지 않는다. 소기의 시스템 구축을 위해서 인도는 엄청난 인력과 자원을 투자해야 하는데 인도가 그러한 부담을 감당할 수 있을지 불분명하고 인도의 對군사목표(counterforce) 공격과 미사일 방어(BMD) 시스템이 인도가 원하는 정도의 성능을 발휘하기까지는 상당한 시간과 노력이 소요될 수밖에 없다. 인도가 원하

285 코블렌츠(Koblentz)는 제2 핵시대(Second Nuclear Age)의 특징 중 하나로 핵무기 보유국가가 증가함으로서 하나가 아닌 둘 이상의 국가와 전략적 견제 관계를 갖게 된 경우가 많아졌다고 주장한다. 이러한 안보 트릴레마 (security trilemma) 상황에서는 한 국가의 행동이 상대국뿐만 아니라 제3국의 안보위협인식에도 영향을 줌으로서 전략적 관계를 더욱 복잡하게 만들 수 있다는 것이다. Gregory Koblentz, "Strategic Stability in the Second Nuclear Age," Council Special Report No. 71 (November 2014, Council on Foreign Relations), pp. 20—1.

286 이렇게 양국 간 작용/반작용의 핵무기 개발경쟁과 양국 모두 선제 핵공격 불사의 가능성에 대해 많은 국가들이 우려하고 있다. Saeed Shah, "India and Pakistan Escalates Nuclear Arms Race," *Wall Street Journal*, March 31, 2017. 그런데 이러한 경향은 또한 핵무기 지휘, 통제 분야에서 군의 역할과 책임을 더욱 증대시켜 기존 민군관계에 변화를 가져올 수 있다.

는 정도의 능력치에 다다르더라도 새로운 핵전력 건설 노력은 오히려 인도의 핵억지력을 약화시키며 지역 불안정성을 증대시킬 가능성이 더 높다. 냉전의 교훈처럼 핵무장한 양국이 어렵게 억지안정(deterrence stability) 수준에 도달하더라도 對군사목표(counterforce)의 유혹과 충동에 빠지는 순간 모든 것이 무용지물이 되고 다시 숨 막히는 불안정성의 나락에 떨어지는 것이다.[287] 이렇게 인도가 對군사목표(counterforce) 공격 능력과 미사일 방어(BMD) 능력 확보를 통해 추구하는 핵우위가 달성되기 어려운 가장 큰 이유는 파키스탄이 이러한 인도의 노력을 결코 좌시하지 않을 것이기 때문이다.

② 파키스탄의 핵보유 이후 핵전략 변화

핵실험 후 재래식 전력에서 열세인 파키스탄의 군부 중심 엘리트들은 카시미르 지역 등에서의 공세와 도발에도 불구하고 인도가 대규모 반격을 하지 못하게 방지하는 확실한 방안을 마련하는 데 많은 노력을 기울였다. 파키스탄 핵 독트린의 목표는 인도의 대 파키스탄 공격을 억지(deterrence)하고, 만약 억지가 실패하여 전쟁이 발발했을 시에는 인도군의 승리를 방지하는 것이다. 1998년 핵실험 이후 비록 파키스탄은 공식적인 핵 독트린이 무엇인지 발표하지 않았지만 여러 채널을 통해서 파키스탄의 핵 독트린은 '신뢰적 최소억지(credible minimum

287 SALT와 ABM 체결 후에 미국과 소련은 이러한 유혹에서 벗어나지 못하고 어렵게 달성한 안정성을 스스로 약화시키고 만다. Michael Krepon, "Deterrence Stability is a Hoax. The Delicate Balance of Terror is, Too," July 19, 2017. https://www.armscontrolwonk.com/archive/1203633/deterrence-stability-is-a-hoax-the-delicate-balance-of-terror-is-too/ (검색일: 2019년 5월 16일).

deterrence)'라는 것을 암시하였다.[288] 또한 파키스탄은 '핵선제 불사용 원칙'의 승인을 거부하고, 상대적으로 전력이 열세인 국가로서 핵 독트린과 관련하여 의도적인 전략적 모호성(ambiguity)을 유지하고 있다. 이렇게 핵보유 초기부터 파키스탄의 원칙은 인도와는 달리 일단 핵무기 선제 불사용(NFU)을 거부하는 것이었는데 이는 인도와의 재래식 전력에서의 격차를 만회하기 위해서 목적의식적으로 모든 핵옵션을 열어 놓고 핵전략을 의도적으로 모호하게 한 것이다. 또한 핵선제 공격 옵션은 파키스탄이 재정적으로 감당할 수 있는 수준이고 지휘, 통제(C & C)도 더 운용하기 쉽다. 그리고 이러한 정책은 파키스탄의 최소억지 독트린에 더욱 신뢰성을 부여할 것이라고 파키스탄 정부는 믿고 있다.[289]

하나의 핵태세를 계속 유지하는 인도와 달리 파키스탄의 핵전력 태세(nuclear posture)는 상당한 변화를 겪었다. 1980년대 후반 핵무기를 겨우 보유하게 된 초기 파키스탄의 핵전력 태세는 (인도와의) 재래식 분쟁에서의 열세시 강대국 동맹국(미국)의 연루를 보장하게 함으로서 위기를 극복하고자 하였던 촉매형(catalytic posture)이었다.[290] 1990년 카시

288 Sadia Tasleem, "Pakistan's Nuclear Use Doctrine," June 30, 2016. http://carnegieendowment.org/2016/06/30/pakistan-s-nuclear-use-doctrine-pub-63913 (검색일: 2018년 2월 8일); Zafar Khan, *Pakistan's Nuclear Policy: A Minimum Credible Deterrence* (Routledge, 2014). 파키스탄이 신뢰적 최소억지 독트린을 채택한 이유는 먼저 파키스탄의 제한된 자원과 재정, 인도에게 더 유리할 수밖에 없는 핵군비경쟁의 회피, 그리고 지휘, 통제 시스템을 더 쉽게 구축할 수 있다는 점이었다. *Ibid.*, pp. 38-53.

289 Michael Krepon, "Pakistan's Nuclear Strategy and Deterrence Stability," in Michael Krepon and Julia Thompson Eds., *Deterrence Stability and Escalation Control in South Asia* (Washington DC: The Stimson Center, 2013), p. 44; Bhumitra Chakma, "Pakistan's Post-Test Nuclear Use Doctrine," in Chakma ed., *The Politics of Nuclear Weapons in South Asia*, p. 78.

290 카푸르(Kapur) 또한 영토획득에 목적이 있는 상대적으로 약소한 현상타파 국가

미르 위기 당시 파키스탄 정부는 1차공격 옵션을 열어 놓고 전투기 등을 즉시 출격 준비 상태로 대기시켜 이러한 움직임과 그 잠재적 위험성을 미국이 감지하고 개입하여 인도를 자제시켜 줄 것으로 기대하고 행동한 바 있다. 미국의 부시 대통령은 백악관 고위관료를 특사로 파견하여 양국 간의 위기 해소에 관여하게 하였다.[291] 그러나 파키스탄은 미국이 촉매형 핵전력 태세를 추진하게 할 만큼 믿을 만한 동맹국이 아니라는 것을 깨달은 후로 초기의 촉매형 태세를 폐기하고 1998년 핵실험 이후에는 더욱 공세적인 비대칭 확전형 태세(asymmetric escalation posture)로 전환하였다. 즉 인도와의 분쟁 시 위기가 발생할 경우 핵선제공격도 불사하겠다고 위협함으로서 재래식 분쟁의 상황 악화를 방지하려는 억지전략을 추진하게 된 것이다.[292] 실제로 1999년 카길 전쟁 당시 파키스탄 관계자들의 부인에도 불구하고 미국은 파키스탄군이 핵무기 배치를 준비하고 있다는 믿을 만한 정보를 얻었다고 밝혔다.[293] 또한 성공적인 비대칭 확전형 태세를 유지하기 위해서는 인도에게 파키스탄의 핵

(revisionist state)인 파키스탄의 경우 위기 상황에서 제3의 국가가 외교적으로 개입하기를 바랄 수밖에 없다고 하였다. *Dangerous Deterrent*, p. 178.

291 Feroz Khan, *Eating Grass*, pp. 229–33.

292 이 핵전력태세는 냉전 당시 재래식 전력에서 바르샤바 조약군에 열세라고 알려진 NATO에서 유사시 핵공격을 불사하겠다고 공언하였던 사례에서 유래하였다. Narang, *Nuclear Strategy in the Modern Era*, pp. 80–1. 차이가 있다면 냉전기 동안에는 나토가 재래식 전력에서 열세였던 현상유지 국가(들)(status quo states)이었던데 반해 현재의 남아시아에서는 파키스탄이 재래식 전력에서 열세인 현상타파국가(revisionist state)라는 점이다. 이미 서구국가들이 이러한 전략을 과거에 사용한 경험이 있기 때문에 유사한 핵전략을 채택한 파키스탄에 대한 서구국가들의 비판을 파키스탄 엘리트들은 대단히 불쾌하게 받아들였다. Lieven, *Pakistan*, p. 199.

293 Cloughly, *War, Coups, and Terror*, p. 172.

능력을 확실히 보여줘야 하기에 다양한 종류의 핵무기와 투발 수단을 보유하고 지속적으로 핵무기를 현대화하려는 노력을 경주하여야 함은 물론이다.[294]

한편 파키스탄은 핵무기의 지휘, 통제(C & C) 시스템도 군 중심으로 구축하였다. 파키스탄의 핵능력이 향상되면서 최적의 핵무기 운용 방안에 대한 고민도 깊어졌고 동시에 핵무기와 핵시설의 안전, 핵확산 우려에 관한 논의도 치열해졌다. 파키스탄의 핵지휘, 통제능력 향상에 대한 본격적인 접근은 1998년 핵실험 전에 평가와 연구를 위한 팀을 구성하면서 시작되었다. 이 팀은 실무를 담당할 사무국(secretariat)의 보조를 받아 각 군의 전략군 사령부(Strategic Forces Command)를 관장하면서 핵무기에 관한 모든 권한을 결정, 집행할 수 있는 국가통수기구(National Command Authority, NCA)의 창설을 권고하였다. 이 제안은 2000년 들어 무샤라프 대통령에 의해 현실화되었다. NCA는 민간, 군부 지도자들이 모두 참여하고 의장은 무샤라프 대통령이었다. 2008년 의장 직위는 총리가 맡기로 법이 바뀌었으나 군부의 막강한 영향력은 여전히 지속되고 있다. NCA의 사무국 역할을 하는 전략계획국(Strategic Plans Division, SPD)은 육군 3성 장군이 국장을 맡고 핵능력 개발, 관리와 함께 파키스탄 핵무기, 시설의 안전도 책임진다.[295] 이러한 군부 중심의 지휘, 통제 체계 구축에도 불구하고 핵무기의 안전과 극단세력의 탈취 가능성에 대한 서방의 우려와 의구심은 지속되고 있다. 이

294 Narang, *Nuclear Strategy in the Modern Era*, pp. 55–93. 이러한 핵태세 전환은 카길 전쟁 이후 더욱 촉진되었다.

295 Aguilar et al., "An Introduction to Pakistan's Military," pp. 35–6; Fair, *Fighting to the End*, pp. 211, 218.

에 파키스탄군의 많은 장교들은 미국이 기회가 된다면 군사적, 종교적 이유로 파키스탄의 핵무기, 시설을 접수하려 한다는 의심이 커지고 있는 상황이다.[296]

한편 인도군이 파키스탄의 이러한 노력과 카길전쟁, 파라크람 작전 등으로 무장단체 보복응징 노력에 어려움을 겪으면서 2004년 Cold Start라는 새로운 독트린을 발표하자 이에 대한 대응으로 인도 일각에서 우려했던 것처럼 파키스탄은 핵사용 임계점을 즉각 하향조정하였다. 언제 파키스탄군이 핵무기를 사용해야 할 것인가 하는 문제와 관련하여 파키스탄 정부의 책임 있는 인사들이 억지가 실패한 경우; 파키스탄군이 상당한 타격을 입거나(military threshold), 인도군이 파키스탄이 받아들일 수 없을 정도로 국경선 내로 깊숙이 침투할 경우(territorial threshold), 파키스탄의 정치적 안정과 정권 생존이 크게 위협받거나(political threshold), 인도의 압박과 포위로 파키스탄의 경제가 고사위기에 있는 경우(economic threshold)에는 인도군에 대한 핵무기 사용을 주저하지 않을 것이라고 공언하였다. 따라서 파키스탄은 핵무기 사용 '레드라인' 또는 '임계점'을 의도적으로 모호하지만 명확하게 낮추어 인도군이 새로운 독트린대로 군사력 운용을 하는 것을 다시 생각하지 않을 수 없게끔 한 것이다.[297] 파키스탄의 외무장관도 인도의 'Cold Start' 독트린의 입안은 파키스탄에 전술핵무기를 포함한 모든 종류의 무기 사

296 Aguilar et al., "An Introduction to Pakistan's Military," p. 37; Cloughly, *War, Coups, and Terror*, p. 173.

297 Narang, *Nuclear Strategy in the Modern Era*, p. 80.

용을 가능하게 만든 충분한 사유가 된다고 주장하였다.[298]

파키스탄은 억지 전략도 기존의 전략적 억지(strategic deterrence)에서 다양한 투발수단으로 유연하고(flexible) 점증적으로 대응하는(graduated response) 전범위 억지(full-spectrum deterrence)로 전환하였는데 이는 재래식 전쟁을 방지하는 가장 확실한 방법은 전진하는 인도 지상군에 전술핵무기 사용을 위협하여 비대칭적으로 위기상황을 고조시키는 것이라고 믿기 때문이다.[299] 즉 전술핵무기 사용 위협을 통해 상황을 진정시키기 위한 의도적인 확전(escalate to de-escalate)이라고 할 수 있다. 따라서 인도정부의 Cold Start 독트린에 대한 공식 입장이 무엇이건, 이 독트린이 실제로 어떻게 실행되건 상관없이 파키스탄 정부는 이를 인도의 공식 군사계획이라고 간주하고 인도의 무기 현대화에 따른 대응을 공격적으로 추진하고 있는 것이다. 실제로 파키스탄은 2011년에 사정거리 60km에 소형 핵탄두를 전술적 환경에서 투발할 수 있는 나스르(Nasr) 단거리 탄도미사일을 시험 발사하며 상황에 따라 전술핵무기 선제사용을 주저하지 않을 것이라고 공언하였다. 즉 파키스탄의 핵전략이 선제응징공격표적(counterforce targeting)임을 강조하면서 인도의 우세한 재래식 전력을 억지하고자 한 것이다.

298 Ankit Panda, "Pakistan Pledges a Hot Finish for 'Cold Start'," *The Diplomat*, January 22, 2017.

299 Sajid Farid Shapoo, "The Dangers of Pakistan's Tactical Nuclear Weapons," *The Diplomat*, February 1, 2017. 파키스탄에게 전범위 억지는 인도군이 Cold Start에 의거, 국제사회의 압력이나 파키스탄군이 적절히 대응하기 전인 공격 개시 72시간 내에 신속한 재래식 전력의 기동으로 군사적 목표를 달성하려는 시도를 선제타격으로 좌절시키는 것을 의미한다. "Full Spectrum Doctrine: Pakistan–Test–Fires Nasr Missiles," *The Express Tribune*, September 27, 2014.

그림 7. 파키스탄의 나스르(Nasr) 단거리 전술탄도미사일[300]

그러나 이러한 전술핵 의존 증가 경향이 양국 간의 전략적 불안정성을 대단히 증가시키고 저강도 분쟁의 발발 시 상황악화(확전)의 통제(escalation control) 가능성을 현저히 저하시킬 것이라는 우려가 증대하고 있다.[301] 파키스탄도 냉전 당시 전술핵무기 운용을 둘러싸고 미국

300 출처: https://www.indiatoday.in/world/story/pakistan-army-test-launch-nasr-bajwa-cold-water-india-cold-start-1022626-2017-07-05

301 냉전 시기 전술핵무기(tactical nuclear weapons, TNWs) 관련 혹독한 경험을 한 서구의 안보전문가들은 파키스탄도 미국이 경험한 어려움과 유사한 난관에 직면할 것이라고 경고한다. 냉전 당시 전술핵무기를 유용하게 사용하기 위해서는, 즉 대규모로 전진하는 바르샤바 조약군의 기갑부대를 저지하기 위해서는, 미국의 전투계획이 군단 사령관에게 최대한의 유연성을 보장해야 했으나 동시에 확전의 통제와 위기관리를 위해 정치, 군사 결정기구에서의 최대한의 중앙집중적 통제가 필수적인 해결 불가능한 딜레마에 봉착하였다. Jeffrey McCausland, "Pakistan's Tactical Nuclear Weapons: Operational Myths and Realities," in Michael Krepon, Joshua White, Julia Thompson and Shane Mason, Eds., *Deterrence Instability and Nuclear Weapons in South Asia* (Stimson Center, April 2015), p. 162. 미군은 15년 이상 치열하고 꼼꼼하게 고심했음에도 불구하고 전술핵무기 사용과 관련하여 일관성 있

이 겪었던 것과 거의 유사한 어려움과 난관에 부딪힐 가능성이 농후하다: 전술핵무기는 억지에 거의 도움이 되지 않는다; 전술핵무기는 상대방의 선제공격 충동을 야기한다; 전술핵무기는 C3(command, control, communication)에 혼란을 초래한다; 전술핵무기는 실전 배치되었을 때 안전을 확보하기 어렵다 등이다. 따라서, 전술핵무기 배치는 핵무기 사용의 임계점(threshold)을 상당히 낮출 가능성이 높고 이 임계점을 넘어갈 경우 상황이 통제 불가로 확전될 가능성도 대단히 높다.[302] 위기안정(crisis stability), 확전 통제(escalation control)와 관련하여 위급 상황에서 핵무기 사용결정과 미사일 발사에 걸리는 시간을 줄이기 위하여 전구사령관에게 지휘, 통제 (command and control) 권한을 미리 위임하는 경향은 특히 위험할 수 있다.[303] 불확실하고 급박한 상황에서 핵무기 사용결정이 더욱 용이해져서 오히려 전략적 상황이 걷잡을 수 없이 악화될 가능성이 큰 것이다. 비록 파키스탄군은 전술핵 역량이 진군하는 인도지상군에 제한적이지만 확실한 위협을 가함으로써 인도군을 억지하고

는 독트린을 개발하지도 못하였고 실현 가능한 군 구조 건설에도 실패할 수밖에 없었다. David Smith, "The US Experience with Tactical Nuclear Weapons: Lessons for South Asia," in Michael Krepon and Julia Thompson, Eds. *Deterrence Stability and Escalation Control in South Asia* (Stimson Center, 2013), p. 75.

302 *Ibid.*, 76–78, 80–87. Also see Gaurav Kampari and Bharath Gopalawamy, "How to Normalize Pakistan's Nuclear Program," *Foreign Affairs*, June 16, 2017; Michael Krepon, Ziad Haider, and Charles Thornton, "Are Tactical Nuclear Weapons Needed in South Asia?" in Micheal Krepon, Rodney Jones, and Ziad Haider, Eds., *Escalation Control and the Nuclear Option in South Asia* (Stimson Center, 2004), pp. 126–133.

303 Sjapoo, "The Dangers of Pakistan's Tactical Nuclear Weapons"; Narang, *Nuclear Strategy in the Modern Era*, pp. 82–90. 위기안정과 확전통제의 실패로 발발한 대표적인 전쟁이 1차세계대전이다. 김정섭『낙엽이 지기 전에: 1차 세계대전 그리고 한반도의 미래』(서울: MiD, 2017).

전략적 균형을 회복한다고 믿고 있으나 실제상황에서 그렇게 기능할지는 대단히 회의적이다.[304] 특히 지역 위기 안정성의 저해 가능성 증가와 함께 미국은 파키스탄의 전술핵무기 배치에 따른 핵무기의 안전성도 우려하여 2018년에 파키스탄 전략무기 안전성 평가 등급을 이전의 확신(confidence)에서 근심(concern)으로 하향 조정시켰다.[305]

파키스탄은 전술핵무기 배치 외에도 인도의 핵관련 기술, 장비 투자, 특히 선제 對군사목표(counterforce) 공격 능력과 미사일 방어 능력 확충 노력에 대응하여 신뢰성 있는 억지력을 유지하기 위하여 일련의 무기체계를 의욕적으로 발전시키고 있다. 파키스탄은 2015년 초에 이미 인도 전역을 타격할 수 있는 Shaheen-III 탄도미사일을 시험 발사하였다. 이에 더하여 2017년 1월 파키스탄은 다핵탄두(MIRV) 장착이 가능한 사정거리 2,200km인 중거리 탄도미사일(MRBM) Ababeel을 시험 발사하였다. 순항 미사일인 Babur 미사일도 개발시키고 있는데 2017년에는 Babur-3 잠수함 발사 순항미사일(SLCM)을 시험 발사하였다. 파키스탄이 이러한 미사일 시스템을 발전시키는 것은 인도의 탄도미사일 방어(BMD) 체제를 무력화시키기 위한 것이다. 이러한 무기체계가 파키스탄의 전략적 보복자산의 생존성을 확실히 해 줄 것으로 믿기 때문에 파키스탄은 위기 상황에서 전략적 무기 사용 수준으로의 확전을 걱정하지 않고 전장에서 전술핵무기의 사용을 위협할 수 있다고 믿는다. 이렇게 파키스탄의 최근 노력은 전술핵탄두, MIRVs, SLCM 개발과 실

304 Barry, "Pakistan's Tactical Nuclear Weapons," p. 80.

305 물론 파키스탄 관리들은 이런 미국의 근심을 일축하였다. Kristensen, Norris, and Diamond, "Pakistan's Nuclear Force, 2018," pp. 349-50.

전배치를 통하여 2차 (3차) 공격능력을 확보하려는 것으로 보인다.[306] 그러나 전술핵무기의 경우처럼 이러한 MIRV 등 무기체계들의 개발, 배치가 양국 간의 전략적 안정에 공헌하리라고 보기는 힘들다. 예를 들면 파키스탄이 개발 중인 SLCM 역시 지휘, 통제의 어려움과 인도에 의한 선제공격 유발, 테러리스트들로부터의 안전 여부 등으로 인해 오히려 전략적 불안정성을 증대시킬 가능성이 크다.[307] 따라서 현재 파키스탄군의 핵독트린은 신뢰적 최소억지(credible minimum deterrence)에서 최소(minimum) 능력보다는 위협의 신뢰성(credibility)을 더욱 강조하는 것으로 보인다.[308] 즉 억지전략의 유연성을 강조하여 신뢰적 최소억지를 신뢰성에 방점을 두는 전범위 억지로 대체했다고 볼 수 있을 것이다.[309]

TNWs의 적극적 배치를 포함한 파키스탄의 전범위 억지를 실현하기 위한 더 많은 핵무기 획득과 함께 다양한 투발수단의 확보노력은 위기 안정성 저하와 확전의 악화 가능성의 증대 때문에 많은 우려를 불러일으켰다. 그러나 이러한 우려에 대해 파키스탄은 이러한 무기체계가 불안정성을 증대시키지도 않고 임계점을 낮추지도 않는다고 반박한

---

306 Khan, "India's BMD," pp. 195–7; Kristensen, Norris, and Diamond, "Pakistan's Nuclear Force, 2018," pp. 353–5; Clary and Narang, "India's Counterforce Temptations," pp. 41–2; Ankit Panda, "Why Pakistan's Newly Flight-Tested Multiple Nuclear Warhead-Capable Missile Really Matters," *The Diplomat*, January 25, 2017; Khan, Feroz and Mansoor Ahmed. "Pakistan, MIRVs, and Counterforce Targeting," in Michael Krepon, Travis Wheeler and Shane Mason (Eds.), *The Lure & Pitfalls of MIRVs: From the First to the Second Nuclear Age* (Stimson Center, 2016).

307 Christopher Clary and Ankit Panda, "Safer at Sea? Pakistan's Sea-Based Deterrent and Nuclear Weapons Security," *The Washington Quarterly*, 40(3), 2017, pp. 149–68.

308 Zafar Khan, *Pakistan's Nuclear Policy*, p. 5.

309 Biswas, "Pakistan's Tactical Nuclear Weapons," p. 172.

다. 파키스탄의 핵무기를 전반적으로 관장하는 핵심기구인 전략계획국(Strategic Plans Division)의 국장을 15년 동안 역임했던 칼리드 키드와(Khalid Kidwai) 장군은 파키스탄의 전술핵무기가 인도의 공세적 독트린에 대항하는 방어적 억지력이며 이러한 무기 시스템이 파키스탄에게 인도의 countervalue, counterforce, 그리고 전장(battlefield) 목표물을 전범위적으로 타격할 수 있는 자유로운 선택권을 부여하였다고 역설하였다.[310]

파키스탄의 맹렬한 핵개발과 공세적인 핵전략이 더욱 위험한 이유는 핵무기의 획득이 파키스탄 엘리트들, 특히 군부의 염원인 카시미르 회복을 위해 확전을 우려하지 않고 공세적 비대칭투쟁을 조장한다는 점이다. 이러한 파키스탄의 공세적 도발 때문에 많은 학자들이 남아시아 지역을 안정-불안정 역설이 실제로 작동하고 있다는 것을 증명하는 대표적인 사례라고 보고 있다.

2) 핵무기 보유와 안정-불안정 역설(stability-instability paradox)

전문가들 사이에서 치열하게 전개되어 온 핵무기 보유가 라이벌 관계에서 전략적 안정을 가져오는지, 핵보유 국가를 더욱 공격적으로

310 Kristensen, Norris, and Diamond, "Pakistan's Nuclear Forces, 2018," pp. 350-2. 그는 더 나아가 재래식 무기 영역에서의 날로 벌어지는 격차에도 불구하고 인도, 파키스탄 양국 모두 핵무기 분야에서 충분한 숫자와 투발수단의 다양화를 이룬 덕분에 정책수단으로서의 전쟁을 쓸모없게 만들었기에 이미 검증된 상호확증파괴(MAD)를 확보하였다고 주장하였다.

만드는지에 대한 논쟁에서 파키스탄은 확실히 후자의 행태를 보여주고 있다. 전술했듯이 파키스탄은 핵실험 직후 1999년에 발발한 카길 전쟁을 도발하는 등 21세기 들어서도 여러 차례 주로 카시미르에 기반을 둔 테러조직을 동원하여 인도와의 위기를 고조시켰다는 비난을 받아왔다. 따라서 파키스탄의 핵보유 이후 행동은 안정–불안정 역설(stability–instability paradox)의 심화를 잘 보여주는 사례라는 주장이 많을 수밖에 없는 것이다.[311]

먼저 인도, 파키스탄 양국에 의한 핵무기 보유 이후의 수차례 위기 상황에도 불구하고 양국, 또는 어느 한 국가가 핵무기를 사용해야 할 수도 있는 상황까지 악화되지는 않았다. 사이라 칸(Saira Khan)에 의하면 남아시아 지역에서 비핵시기였던 1947년에서 1986년 사이에 7번의 위기 상황과 3번의 전쟁이 있었지만 핵보유 시기인 1986년부터 2004년까지에는 4번의 위기 상황만 있었다고 한다.[312] 핵보유 이전 시기에는 위기 상황이 쉽게 양국 간의 전쟁으로 비화되었지만 양국 모두의 핵무기 보유가 위기 상황이 전쟁으로 악화되는 상황을 방지했다는 것이다.[313]

---

311 Micheal Krepon, "The Stability/Instability Paradox, Misperception, and Escalation Control in South Asia," in Michael Krepon, Rodney Jones, and Ziad Haider, Eds., *Escalation Control and the Nuclear Option in South Asia* (Stimson Center, 2004), p. 2.

312 Saira Khan, "7. Nuclear Weapons and the Prolongation of the India–Pakistan Rivalry," in T. V. Paul, ed., *The India-Pakistan Conflict: An Enduring Rivalry* (Cambridge University Press, 2005), pp. 162–3.

313 칸이 언급한 핵보유 시기 4번의 위기 중 카길 위기는 사상자 규모 등을 고려할 때 전쟁으로 간주되어야 할 것으로 보인다. 그러나 카길 전쟁도 그 격렬함에도 불구하고 지리적으로 제한적이었고 더 이상의 확전은 벌어지지 않았다고 할 수 있다.

인도가 파키스탄의 핵개발 수준에 대해 확신하지 못하던 1987년 브라스탁스(Brasstacks) 위기 당시에 칸(A. Q. Khan) 박사가 인도 언론과의 인터뷰에서 파키스탄은 필요하다면 핵폭탄을 사용할 준비가 되어 있다고 발언하여 인도 당국을 긴장시켰다. 1990년경에는 인도 정부가 파키스탄의 핵무기 능력 보유에 대해 확신하게 되었는데 당시 인도가 통제하던 카시미르 지역에서의 정치적 불안정 상황이 급속히 악화되면서 발생하였던 카시미르 위기(1990)가 다행히 지역을 넘어서 확산되지 않고 진화되었다.[314] 1999년의 카길 전쟁은 전술했듯이 양국이 핵실험 성공 직후에 발발한 분쟁이라 전세계가 불안한 기색으로 주목하였으나 적지 않은 사상자 발생에도 불구하고 더 이상의 상황 악화는 없이 종결되었다. 2001년 12월 인도 국회의사당에 대한 테러 공격으로 촉발된 트윈픽스 위기(Twins Peak Crisis)도 수개월 간의 격렬한 대치 후에 위기에서 벗어나게 되었다. 2008년 뭄바이 공격 후에 발생한 양국 간의 위기 상황도 더 이상 더 큰 분쟁으로의 악화는 없이 종결되었다. 2016년과 2019년의 위기 상황에서도 국부공격과 공습 등 제한적인 재래식 보복이 감행되었지만 더 이상의 확전은 일어나지 않았다. 그러므로 이러한 일련의 위기 상황에서 양국 정부 모두 상대방에 대한 공격을 감행하고자 하는 충분한 명분이나 이유가 있었으나 불가피하게 핵무기를 사용하게 되는 상황으로의 악화를 우려하여 더 이상의 공세를 자제하였다고 할 수 있다.[315] 즉 핵무기 보유가 높은 수준에서의 전략적 안정에

314 Saira Khan, "Nuclear Weapons and the Prolongation of the India–Pakistan Rivalry," pp. 164–5.

315 Ganguly and Hagerty, *Fearful Symmetry*, p. 9.

기여하였다고 볼 수 있는 것이다.

그러나 위에서 묘사된 것처럼 수차례의 위기 상황에도 불구하고 양국 간에 핵무기를 교환해야 했던 사례가 없었다는 사실만으로 결코 인도와 파키스탄 간의 관계가 안정적이고 평화로웠다고 얘기할 수는 없다. 사실, 양 국가는 핵무기 보유 이후에 더욱 대결과 분쟁 상황이 빈번하게 발생하였다고 보아야 할 것이다. 카푸르(Kapur)에 의하면 비핵 시기였던 1972년부터 89년까지의 기간 동안에 83%의 기간이(months) 평화로웠던 반면, 핵보유 시기인 1990년부터 2002년까지의 기간 동안에는 오직 17%의 기간(months)만이 군사적 대치 없이 평화로웠다고 한다. 즉 비핵화시기에 비해 핵보유 시기에 양국 간의 군사적 대치 상황이 4배 가까이나 급증한 것이다.[316]

그러므로 남아시아 지역은 1990년 이후부터 전형적인 안정/불안정 역설 상황의 사례를 잘 보여주고 있다. 대부분의 대치나 위기 상황이 파키스탄이나 파키스탄이 후원하는 무장단체에 의해 촉발되었는데 핵무기 보유가 아니라면 애초에 그러한 시도 자체가 없었을지도 모르는 것이다. 그러나 2008년 이후에는 한동안 카시미르 지역의 사실상 국경선 역할을 하는 통제선(Line of Control)을 사이에 두고 벌인 소규모 접전을 제외하고는 양국 군대가 심각하게 대치하는 큰 위기 상황은 발생하지 않았다. 따라서 핵무기 보유 이후의 인도–파키스탄 간 대치 국면이 어느 정도는 학습효과에 의한 안정화 시기에 접어들었다고 볼 수도

316 Kapur, Dangerous Deterrent, p. 27. 토마스 린치(Thomas Lynch)도 유사한 주장을 한다. "Crisis Stability and Nuclear Exchange Risks on the Subcontinent: Major Trends and the Iran Factor," *Strategic Perspectives* 14, Institute for National Strategic Studies(INSS) at National Defense University (Nov 2013), p. 27.

있지 않을까 하는 희망적인 기대도 생겨났다. 하지만 2016년과 2019년의 양국 군대의 격렬한 대치상황은 핵무기의 안정성을 등에 업은 저강도, 제한적 비대칭 도발이라는 안정/불안정 역설이 여전히 작동 중임을 보여주었다. 즉 핵무기의 획득이 파키스탄 엘리트들의 영원한 수정주의적, 현상타파적(revisionist) 희망사항인 카시미르를 인도로부터 되찾아오려는 시도를 부추기고 있다는 분석과 비판이 여전히 타당한 것이다.

3) 파키스탄의 핵무기 보유와 파키스탄의 대 카시미르 정책 변화

카시미르는 이미 양국 간에 세 번의 전쟁과 수차례의 위기가 발생했던 지역이다. 북부 인도와 파키스탄 (그리고 중국) 사이에 위치한 전략적 요충지로 파키스탄의 수도인 이슬라마바드에서도 멀지 않은 곳에 위치한 카시미르 지역은 파키스탄인들이 당연히 파키스탄에 귀속되어야 한다고 확고하게 믿는 곳이다. 1947년에 종교적인 이유로 인도에서 분할 독립한 파키스탄에게 다수의 주민들이 무슬림이지만 인도의 통제하에 있는 카시미르는 파키스탄의 정체성과 불가분의 관계에 있는 곳으로 카시미르의 회복 없이는 파키스탄이라는 국가의 존재 자체가 의문시될 수 있는 것이다.

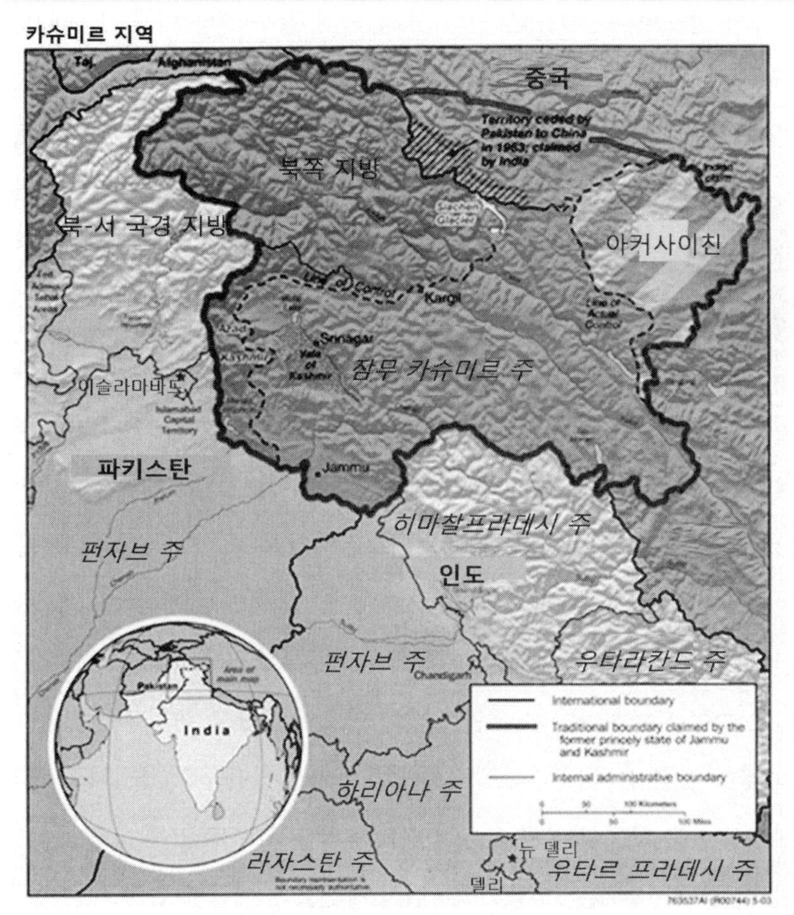

지도 11. 현재의 카시미르 지역[317]

이처럼 신흥독립국으로서 자랑스러운 정체성에 기반한 국민건설(nation-building)을 이룩하고자 하는 의지와 믿음은 파키스탄으로 하여금 1948년, 1965년, 1999년에 훨씬 크고 강한 인도와의 전쟁을 불

317 출처: https://legacy.lib.utexas.edu/maps/middle_east_and_asia/kashmir_disputed_2003.jpg

사하게 만들었다. 1987년 인도 통제 하의 잠무-카시미르 (Jammu & Kashmir) 지역에서 부정선거 파문으로 발생한 정치적 불안정이 1989년 경에는 카시미르 전역에 걸친 반란으로 확대되었고 당시 갓 핵무기 능력을 확보한 파키스탄 정부는 이러한 상황을 기회로 인식하였다. 이후 파키스탄 정부, 특히 파키스탄의 정보국인 ISI가 카시미르 내의 반군들을 적극 지원하면서 인도에 대한 비대칭 투쟁을 조장하였다.

파키스탄의 핵보유는 파키스탄군이 인도로부터의 강력한 보복 대응을 두려워하지 않고 공세적인 정책을 추진하게 만드는 기폭제가 되었다. 이렇게 카시미르 지역에서 비정규군을 동원하여 재래식 전력에서 훨씬 우월한 인도를 상대로 비대칭전략의 추구를 가능하게 했다는 점에서 전술했듯이 파키스탄의 핵보유는 안정/불안정 패러독스와 직접 연관이 있는 것이다. 전 총리였던 베나지르 부토(Benazir Bhutto)는 카시미르 지역에 대한 파키스탄의 도발에 인도가 대규모 재래식 반격을 하지 못할 것이라 단언하기도 하였다.[318] 파키스탄 육군도 카시미르 지역에서의 반군 활동이 다른 유용한 지역에 배치될 수도 있는 상당 규모의 인도군을 잡아 두는 효과를 거두면서 자신들의 예산 절감과 지위 정당화를 위해 카시미르 지역 무장단체에 더욱 공격적인 투자와 지원을 해야 하는 조직적 이해를 갖고 있다.[319] 많은 파키스탄군 지도자들, 특히 ISI의 경우에는 그들이 아프가니스탄에서 행했던 무자헤딘 지원이 소

318 Paul Kapur, "4. Peace and Conflict in the Indo-Pakistan Rivalry: Domestic and Strategic Causes," in Sumit Ganguly and William Thompson (Eds.), *Asian Rivalries: Conflict, Escalation, and Limitation on Two-Level Games* (Stanford University Press, 2011), p. 75.

319 Scott Sagan, "Introduction," in Scott Sagan (Ed.), *Inside Nuclear South Asia*, p. 15.

련이라는 강대한 적군을 격퇴하는 데 혁혁한 공을 세웠다고 믿고 있기에 카시미르의 반군 지원이 인도에 대해서도 같은 효과를 거둘 것이라고 보고 지원을 강화하고 있는 실정이다.[320]

파키스탄군에게 카시미르 지역에 기반을 둔 무장단체는 1990년 전후로 우연히 발생한 반(反)인도 그룹이 아니고 파키스탄군에 단순히 도움을 주는 소규모 무력단체도 아니다. 카푸르(Kapur)에 의하면 파키스탄군이 적극적으로 후원하는 무장단체들은 핵무기, 재래식 전력과 함께 파키스탄의 3대 대전략 수단(three main grand strategic tools)의 하나이며 1947년 파키스탄 독립국 건설과 1차 인도-파키스탄 전쟁부터 그 전략적 중요성을 인정받아왔다. 특히 핵무기와 재래식 전력이 기본적으로 억지나 방어를 위한 수단임에 반해 무장단체는 파키스탄이 인도에 대해 공세를 취할 수 있는 거의 유일한 수단이다. 1971년 방글라데시 전쟁으로 파키스탄이 동파키스탄을 상실하면서 파키스탄이 인도군과 재래식 전력으로 직접 충돌하게 된다면 우세한 인도군이 파키스탄군을 격파하고 국토를 유린할 수도 있다는 두려움이 현실화되었다는 점에서 큰 충격을 주었다. 이후 '두 민족 이론'의 고수를 위해서도 카시미르의 수복은 파키스탄 엘리트에게 절대적인 과제가 되었고 이러한 절체절명의 과제를 수행하는 데 무장단체의 활약이 더욱 크게 주목받게 되었다.[321] 이후 파키스탄의 지원을 받는 무장단체인 Lashkar-e-Taiba(LeT)와 Jaish-e-Mohammad(JeM)를 위시한 무장단체가 2001년 인도 국회의사당 공격, 2008년 뭄바이 테러, 2019년 풀와마 폭탄테러를 포함한

320 Lieven, *Pakistan*, p. 189.

321 Kapur, *Jihad As Grand Strategy*, pp. 8-9, 68-9.

2010년대 인도 통치 카시미르에서의 여러 공격을 자행하였음은 잘 알려진 바이다.[322]

따라서 파키스탄 정부의, 특히 파키스탄군의 카시미르에 대한 집착과 이를 수행하기 위한 무장단체에 대한 지원이 곧 완화되리라고 기대하기 힘들다. 핵무기 능력 보유와 카시미르 획득으로써 이룩하고자 하는 민족 정체성 측면에서의 민족국가 건설 완수를 향한 갈망은 파키스탄 정부로 하여금 보복을 두려워하지 않고 카시미르 지역에서 인도에 대해 더욱 공세적이고 모험주의적인 정책을 추구하게 만드는 것이다. 파키스탄의 기습공격에 의해 발발한 카길 전쟁이 그 대표적인 사례라 할 수 있고,[323] 이후에도 파키스탄 정부의 공식적인 부인에도 불구하고, 인도에 대하여 수차례 테러공격을 감행한 그룹들이 파키스탄군 정보기구 ISI의 직간접적인 지원을 받았다는 주장이 우연이라고 볼 수 없는 것이다.

이러한 양국 관계의 심리적, 정체성적 간극과 카시미르 영토가 갖고 있는 상징성을 고려할 때 카시미르 문제의 해결 없이 인도-파키스탄 간에 진정한 화해와 관계 정상화가 이루어지리라 보기는 힘들다. 그러나 최근 몇 년 동안의 노력이 그리 성공적이지 못하였다. 비록 2014년 인도 모디 총리의 취임식에 역사상 처음으로 당시 파키스탄의 샤리

322 이들 무장단체 중 LeT는 특히 파키스탄 당국의 총애를 받는다고 한다. 그 이유는 JeM 등 다른 단체들과 달리 파키스탄에 대한 공격을 감행한 적도 없고, 파키스탄군과 ISI에 의해 훈련받은 단 10명의 조직원들로 2008년 11월 뭄바이 전역을 며칠 동안 마비시켰을 정도로 과감한 전술 수행에 탁월한 역량을 보여주었기 때문이다. *Ibid.*, p. 93.

323 Saira Khan, "Nuclear Weapons and the Prolongation of the India-Pakistan Rivalry," p. 166.

프 총리가 초대되긴 하였으나 이러한 관계개선 열기는 수개월 내에 발생한 국경 지역에서의 분쟁으로 급속히 식어 버렸다. 인도 정부는 파키스탄이 카시미르 지역의 인도군을 약화시키기 위하여 지역 반군에 대한 지원을 지속하는 것에 대응하고자 아프가니스탄에 대한 서구 국가들의 지원이 현격히 줄어든 틈을 타서 아프가니스탄 정부에 대한 군장비 지원을 제의하였다. 파키스탄 정부는 그동안 사활적인 전략적 종심확보(strategic depth)를 위해 접경국인 아프가니스탄의 친파키스탄화를 위해 오랫동안 노력해왔기에 파키스탄의 영향력을 약화시키고 라이벌 관계의 확장을 꾀하는 이러한 인도의 공세에 노골적으로 불쾌함을 표시했음은 물론이다.[324] 모디 총리는 최근 아랍 국가들과 이란과의 협력관계를 강화하면서 파키스탄을 더욱 자극하였다.[325]

2016년의 독립기념 행사에서 양국 총리는 상대방에 대한 공세를 멈추지 않았다. 샤리프 총리가 언제나처럼 카시미르에서의 인도에 의한 인권침해를 공격하였고 모디 총리는 파키스탄 내 발루치스탄(Baluchistan)의 인권문제를 거론하며 파키스탄을 자극하였다. 발루치스탄은 파키스탄에서 가장 크고 천연자원이 풍부하며 아라비아해에 면한 중요 지역인데 수십 년 동안 파키스탄 정부의 강압적인 중앙집중화 정책에 큰 고통을 겪어왔다.[326] 모디 총리의 발루치스탄 언급은 인도 정부가 새롭게 공세적인 대 파키스탄 외교정책으로의 선회하였음을 의미하

324 "Viewpoint: India Risks Destabilizing Afghanistan," *BBC*, May 6, 2014.

325 Muhammad Akbar Notezai, "The Dilemma of Pakistan's Foreign Policy," *The Diplomat*, August 12, 2016.

326 Paul, *The Warrior State*, pp. 133–4.

였기에 이렇게 핵심적인 지역을 공격당한 파키스탄 정부는 즉각 인도가 국내정치에 불법적으로 개입한다고 강력히 비난하였다.[327] 전술했듯이 퍼코비치와 달턴도 발루치스탄 지역에서의 비밀공작이 파키스탄 후원 무장단체의 대 인도 공격에 대한 대응방안 중 하나로 고려될 수 있다고 하였다. 2014년에는 당시 인도 국가안보 보좌관이던 도발(Doval)이 만일 뭄바이 테러와 같은 공격이 또다시 발생한다면 인도는 발루치스탄의 분리독립 운동을 적극 후원해야 할 것이라고 언급하기도 하였다.[328] 그러나 이러한 대응전략이 시행되기에는 인도 정보기구의 미흡한 역량이나 작전의 불투명한 성공 여부, 그리고 작전 이후의 후폭풍과 부작용에 대한 우려가 크기에 주요 옵션이 될 가능성은 크지 않다.

이렇듯 인도-파키스탄 간에 각국에게 민감한 지역을 타깃으로 한 외교전쟁이 전방위적으로 확산되는 가운데 2016년 여름 인도 통제 카시미르 지역에서 젊고 카리스마적인 지도자 중 한 명이었던 부르한 와니(Burhan Wani)의 사망은 카시미르 젊은이들 사이에서 더욱 강력한 저항을 촉발시켰다. 이후 어린 소년들까지 적극 가담하면서 인도 치안당국에 대한 저항이 여전히 지속되고 있다.[329] 파키스탄 육군 참모총장 General Bajwa는 카시미르 지역의 통제선(Line of Control)을 수차례 방문하여 인도 보안군의 강경책을 국가주도 테러리즘에 비유하며 강력히 성토하였다. 또한 그는 카시미르 지역에서 주민들의 인권과 민족자결

327 Saad Khan, "India–Pakistan Relations: A Paradigm Shift," *The Diplomat*, August 17, 2016.

328 Biswas, "Pakistan's Tactical Nuclear Weapons," p. 174.

329 Um–Roommana and Suhail Bhat, "Kashmir's Teenage Militant," *The Diplomat*, December 27, 2018.

권을 옹호한다고 거듭 선언하면서 불량한 분자들이 불안정 상황의 악화에 크게 기여하고 있다는 인도의 주장을 묵살하였다.[330] 2019년 5월 현재도 카시미르의 통제선을 사이에 두고 양국 군대 간에 소규모 총격전이 일상화되어 매달 적지 않은 군인, 민간인 사상자 등 양측 모두 피해를 입고 있는 상황이다. 2016년 9월 인도의 국부공격에도 불구하고 소규모 공격과 충돌은 지속되고 있는 것이다. 2017년에는 최근 10년 동안 가장 많은 사상자가 발생하기도 하였다.[331] 2018년 11월에만 민간인 포함 48명이 사망하였고 1947년 분할 이후 대략 9만 명 정도의 인명이 희생되었다고 알려진다.[332]

카시미르를 둘러싼 양국의 대결이 완화되기는커녕 더욱 치열해지면서 지역 주민들의 삶이 극도로 고통 받고 있다. 이러한 상황악화에는 지역 무장단체의 비호와 후원을 통해 카시미르에서의 현상타파적 숙원을 달성하려는 파키스탄에 1차적 책임이 있다고 볼 수 있다. 전술했듯이 파키스탄은 카시미르 수복의 목표를 위해 인도의 통치에 대항하는 지역 조직들의 행동을 전방위적으로 후원하면서 상태의 호전을 지극히 어렵게 만들고 있는 것이다. 2015년에는 파키스탄 법정이 2008년 뭄바이 공격을 주도한 것으로 알려진 LeT의 작전지휘관을 석방하여 양국 관계를 더욱 경색시켰다.[333] LeT의 지도자로 알려진 하피즈 사이

---

330 Tariq Naqash, "COAS Visits LoC: 'Violence in IHK by Indian Forces is State-Sponsored Terrorism'," *Dawn*, April 30, 2017.

331 "India to Resume Strikes on Militants in Held Kashmir," *Dawn*, June 17, 2018.

332 Zafar Dar, "Kashmir's Bloody November," *The Diplomat*, December 11, 2018.

333 Nisid Hajari, "Why Is Pakistan such a Mess? Blame India," *Foreign Policy*, May 26, 2015

드(Hafiz Muhammad Saeed)는 미국의 1급 테러리스트 리스트에 등재되어 있지만 별 어려움 없이 활동하고 가끔 파키스탄 당국에 의해 구금되어도 곧 증거불충분으로 석방되곤 한다. 또한 카시미르 지역에서의 무장단체 활동이 2014년 경부터 급속히 활발해졌는데 이는 JeM의 지도자로 알려진 마수드 아자르(Masood Azhar)가 아프가니스탄에서의 활동을 종료하고 카시미르에 복귀한 것과 연관이 있다고 한다. 아자르는 파키스탄 당국의 보호감호(protective custody) 상태에서 자유롭게 활동하며 수시로 라디오 메시지를 전파하는 것으로 알려졌다. 이렇듯 파키스탄 당국이 무장단체 조직원들에 안전한 피난처와 훈련장소를 제공하고 장비, 자금도 후원하는 등 적극적으로 비호하는 이상 이들 단체들의 활동을 근절시킬 방안은 요원해 보인다. 한편 2010년대 중반부터 카시미르 주민들의 인도에 대한 저항이 격렬해진 데에는 파키스탄의 책임이 분명히 크지만 강압적인 통제정책으로 일관하면서 지역주민들의 정서를 도외시한 모디 정부의 책임도 적지 않다. 파키스탄의 적극적 지원과 함께 힌두 민족주의 정당 출신 모디 정부의 강경 일변도 정책이 카시미르 주민들의 불만과 소외감에 불을 지피면서 카시미르는 여전히 용광로처럼 들끓고 있다.[334]

이렇게 인도-파키스탄 양국 간의 관계를 정상화시키고 진정한 화해를 불러올 수 있는 카시미르 문제의 평화적 해결은 여전히 요원하다. 따라서 핵무기 보유로 강화된 파키스탄의 카시미르 지역에서의 대인도

334 Sumit Ganguly, "Narendra Modi Should Calm Tension In Kashmir Rather than Inflame Them," *Foreign Policy*, February 19, 2019; Michael Kugelman, "We Should Have Seen This Indo-Pakistan Crisis Coming," *The Diplomat*, February 22, 2019; "Pulwama Attack."

공세정책도 지속될 가능성이 높다 하겠다. 그러나 이러한 공세의 실효성에는 의구심이 있는 것이 사실이다. 한편 인도의 강압(compellence)적 목적의 대응도 크게 성과를 보지 못하였다. 전술했듯이 더욱 자주 심각하게 충돌하는 파키스탄을 상대로 여러 강압적 전술을 시도하고 있으나 뾰족한 성과는 보이지 않는 실정이다.

4) 소결론

아래의 표와 그림은 인도, 파키스탄 양국의 핵탄두, 미사일 보유 현황을 보여준다.

표 1. 인도와 파키스탄의 보유 핵탄두현황, January 2018[335]

Country	Year of first nuclear test	Deployed warheads 1)	Stored warheads 2)	Total inventory
India	1974	0	130–140	130–140
Pakistan	1998	0	140–150	140–150

1) 'Deployed' means warheads placed on missiles or located on bases with operational forces.
2) These are warheads in central storage that would require some preparation (e.g. transport and loading on launchers) before they become fully operationally available.

335 Shannon Kile and Hans Kristensen, "6. World nuclear forces," in SIPRI, SIPRI Yearbook 2018: Armaments, *Disarmament and International Security*, p. 236.

표 2. 인도의 미사일 종류[336]

Missile	Class	Range	Status
Prithvi-3	SRBM	300-350 km	Operational
Prithvi-2	SRBM	250-350 km	Operational
Exocet	ASCM	40-180 km	Operational
Sagarika/Shaurya	SLBM	700 km / 3,500 km	In Development
Prithvi-I	SRBM	150 km	Operational
Prahaar	SRBM	150 km	In Development
Nirbhay	Cruise Missile	800-1,000 km	In Development
Dhanush	SRBM	250-400 km	Operational
BrahMos	Cruise Missile	300-500 km	Operational
Agni-5	ICBM	5,000-8,000 km	In Development
Agni-4	IRBM	3,500-4,000 km	In Development
Agni-3	IRBM	3,000-5,000 km	Operational
Agni-2	MRBM	2,000-3,500 km	Operational
Agni-1	SRBM	700-1,200 km	Operational

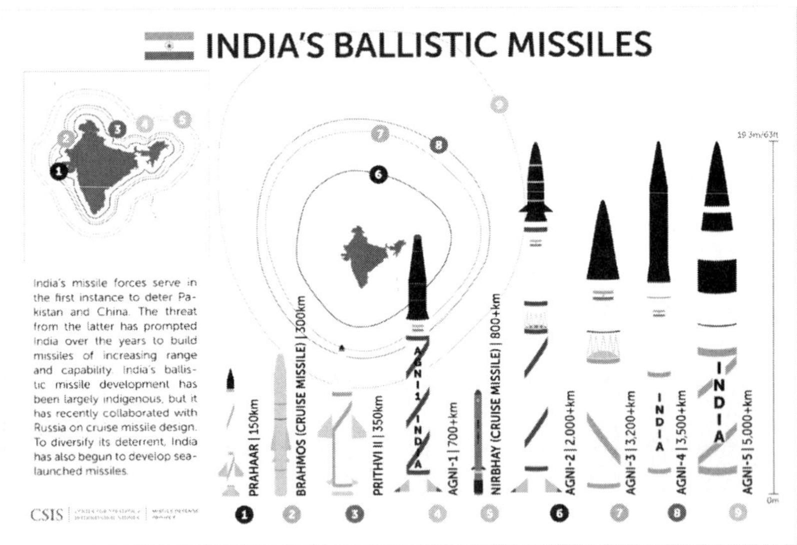

그림 8. 인도의 미사일 종류[337]

336 Missile Threat: CSIS Missile Defense Project, "India's Missile." June 14, 2018 at https://missilethreat.csis.org/country/india/ (검색일: 2018년 12월 20일).

표 3. 파키스탄의 미사일 종류[338]

Missile	Class	Range	Status
Ababeel	MRBM	2,200km	In Development
Exocet	ASCM	40–180 km	Operational
Hatf 2 "Abdali"	SRBM	180–200 km	Operational
Shaheen 3	MRBM	2,750 km	In Development
Hatf 9 "Nasr"	SRBM	60 km	In Development
Hatf 8 "Ra'ad"	Cruise Missile	350 km	In Development
Hatf 7 "Babur"	Cruise Missile	350–700 km	Operational
Hatf 6 "Shaheen 2"	MRBM	1,500–2,000 km	Operational
Hatf 5 "Ghauri"	MRBM	1,250–1,500 km	Operational
Hatf 4 "Shaheen 1"	SRBM	750 km	Operational
Hatf 3 "Ghaznavi"	SRBM	290 km	Operational
Hatf 1	SRBM	70–100 km	Operationa

그림 9. 파키스탄의 미사일 종류[339]

337 Missile Threat: CSIS Missile Defense Project, "India's Missile." June 14, 2018 at https://missilethreat.csis.org/country/india/ (검색일: 2018년 12월 20일).

338 Missile Threat: CSIS Missile Defense Project, "Pakistan's Missile." June 14, 2018 at https://missilethreat.csis.org/country/pakistan/ (검색일: 2018년 12월 20일).

이렇게 현재 양국 간에 핵탄두와, 핵탄두 투발 수단 개발 경쟁이 치열하게 벌어지고 있다. 여기에 계속적으로 변화, 수정된 양국의 군사 독트린과 핵전력 태세는 양국 간의 핵군비경쟁의 심화를 불가피하게 하였다. 이제 파키스탄과 인도 양국 모두 상대방에 의한 선제공격 가능성을 우려해야 하는 상황이 되었다. 전술했듯이 선제공격에 대한 우려는 양국이 핵무기를 보유하려는 노력이 서로에게 공공연하게 알려졌던 80년대부터 시작되었다. 초기에는 양국이 보유한 핵탄두도 소량이었고 투발수단도 제한되어 서로 상대방의 선제공격에 취약하였고 따라서 당시 각국이 보유하고 있던 핵무기의 생존성이 극히 의심되었다. 그러나 지속적인 노력으로 핵탄두 보유 숫자도 훨씬 늘었고 투발수단도 예전보다 훨씬 다양해졌음에도 불구하고 양국은 상대방에 의한 선제공격 가능성에 대한 두려움이 오히려 더 커져가고 있는 아이러니한 상황이다. 이러한 추세는 지역의 전략적 불안정성을 증대시키고 위기관리를 대단히 힘들게 하며 소규모 분쟁 가능성과 이러한 분쟁의 확전 가능성도 높이고 있다.

이렇게 양국은 투발수단의 다양화 등 유연한 대응 능력 확충에 노력하지만 이러한 유연성은 확전의 위험성 증대를 동반하고 있는 게 사실이다. 하지만 위기안정성(crisis stability)에 관하여 국제사회의 우려가 늘고 있는데 반해 현지 전문가들은 대체로 양국의 핵무기 보유 덕분에 냉전 시대 같은 상호확증파괴(MAD) 상태가 구현되어 전쟁 발발 가능성이 거의 없다고 믿는 실정이다. 그러나 아래와 같은 만일의 사태 발

---

339 Missile Threat: CSIS Missile Defense Project, "Pakistan's Missile." June 14, 2018 at https://missilethreat.csis.org/country/pakistan/ (검색일: 2018년 12월 20일).

생 경우 파키스탄 정부가 핵무기 사용을 심각히 고려할 수도 있다: 인도군에 대한 재래식 억지가 실패할 경우 인도군이 파키스탄 국경 내로 진입할 것이고 인도의 제한전 의도가 파키스탄의 전면전으로 비화할 수 있다; 미사일 방어(BMD) 등 인도군의 현대화 노력에 따른 재래식 역량의 격차가 급격히 증대할 경우 파키스탄에서는 인도군에 의한 선제공격 우려가 급속히 증대하여 치명적인 결정을 내릴 수 있다; 또한 일단 위기 상황이 발생하면 지휘 통제 시스템이 순식간에 붕괴되어 엄청난 혼란이 초래될 가능성이 많고 이런 와중에 우발적인 사태가 발생할 수 있다. 게다가 현재 파키스탄 내부에서는 핵전략, 핵 독트린 연구, 개발에서 확전통제나 전쟁종식(war termination)에 관한 개념 정의나 논의가 거의 없는 실정이다. 파키스탄이나 인도 모두 위기 발생 시 예전에도 그랬듯이 국제사회의 개입, 특히 미국의 즉각 개입과 중재를 막연하게 기대하고 있는 상황인 것이다.[340]

현재 남아시아에서 진행되는 안보위기 심화의 악순환 가능성을 요약하자면 다음과 같다. 파키스탄의 이데올로기적, 상징적, 전략적 이익

340 Sadia Tasleem, "Pakistan's Nuclear Use Doctrine," June 30 2016. http://carnegieendowment.org/2016/06/30/pakistan-s-nuclear-use-doctrine-pub-63913 (검색일: 2018년 2월 8일). 전쟁종식(war termination)은 규모나 이해가 작은 경우 상대적으로 어렵지 않게 달성 가능하다. 그러나 이렇게 시작된 전쟁도 그 규모나 전쟁의 성패가 생존(국가 생존과 정권 생존 모두 포함)을 위협하는 수준까지 확전되면 어느 일방도 전쟁종식을 위한 조치를 취하기 쉽지 않다. 어느 국가, 군대와 마찬가지로 인도와 파키스탄도 전쟁에서 승리하기 위한 전략이나 독트린을 연구, 고민하지 어떻게 전쟁을 종결할 것인지에 대해서는 크게 신경쓰지 않는다. 특히 양자가 모두 확전의 단계마다 상황을 통제하면서 유리하게 가져갈 수 있는 확전지배(escalation dominance)가 가능하고 그런 목적으로 전력을 향상시키고 전략을 개발한다면 전쟁종식은 더욱 힘들어질 수밖에 없다. 인도-파키스탄 상황이 그런 추세를 보여주는데 이러한 경향이 계속된다면 결론은 핵참화일 수 있다. Perkovich and Dalton, *Not War, Not Peace*, pp. 16-9.

충족에 핵심인 카시미르 지역을 인도로부터 수복하려는 열망이 파키스탄 정부, 특히 파키스탄군으로 하여금 카시미르에 근거지를 둔 무장단체에 대한 지원을 지속하게 한다. 인도 정부의 인도 통치 카시미르 지역 주민들에 대한 강압적인 정책과 경제 불안정이 계속되어 지역 주민들의, 특히 젊은이들의, 불만과 소외감이 증폭되면서 무장단체 가입과 지원이 증폭한다. 이들 무장단체가 카시미르 지역이나 인도 주요도시에서 반인도 테러공격을 감행한다. 인도는 이러한 공격을 방지하고 공격 발생시 확실한 응징을 위해 테러단체 기지나 훈련캠프 등의 목표물뿐만 아니라 이들 단체를 지원하는 파키스탄군, 특히 ISI의 주요 시설물을 공격목표로 설정한다. 이에 대한 공격은 육군의 국부공격, 공군의 제한적 공습, 또는 Cold Start의 수행으로 추진될 수 있다. 파키스탄은 이러한 인도군의 재래식 응징공격을 방지하고자 한다. 특히 Cold Start의 실행은 인도군의 재래식 전력에서의 우월성을 감안할 때 성공 가능성이 높고 이는 다시 한 번 파키스탄의 굴욕과 좌절로 귀결될 것이기에 이의 실행을 억지하는데 만반의 노력을 기울인다. Cold Start의 실행을 억지하는 가장 확실한 방안은 진격하는 인도 기갑군에 사용 불사를 위협하기 위해 배치된 전술핵무기(특히 Nasr)이다. 파키스탄은 또한 핵억지전략도 보다 제한적 재래식 공격인 Cold Start의 억지를 포함하는 포괄적인 전범위 억지전략(full spectrum deterrence)으로 전환하여 인도를 압박한다. 인도는 이에 대응하여 인도군의 무장단체 응징보복 공격시 파키스탄의 핵무기 사용 위협을 사전에 방지하기 위해 파키스탄의 핵자산에 대한 선제 對군사목표(counterforce) 공격을 대비한다. 이의 실현을 위해 기존 핵선제불사용(NFU)과 대량보복(massive retaliation)의 핵독트린을 수정한다. 또한 선제 對군사목표(counterforce) 공격에도 불구하고 파키스탄의 핵반격을 차단하기 위한 미사일방어(BMD) 시스템을 구축하면서 확전지배(escalation dominance)를 추구한다. 인도의 이러한 전략에 대항하여 파키스탄은 인도군의 선제 對군사목표(counterforce) 공격으로부터 자국 핵전력의 생존성 확보와 인도군의 BMD 시스템 무력화를 위해 핵탄두 숫자를 더욱 늘리고 투발수단도 다양화한다. decoy 등 대응책(countermeasure)도 마련하고 핵무기 사용 여부 결정과 실행을 더욱 신속히 진행하기 위해 지역 사령관에게 결정권을 부여하는 등 지휘, 통제(C & C) 시스템을 변화시키고 핵무기도 단시간에 발사 가능한 상태로 준비시킨다.

이러한 일련의 과정은 실제 상대방의 행동에 대한 대응이기도 하지만 상대방의 의도에 대한 오인에 기인한 것이기도 하다. 그러나 정확한 이해이든 오인이든 양국 간에 이러한 핵전력 대응의 악순환은 심히 우려스럽지 않을 수가 없다. 이러한 전력태세에서는 위기 발생시 무력사용을 초래할 가능성이 대단히 높다. 인도는 무장단체의 도발 시 확실히 응징하겠다고 공언하고 최근 실제로 이를 실행한 바 있다. 2019년 2월에는 양국 간의 공중전으로까지 비화되었기에 지역 위기불안정성(crisis instability)이 상당히 심화되었다고 볼 수 있다. 또한 인도가 BMD를 등에 업고 선제 對군사목표(counterforce) 공격을 통해 파키스탄의 핵자산을 무력화하려 시도한다고 파키스탄이 인지하는 한 위기 상황에서 파키스탄은 'use it or lose it'의 선택으로 내몰리게 되고 인도군이 핵미사일을 발사하기 전에 먼저 공격하는 게 낫겠다는 결정을 내리고 행동할 수도 있다. 이러한 상황은 인도에게도 더 신속히 선제공격해야 한

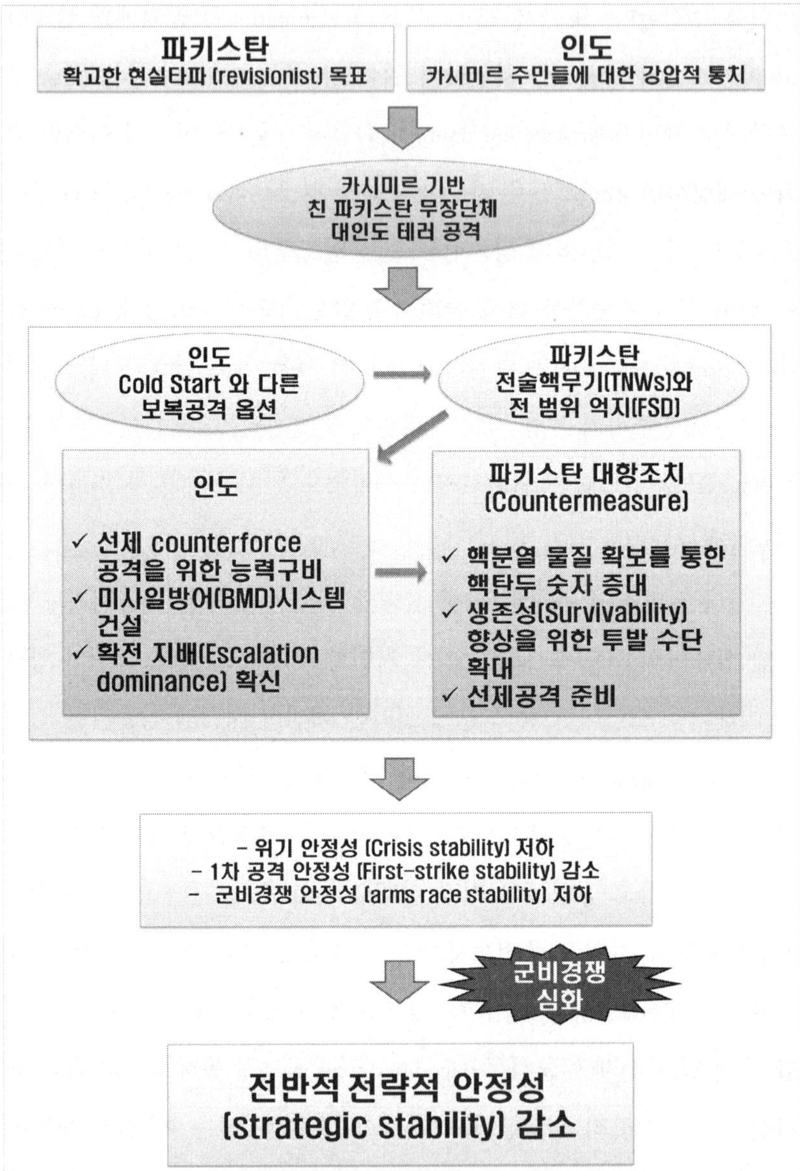

그림 10. 인도-파키스탄의 핵전략 경쟁 다이내믹

다는 자극을 줄 수 있기에 인도-파키스탄 간에 1차공격 안정성(first-strike stability)이 극도로 위태로워질 수밖에 없다. 애초에 파키스탄은 인도의 Cold Start 독트린과 BMD 구축에 대응하여 TNWs를 포함한 다양한 투발수단 증대와 함께 핵탄두 숫자도 늘려왔고 이러한 파키스탄의 핵전력 향상에 대응하여 인도도 자국의 핵전력을 다양화하고 성능을 개선시키려 하고 있다. 이러한 상황은 BMD가 핵군비통제를 유도할 것이라는 희망적인 예측과 달리 끝도 없는 극심한 핵군비경쟁의 나락으로 유도함으로서 지역 군비경쟁 안정성(arms race stability)도 대단히 침해되었다. 즉 이러한 핵전력 관련 작용-반작용의 악순환은 자국의 억지력을 확실히 하려는 노력이 오히려 억지력을 약화시키고 상대방에 대한 공격성을 강화시켜 억지 안정성(deterrence stability)을 심대하게 훼손하고[341] 전반적으로 지역 내 인도-파키스탄 간의 전략적 안정(strategic stability)을 극도로 약화시킨 상태이다.

이런 위험한 상호작용은 인도-파키스탄 양국 간의 관계에만 국한되지 않는다. 전술했듯이 부상하는 강대국 중국은 핵 트릴레마(nuclear trilemma)의 한 축이다. 인도의 경우 파키스탄으로부터의 핵위협을 억지하고 파키스탄 지원 무장단체의 공격에 대해 파키스탄의 핵임계선을 넘지 않은 선에서 응징하는 방안을 마련하는 것도 중요하지만 핵무기나 재래식 전력 모두에서 인도보다 훨씬 우세한 중국으로부터의 위

341 남아시아 핵전략 분야의 권위자인 크레폰(Michael Krepon)은 인도와 파키스탄이 억지력 강화를 위해 질적으로나 양적으로 핵무기 능력을 발전시키는 것이 억지안정성(deterrence stability)으로 이끌지는 않는다고 그 잠재적 위험성을 경고하였다. Michael Krepon, "The Holy Grail of Deterrence Stability," July 9, 2018. https://www.armscontrolwonk.com/archive/1205441/the-holy-grail-of-deterrence-stability/ (검색일: 2019년 5월 14일)

협을 억지하는 것도 사활적으로 중요하다. 하지만 이렇게 인도가 중국, 파키스탄 모두를 억지해야 하고 중국과 파키스탄은 우호적으로 협력관계를 유지하는 상황에서 인도의 행동은 중국, 파키스탄의 협력을 더욱 부추길 수 있다. 더구나 중국과 파키스탄 간에 상당한 역량 차이가 존재하기에 인도가 중국을 상대로 한 최소한의 억지전략과 핵태세 건설이 파키스탄에게는 대단히 과도하게 위협적으로 인지될 수 있다. 즉 중국에 대한 신뢰적(credible) 억지력이 파키스탄에게는 최소(minimum) 정도를 훨씬 초과하는 위협적 역량으로 받아들여지는 것이다.[342] 이러한 핵 트리렘마의 복잡하고 불안정성을 다분히 내포한 다이내믹 외에 전세계, 특히 인도-태평양 지역에서 격돌하는 미국과 중국 간의 라이벌관계 심화도 인도-파키스탄으로서는 결코 간과할 수 없는 거대한 규정력을 갖는다. 미국의 압도적인 전력투사능력(power projection capability)에 맞서고자 중국은 반접근/지역거부(anti-access/area denial, AA/AD) 전략을 포함하여 포괄적인 군사력 향상을 위해 많은 노력을 경주하고 있는데 이러한 노력이 인도에게는 위협으로 다가올 수밖에 없다. 특히 중국의 중장거리 탄도미사일 능력 등 전략무기 분야 개선 노력은 인도가 특히 우려하는 바이다. 중국의 전략무기 능력 향상(비록 중국의 주된 목표가 태평양 지역에서의 미군이라 할지라도)에 대한 인도의 대응은 파키스탄의 반응을 불러일으킬 수밖에 없다. 즉 신현실주의의 시각에서 보면 거대한 인도-태평양 지역에서 벌어지는 미-중 양 강대국의 세력 경쟁

342 중국의 핵에 대하여 생존성(survivability)을 확실히 하려는 인도의 노력이 파키스탄에게는 파키스탄에 대한 잠재적인 1차공격 능력 확보로 비쳐질 수 있다. Clary and Narang, "India's Counterforce Temptations," p. 28.

이 남아시아의 인도-파키스탄 관계에 엄청난 영향을 끼치는 구조인 것이다.

그리고 이제까지 핵억지 이론, 핵전략의 개발, 변화 등의 연구에서 테러단체가 핵무장을 한 상태로 경쟁 중인 두 적대국 중 한 국가와 긴밀한 연계를 맺고 다른 국가에 적대행위를 감행하는 것이 위기와 분쟁의 주요 원인이었던 적이 없었기에 이론적으로도 인도-파키스탄 사례는 큰 의의를 가지는 동시에 실천적으로 전례 없는 도전이 아닐 수 없다.[343] 따라서 역사적으로 수차례의 전쟁을 치르고 끊임없는 위기와 갈등을 겪으면서 핵무기와 재래식 전력으로 서로를 견제하는 가운데 파키스탄 편에서 활동하는 무장단체와 인도-파키스탄이 위치한 남아시아를 둘러싸는 인도-태평양 지역에서 격돌하는 미국과 중국이 인도-파키스탄의 경쟁에 직간접적으로 깊숙이 개입하는 것이 현재의 전략적 상황이다. 이렇게 복잡하게 얽힌 안보 환경의 전반적 악화와 마땅한 해결책의 부재로 남아시아에서의 핵안정은 점점 힘들어지고 있는 상태라고 할 수 있다.

2. 인도-파키스탄의 핵보유 이후 대미, 대중 외교 전략 변화

인도, 파키스탄이 핵무기를 보유한 다음에 두 국가의 안보역량이 그들이 바라던 대로 획기적으로 개선되었는가? 양국 모두 핵전력을 급

343 Perkovich and Dalton, *Not War, Not Peace*, p. 15.

속히 발전시킨 것은 사실이지만 상대방에 대한 억지력이 크게 향상되었다거나 양국이 전략적 안정상태에 도달했다고 보기는 힘들다. 즉 양국 간에는 비대칭 재래식 분쟁이 지속되고 있고 이러한 분쟁이 위기 상황에서 안정적으로 관리되지 못한다면 위험한 단계로 확전될 수도 있는 것이다. 이렇게 양국의 핵무기 보유가 완벽하게 자신들의 안보우려를 불식시키지 못한다면 인도, 파키스탄은 외부의 조력을 얻어야만 한다. 특히 G-2로 지칭되는 미국과 중국은 지리적 위치나, 역사적 관계로 볼 때 양국에게 가장 중요한 영향을 끼칠 수 있는 강대국들이다. 따라서 이들과 전략적으로 어떤 관계를 맺느냐도 무척 중요할 것이다.

1) 인도의 대미, 대중 외교전략 변화

인도는 독립국으로 출발할 때부터 인구, 영토, 위치, 역사 등의 이유로 국제사회에서 중요한 국가였다. 인도는 독립국가 출범초기에 식민지를 갓 벗어난 신생독립국으로서 강대국에 의존하지 않는 위상을 찾고자 하였고 이는 인도의 대내외 정책 기틀을 마련한 초대 네루 총리의 비동맹외교로 표출되었다. 미국과는 완전히 적대적이지는 않았으나 '중립외교'의 진심이 의심되면서 지속적으로 우호적인 관계를 유지하지는 못하였고 닉슨 대통령 시절 관계가 최악으로 떨어졌다. 당시 미국에게서 대중(對中) 안보확약을 얻지 못하자 소련으로 선회하면서 인도-미국 관계가 더 악화되기도 하였다. 그러나 냉전이 해체되면서, 그리고 인도 경제정책과 외교정책이 미국과의 우호적인 관계를 요구하는 방향으로 전환되면서 양국의 관계는 급속도로 향상되었다.

하지만 1998년의 핵실험에 미국이 분개하면서 미국의 경제제재를 받는 등 상황이 다시 악화되었다. 그러나 전술했듯이 미국의 경제제재는 오래 가지 못하였고 곧 양국 관계는 회복되었다. 21세기 들어서 인도는 인구, 경제적 군사적 잠재력, 중국과 접경한 지정학적 위치 등으로 미국에게 가장 중요한 파트너의 하나로 자리매김 되었다. 클린턴 대통령 재임 시절에도 핵실험에도 불구하고 우호적인 관계를 유지하였는데 후임 부시 대통령 시절에는 양국 관계가 더욱 강화되었다. 9/11 이후 양국 모두 알 카에다 등 글로벌 테러리즘의 위협을 받고 있는 동병상련의 처지라는 점이 당시 테러와의 전쟁을 국가전략의 최우선순위로 설정한 미국에게 크게 어필되었다. 부시 대통령은 미국 역사에서 가장 친인도적인 대통령이라 불릴 정도로 인도와 긴밀한 관계를 유지하였다.[344] 2004년에는 양국 관계를 공통의 가치와 유사한 지정학적 이해에 바탕을 둔 전략적 동반자(strategic partnership) 관계로 격상하였다. 2005년에는 만모한 싱(Manmohan Singh) 총리와 부시 대통령이 인도–미국 민간 핵협정(Indo–US Civil Nuclear Agreement)에 서명하면서 핵 관련 양국 간의 관계가 획기적으로 전환되었다. 2006년 12월에는 미 의회가 역사적인 미국–인도 간 평화적 핵협력법을 통과시킴으로서 인도가 민수용 원자로나 물질을 미국으로부터 구매할 수 있는 길이 열렸다. 이러한 일련의 양국 협력 성사는 인도가 1998년 핵실험을 감행하고 NPT 조약 가입을 거절한 탓에 미국과의 핵관련 협력에서 계속 거부당하였던 역사를 생각하면 엄청난 변화가 아닐 수 없다. 이 협정과 관련

344 Fareed Zakaria, *The Post-American World* (W. W. Norton, 2008), pp. 225–6

법 통과에서 볼 수 있듯이 미국에 거주하는 수많은 인도계 디아스포라가 미 의회에 행사하는 역할과 영향력도 상당한 것으로 알려져 있다.[345] 인도-미국 간 핵협정은 2015년에 갱신되었는데 이에 대해 파키스탄은 미국의 핵연료가 인도에 다량 들어감으로써 인도가 핵무기 개발에 앞설 것을 우려하여 자국의 핵무기 개발에 필요한 핵분열물질(fissile material)의 생산에 더욱 큰 노력을 기울이게 되었다.[346]

오바마 행정부 때는 중국의 부상을 염려하여 아시아 회귀를 선언하면서 인도의 전략적 중요성이 다시금 부각되었다. 오바마 대통령과 인도의 나렌드라 모디 총리도 친밀한 관계를 유지하면서 양국 관계는 더욱 격상되었다. 트럼프 행정부가 '자유롭고 개방된 인도-태평양'(Free & Open Indo-Pacific, FOIP) 전략을 들고 나오면서 인도는 미국 대전략의 중심으로 더욱 깊숙이 들어가게 되었다. 트럼프 백악관이 발간한 '미국안보전략'에서도 인도-태평양 전략의 지리적 영역을 인도의 서부 해안부터 미국의 서부 해안까지라고 분명히 언급하면서 인도의 중요성을 부각하였다.[347] 특히 인도는 곧 강대국의 반열에 들어설 수 있을 정도의 인구, 경제, 군사력 규모를 갖추고 있는데다 중국의 일대일로(一帶一路, One belt, One road) 전략을 견제할 수 있는 좋은 위치에 자리잡

345 John Mearsheimer and Stephen Walt, *The Israel Lobby and US Foreign Policy* (NY: Farrar, Straus, and Giroux, 2007), pp. 11, 359 n.20.

346 "Unease about US-India Deal," Dawn, February 2, 2015. 현재 파키스탄은 플루토늄이나 우라늄 비축에 있어 가장 빨리 성장하는 국가로 알려졌으며 최근 추세라면 5-10년 내에 300개 정도의 핵탄두를 보유할 수 있을 것이라 한다. Sjapoo, "The Dangers of Pakistan's Tactical Nuclear Weapons," 보다 현실적으로는 2025년까지 220에서 250개의 핵탄두를 보유할 수 있을 것이라고 추정된다. Kristensen, Norris, and Diamond, "Pakistan's Nuclear Forces, 2018," p. 348.

347 White House, "The US National Security Strategy," December, 2017, p. 46.

고 있기도 하다. 이제 인도는 콰드(quad, 미국, 일본, 호주, 인도)의 한 축으로서, 미국과는 중국에 대한 견제와 함께, 남중국해에서의 협력, 아프가니스탄 문제 협력 등 함께 할 수 있는 일이 무척 많이 존재한다.[348] 미국 정부는 2018년 기존의 태평양 사령부(Pacific Command)의 이름을 인도-태평양 사령부(Indo-Pacific Command)라고 바꿀 정도로 인도-태평양 전략을 적극적으로 추진하고 있다. 향후에도 인도와 미국은 안보, 군사, 경제를 포함한 다양한 분야에서 협력을 증대시켜 나갈 것으로 보인다. 하지만 트럼프 대통령의 일방주의와 무역전쟁은 인도-미국 관계 발전을 가로막을 수 있는 요인이기도 하다.

그림 11. 백악관에서 인도의 모디 총리와 미국의 트럼프 대통령[349]

348 Alyssa Ayres, "The U.S. Indo-Pacific Strategy Needs More Indian Ocean," Expert Brief for the Council on Foreign Relations, January 22, 2019. https://www.cfr.org/expert-brief/us-indo-pacific-strategy-needs-more-indian-ocean (검색일: 2019년 1월 25일).

349 출처: https://www.theatlantic.com/entertainment/archive/2018/02/trump-modi-india-south-asia-accent-apu/551696/

인도는 중국과 오랫동안 국경을 맞대고 있으면서 역사적으로 왕성한 문화교류, 교역과 함께 라이벌 관계도 발전시켜 왔다. 전세계 인구 1, 2위 국가이면서 서구열강으로부터 고통받았다는 공통점을 갖고 있어 양국이 각기 독립하고 새로운 국가를 수립한 후인 1950년대에는 돈독한 관계를 유지하였다. 1954년 네루 총리와 저우은라이 총리가 공동으로 내정불간섭 등이 포함된 평화공존 5원칙의 외교기조를 발표하기도 하였다. 비동맹 외교에서도 함께 협력하며 냉전 양대 진영과 차별화되는 외교노선을 모색하기도 했었다. 하지만 초기부터 양국을 괴롭히던 국경분쟁으로 인해 결국 1962년 전쟁을 치렀고 이후 중국은 핵실험까지 함으로써 인도에게 가장 큰 안보위협이 되었다. 중국을 견제하기 위해 인도가 소련과 동맹에 준하는 관계를 유지한 것은 주지의 사실이다. 중국의 핵무기 개발을 포함한 파키스탄에 대한 전폭적인 지원도 양국 관계를 어렵게 하였다.

냉전이 해체되면서 인도와 러시아의 관계가 소원해졌고 인도와 중국의 관계는 향상되었다. 하지만 1998년 핵실험 당시 인도 정부가 중국의 위협을 핵실험의 주요 이유로 거론하면서 양국 관계는 다시 냉각되었다. 중국은 인도가 핵클럽에 참여하는 것에 강한 거부감을 보인 것이다. 2000년대 들어 양국 관계는 다시 진전되었다. 특히 무역 분야에서는 눈부신 성장이 있었다. 양국과의 국경 사이에 일부 통로가 다시 개방되기도 하였다. 하지만 국경분쟁은 여전히 양국의 관계 향상에 발목을 잡는 이슈였다.[350] 2010년 들어서는 BRICS를 통한 양국의 협력이

350 Sumit Ganguly, "India and China: Border Issues, Domestic Integration, and International Security," in Francine Frankel and Harry Harding, eds., *The India-*

강화되었다. 무역 분야도 계속 성장을 거듭하였다. 또한 중국이 사활을 걸고 추진하는 일대일로 전략과 관련해서도 무조건적인 거부가 아닌 일정 분야에서의 협력도 논의해오고 있다. 2018년에는 4월 중국 우한에서의 의미 있는 정상회담을 시작으로 11월 아르헨티나의 G-20 모임에서까지 4차례나 모디-시진핑 정상회담을 개최하기도 하였다. 특히 미국 트럼프 대통령의 일방주의, 미국 우선주의, 보호주의 기조에 공동으로 반기를 들면서 양국 간의 협력 발전과 다자주의 수호 등을 합의하기도 하였다.[351]

하지만 양국의 협력과 관계증진에는 뚜렷한 한계가 있는 것도 사실이다. 우선 양국은 지정학적으로 아시아의 맹주 자리를 놓고 자웅을 겨루고 있다. 최근 중국이 인도양을 둘러싸는 형태의 공세적인 '진주 목걸이'(string of pearls) 전략을 추진하는데 대해 인도양의 중심에 위치한 인도가 강하게 대응하는 것도 이러한 경쟁의 일환이다. 인도의 핵무기를 포함한 전략자산 개발과 배치가 상당 부분 중국을 겨냥하고 있다는 사실도 중요하다. 또한 미국과 파키스탄 간에 사이가 벌어지면서 인도에 지속적으로 현상타파적 도발을 하는 파키스탄이 중국과 대단히 친밀한 관계를 맺고 있다는 것도 인도의 입장에서는 큰 문제이다. 냉전시 인도 지도부를 우려시켰던 인도를 둘러싼 양 전선에서의 분쟁 가능성은 여전히 현재진행형인 것이다. 전쟁까지 불사하게 만들었던 국경분쟁도 양국 간의 진정한 화해를 힘들게 하는 요소이다. 2017년 6월에

China Relations: What the United States to Know (Woodrow Wilson Center Press, 2004), pp. 103-33.

351 박선미, "1년에 4번…11월에 '또' 만나는 시진핑-모디," 『아시아 경제』 2018년 10월 16일.

는 부탄과 인접한 국경에서 양군이 대치하며 두 달 넘는 위기를 지속시켰다.[352] 최근 일련의 모디–시진핑 회담에서 이 문제가 거론되었으나 완전한 해결에 이르기는 지극히 어려울 전망이다. 티벳과 인도에 거주하는 달라이 라마의 지위도 양국 간에 작지 않은 문제이다. 티벳의 경우 중국이 철저하게 핵심적 이익의 내부 문제라고 공언하는 대단히 민감한 문제라서 역시 타협이 쉽지 않다. 그러나 무엇보다도 인도와 중국은 인도 아대륙에 제한된 인도–파키스탄 라이벌 관계와는 차원이 다른 아시아 대륙 전체에서 경쟁할 잠재력을 갖추고 있는 나라들이다. 역사적으로 많이 보았듯이 강대국 간 라이벌 관계로 발전할 소지가 충분한 것이다. 최근의 인도–태평양 전략과 일대일로 전략이 어떻게 충돌, 협조, 혹은 경쟁할 것인지 주목해야 할 것이다.

2) 파키스탄의 대미, 대중 외교전략 변화

파키스탄은 미국과 냉전기 소련 견제라는 공통의 이해로 긴밀한 관계를 유지하였다. 특히 소련의 아프가니스탄 침공 이후에는 핵개발, 쿠데타 등의 문제에도 불구하고 막대한 원조와 지원을 받은 바 있다. 그러나 소련의 아프가니스탄 철수와 냉전 종식으로 미국의 관심에서 벗어나면서 강력한 핵비확산 압력에 직면하였었다. 이렇게 미국의 압력에도 불구하고 강행된 파키스탄의 핵개발과 1998년 핵실험으로 제재를 받을 정도로 관계가 멀어졌으나 2001년 9/11 이후 글로벌 테러와

352 Sumit Ganguly and Paul Kapur, "Is India Starting to Flex Its Military Muscles?" *Foreign Policy*, October 17, 2017.

의 전쟁이라는 미국의 대전략에서 가장 중요한 작전 중 하나인 대 아프가니스탄 전에 핵심적인 전략적 동맹자 관계를 복원하였다. 즉 탈 냉전기 미국으로부터 전략적 가치 감소로 냉대 받던 파키스탄은 미국의 글로벌 대 테러 전쟁 개시 이후 다시 한 번 미국 전략의 핵심이 되면서 경제제재가 아닌 오히려 막대한 경제, 군사원조를 제공받게 된다. 이렇게 테러와의 전쟁에 사활을 건 부시 정부는 파키스탄에 거의 무제한적인 원조를 제공하였다. 그러나 전술했듯이 미국의 막대한 원조가 미국이 원하던 대테러 전에 합당하게 쓰였는지에 대한 논란이 끊이지 않았고 오히려 인도와의 군비경쟁에 차용되었다는 비난을 받았다. 2005년 칸(A. Q. Khan) 박사의 글로벌 비밀 핵확산 조직망 존재의 발각 후 미 의회를 중심으로 파키스탄에 대한 원조에 대해 더욱 엄격한 잣대를 들이대게 된다.

또한 쿠데타로 집권한 무샤라프 정부의 정통성에 대해 우려하던 미국은 2008년 2월부터 군부 출신 전임자 무샤라프로부터 정권을 이어받은 민간정부가 안정과 민주화를 가져오기를 기대하고 향후 민간부문에 그 배분과정과 성과를 모니터하는 조건으로 원조를 제공하였지만 그 성과는 미미하였다. 그리고 미국이 파키스탄 정부에 파키스탄 북부를 기반으로 아프가니스탄에 주둔한 미군과 나토군에 대한 테러를 일삼는 하카니 네트워크 (Haqqani Network) 척결을 위해 노력해 줄 것을 강력히 요구하였지만 진전은 거의 없었다. 2011년 5월, 파키스탄 내 수도 이슬라마바드에서 얼마 떨어지지 않은 은신처에 은닉해 있던 9/11의 주범 오사마 빈 라덴을 미군 특수부대가 사살한 사건도 양국 관계를 악화시켰다. 미국은 파키스탄의 군 사관학교나 다른 주요 군사시설에서 불과 얼마 떨어지지 않은 은신처에 미국이 가장 원하는 현상수배자 빈 라덴이 수년 간 거주해 왔다는 사실에 경악하여 파키스탄군 정보기구의 무능함 또는 의도적 비호를 강하게 의심하였다. 반면 파키스탄은 미군 특수부대가 사전 통보도 없이 동맹국의 주권을 침해하여 국내 깊숙한 곳에서 군사작전을 감행하였다는 사실에 충격과 모욕을 느꼈다. 또한 이후 지속, 확대되는 미군의 드론 공격으로 민간인 사상자가 늘어나자 파키스탄인들의 미국에 대한 반감이 증폭되었다. 더 나아가 미국-인도간의 핵 협조 조약과 관련하여 미국이 유사한 내용의 조약을 파키스탄과 맺기를 거부함에 따라 파키스탄에 크나큰 좌절감과 배신감을 안겨 주었는데 이러한 이유로 파키스탄군은 아직도 미국의 진정한 의도가 파키스탄의 핵전력 무력화라고 믿고 있다.[353]

파키스탄과 미국 간에는 안보위협의 우선순위와 그 대응에 관하여 넘어서기 힘든 간극과 이견이 존재하기에 양국 간의 전략적 협조관계를 지속적으로 유지하기가 쉽지 않았다. 그러나 파키스탄의 국내정치가 강경파의 득세, 경제상황 악화 등으로 통제 불능의 취약국가로 전락하는 것은 핵확산, 글로벌 테러리즘에 집중하는 미국에게 결코 바람직하지 않은 상황이기에 미국은 파키스탄과에 원조와 지원을 지속적으로 제공하고 있다. 파키스탄 정부가 때로는 이러한 민감함을 활용하여 극단 세력의 발흥을 과장하는 등 일종의 벼랑끝 전술을 쓴다는 비판도 제기되고 있는 상황이다. 이에 미국의 인내심도 점차 약화되고 있는데다 미국이 2010년대 초반부터 아시아로의 회귀를 공언하면서 중동이나 아

353 Jane Perlez and Ismail Khan, "Pakistan Tells US It Must Sharply Cut CIA Activities," *New York Times*, April 11, 2011

프가니스탄보다는 동아시아, 특히 중국의 부상 견제에 전략적 중심을 이동하여 미국에서 바라보는 파키스탄의 입지는 더욱 약화되었다. 중국의 부상 견제, 핵 비확산, 글로벌 테러리즘 대응 등의 핵심 전략과제의 건설적인 파트너로 파키스탄보다는 그 라이벌인 인도가 더욱 요긴하게 인식되고 있는 것이다. 미국의 정치인들은 이미 2000년경부터 인도를 경제적으로 급속히 성장하는 민주국가이자 중국을 견제할 수 있는 전략적 파트너로 인식하고 우호적인 관계 확대에 노력하여 왔다.[354]

파키스탄과 미국의 관계는 진전되지 않고 트럼프 행정부 들어서 더욱 악화되었다. 파키스탄은 2004년부터 부시 행정부에 의해 주요 비나토 동맹국이라는 지위를 부여받았지만 이제 파키스탄을 동맹국이라 여기는 미국 관리는 거의 없는 실정이다. 또한 2002년부터 연합국지원 기금 명목으로 140억불 상당의 원조가 제공되기로 약속되었으나 2016년부터 미 국방성은 파키스탄이 테러와의 전쟁수행에 소홀하다는 이유로 3억불 상당의 기금 지출을 거부하였다.[355] 2017년 10월 당시 미 국무장관 렉스 틸럴슨(Rex Tillerson)이 남아시아를 방문했을 때에도 인도 방문시 파키스탄보다 훨씬 우호적인 관계를 과시하는 한편 파키스탄이 대테러전에 소홀하다는 점을 강력히 비판하여 파키스탄 관료들을 실망시켰다.[356] 2018년 1월에는 수억불에 달하는 파키스탄에 대한 군사원조를 테러와의 전쟁에 무력했다는 이유로 중단하였다. 2018년 8

354 Paul, *The Warrior State*, pp. 119–22.

355 Phil Stewart and Idress Ali, "Trump Administration Eyes Hardening Line toward Pakistan," *Reuters*, June 20, 2017.

356 Pamela Constable, "Many Pakistanis are smarting from Tillerson's visit. But the prime minister is taking the long view," *Washington Post*, October 26, 2017.

월에는 파키스탄 정부에 대한 압력의 일환으로 파키스탄 군장교들에게 제공하던 훈련 프로그램을 중지하였다. 파키스탄에 대한 지렛대를 잃게 되고 젊은 장교들 간의 교류 기회도 박탈할 것이라는 경고에도 불구하고 이 정책은 그대로 시행되었다.[357] 2018년 11월에 트럼프 대통령은 파키스탄이 미국의 대테러전을 위해 한 게 전혀 없으며 오히려 빈 라덴의 은신처나 제공했다고 비난하여 임란 칸(Imran Khan) 총리를 비롯한 파키스탄 관리들을 격앙시켰다.[358] 이렇게 파키스탄과 미국 간의 관계는 불신과 상호비판으로 인해 나락으로 떨어져 가는 상황인데 일각에서는 미국의 이러한 또 한 번의 '방기'가 파키스탄을 더욱 중국의 그늘에 들어가게 하는 것이라고 비판한다.

파키스탄도 이러한 미국의 태도와 정책에 대해 중국과의 우호적 관계 증진으로 대응하였다. 이미 중국과는 냉전 기간에도 파키스탄–미국 간의 관계가 멀어질수록 가까워졌던 특수한 관계였다. 파키스탄의 핵개발에도 상당한 도움을 제공한 것으로 알려져 있고 인도의 견제라는 공통의 이해를 공유하고 있다. 중국이 파키스탄과 파트너 관계를 유지하고 핵을 포함한 파키스탄의 군사력 발전을 지원하는 이유에는 인도의 군사력을 양 전선에서 견제하려는 목적 외에도 인도가 경제, 군사적으로 중국에 필적할 만큼 성장하지 못하게 하려는 의도도 분명히 존재한다.[359] 따라서 미국과 인도 사이가 가까워지고 미국과 파키스탄 간

357 Umair Jamal, "The Consequences of Shifting US–Pakistan Military Ties," *The Diplomat*, August 18, 2018.

358 Salaman Masood, "Pakistan Angered by Trump's Claim That It Does 'Nothing' for U.S." *New York Times*, November 19, 2018.

359 Paul, *The Warrior State*, pp. 122–5.

의 관계가 멀어질수록 파키스탄과 중국의 관계는 가까워질 가능성이 클 수밖에 없다.

중국의 경우, 냉전이 종식되고 소련이 붕괴하자 더 이상 소련의 위협을 걱정하지 않아도 되었고, 따라서 남아시아에서 소련 동맹국으로 있던 인도와의 관계개선도 가능해지자 이를 점진적으로 추진하였다. 이 과정에서 중국은 우려의 시선을 보내고 있던 파키스탄에 지속적인 군사원조를 하는 등 중-인 우호관계가 파키스탄-중국과의 돈독한 관계에 영향을 끼치는 일은 전혀 없을 것이라고 거듭해서 강조하였다. 그러나 새로운 안보 환경에 따른 어느 정도의 방향 전환은 중국에게 불가피하였다. 특히 1998년 인도, 파키스탄 양국의 핵실험 이후 남아시아에서 긴장이 고조되자 핵무기가 포함될 수도 있는 분쟁에의 연루를 우려하던 중국은 미국과의 협조를 통해 지역 안정을 유지하기 위해 노력하였다. 무엇보다도 파키스탄-인도 갈등에서 핵심 요소인 카시미르 문제 등에서 예전과 같은 무조건적인 친 파키스탄적 의견표명은 자제하고 균형 잡힌 의견을 피력해 양국 간의 갈등이 악화되는 것을 방지하고자 하였다. 1999년의 카길(Kargil) 전쟁이나 2000년대 초의 위기 시에도 어느 일방을 비난하거나 지지하는 것을 자제하여 최대한 분쟁 악화를 막고자 하였다.

즉 탈 냉전기 중국의 대 남아시아 전략은 그들의 모토인 중국의 평화적 부상이라는 근본적인 목표를 위해 주변 안보환경이 최대한 안정되어야 한다는 대전제에 따른 것이다.[360] 그렇다고 파키스탄에 대한 중

---

360 Robert Sutter, *Chinese Foreign Relations: Power and Policy Since the Cold War* (New York: Lowman & Littlefield, 2008), pp. 296-7. 2000년대 후반 중국의 연성권력

국의 관심이 줄어든 것은 아니었다. 관계개선이 진행되고 있었지만 여전히 껄끄러운 인도를 견제하기 위해, 그리고 신장지역에서 무슬림 강경파에 의해 급등하는 분리주의 운동에 대응하기 위해, 또한 중국의 이슬람 세계로의 원만한 진출을 위해 파키스탄은 중국에게 전략적으로 중요한 우방국이었다. 따라서 중국의 파키스탄에 대한 경제, 군사 원조도 지속되었다.[361] 또한 중국의 부상에 대해 중국을 포위하는 전략으로 맞서는 미국의 정책에 인도가 하나의 중요한 축으로 자리 잡음에 따라 파키스탄과 중국의 관계가 우호적으로 유지될 여지는 더더욱 분명해진다.

그러나 21세기 국제정치에 미국을 위협할 만한 강자로 급속히 부상하고 있는 중국에게 인도와의 관계증진이 갈수록 중요해짐에 따라, 중국 정부도 1990년대에 그랬던 것처럼 카시미르 같이 파키스탄에게 사활적인 문제를 비롯한 인도-파키스탄 분쟁에 얽힌 여러 이슈들에 점점 더 중립적인 해석을 내릴 수밖에 없었고,[362] 이러한 중국의 입장 변화에 대해 파키스탄이 걱정스런 시선을 보낸 것은 당연하였다. 점증하는 중국-인도 협력에 대한 파키스탄의 우려를 불식시키기 위해 당시 원자바오 총리가 2010년 12월에 이슬라마바드를 방문하여 양국 간의 자유무역협정 (FTA) 결성에 동의하였다. 파키스탄에게 중국은 여전히

을 신장시키기 위한 소위 '매력공세' (charm offensive)는 많은 국가들에서 그리 성공하지 못했지만 파키스탄에는 긍정적으로 받아들여졌다 Joseph Nye, *The Future of Power* (New York: Pubic Affairs, 2011), p. 89.

361 Sutter, *Chinese Foreign Relations*, p. 303.

362 Elizabeth Parker and Teresita Schaffer, "India and China: the Road Ahead," *CSIS South Asia Monitor* #120, 1 July 2008.

가장 중요한 '언제나 의지할 수 있는 친구 (all weather friend)'로 인식되고 있기 때문에, 파키스탄은 타이완이나 티베트 문제에 대해서도 중국의 입장을 지지하고 2010년 노벨 평화상을 둘러싼 중국 정부의 항의에도 동조하였다.[363] 아프가니스탄과 파키스탄 북서부에 존재하는 탈레반 우호세력들의 활동 척결에 미온적인 태도를 보이는 파키스탄에 대한 서방의 비난이 급증하고 미국의 비판이 점차 강도를 더해가고 있는 때에도 중국은 파키스탄에 대한 지지를 표명하였다. 2011년 5월 당시 파키스탄의 길라니(Gilani) 총리가 북경을 방문하였을 때 중국은 파키스탄의 대테러 노력을 칭송하고 언제나 파키스탄을 지원할 것임을 약속하였고, 파키스탄도 중국과의 우호관계 유지가 파키스탄 외교정책의 핵심임을 재차 천명하였다.

또 하나 주목해야 할 사실은 중국이 파키스탄의 전략적 고려를 이해하여 파키스탄과 미국과의 우호 관계를 대체로 용인하고 때로는 지원하기까지 한 것이다. 1955년 중국 정부는 당시 파키스탄 정부의 미국 주도 다자동맹 참여에 대해 그 타깃 중의 하나가 중국임에도 불구하고, 우려는 하였지만 이해할 수 있다고 하였고 1979년 소련의 아프간 침공 직후 파키스탄이 미국과 동맹관계를 재개하는 것을 지원하였다.[364] 또한 9/11이후에는 파키스탄에 미국과의 협조를 강조하기도 하였다. 이러한 사례는 중국이 전략적으로 어떠한 파키스탄을 바라는지

363 Hussain Zaidi, "Changing Dynamics of China's South Asia Policy." *Dawn*. 6 February 2011.

364 이는 파키스탄의 지정학적 위치가 미, 중 양국의 협력에 도움이 된 사례이다. 1979년 소련의 아프가니스탄 침공 직후 소련으로부터의 포위를 걱정하던 중국과 페르시아 만 유전지대의 안위를 걱정하던 미국이 파키스탄을 매개로 협조하였던 것이다.

를 잘 보여준다. 즉 중국에게 가장 바람직한 파키스탄은 충분히 안정되고 강력하여 남아시아에서 인도를 견제해 줄 수 있는 파키스탄인 것이다.[365]

그러나 아무리 중국이 파키스탄에 대한 우호, 협조 관계를 지속적으로 천명한다 해도 파키스탄과 중국과의 관계는 파키스탄-미국 관계와 마찬가지로 비대칭 관계이다. 즉 중국이 양국과의 관계에서 주도권을 잡을 수밖에 없는 현실인 것이다. 일례로 최근 중국은 인도양에서의 야심찬 '진주 목걸이' 전략의 일환으로 페르시아 만과 가까운 전략 요충지에 위치한 파키스탄 남부 과다르(Gwadar) 항구에 대한 개발을 추진하여 관련국을 긴장시킨 바 있다. 사실 2000년대 초반에 당시 파키스탄 지도자였던 무샤라프가 중국에 요청하여 시작된 과다르 항구 프로젝트는 양국이 전략적 이해를 공유한다는 인식하에 시작되었고,[366] 파키스탄은 인도와의 분쟁이 재발할 경우 페르시아 만에 가까운 이 과다르 항구가 가장 큰 항구인 카라치가 인도와 너무 가까워 취약하다는 점을 상쇄시켜 전략적 종심(strategic depth)을 제공하기를 바랐었다.[367] 그러나 그 실체를 두고 중국이 이 항구 개발에 관심을 보이는 것은 사실이나 미국, 인도와의 갈등을 우려하여 신중함 또한 기하고 있는 차에, 파키스탄 정부에서 미국을 비롯한 서방 세계에 중국과의 친밀함을 보여줌으로써 미국이 아니라도 충분히 강력한 친구가 있다는 걸 과시하고

365 John Garver, "China's Influence in Central and South Asia: Is It Increasing?" In David Shambaugh, ed., *Power Shift: China and Asia's New Dynamics* (Berkeley: University of California Press, 2005).

366 Kaplan, *Monsoon*, pp. 70-1.

367 Pande, *Explaining Pakistan's Foreign Policy*, p. 128.

자 어설프게 중국 카드(China card)를 쓴 것이라는 보도가 있었다.[368] 비록 파키스탄과 중국이 많은 이해를 공유하고 있지만 그 역량과 이해의 정도에는 분명한 차이가 존재하고 이러한 비대칭 관계에서 파키스탄은 방기를 우려할 수밖에 없는 것이다.

그러나 중국과 미국 간 갈등의 골이 깊어지고, 파키스탄과 미국의 관계가 악화되고, 미국과 인도의 관계가 증진되는 것만큼 파키스탄과 중국의 우호적인 관계는 증대되고 있다. 중국은 이미 파키스탄에 6백억불 규모의 투자를 약속하였고 파키스탄은 중국의 인도양에서의 '진주목걸이' 전략과 '일대일로' 전략의 중요한 파트너이다. 트럼프 행정부가 파키스탄이 무장 세력을 비호하고 대테러전쟁에 무관심하다며 비난할 때도 중국은 파키스탄이 대테러전의 일선에서 많은 희생을 감내하며 큰 공헌을 하고 있다고 적극적으로 변호하면서 양국 관계의 돈독함을 과시하였다.[369] 중국은 또한 새로 총리가 된 임란 칸에 20억불의 차관도 약속하고 일대일로 전략 사업에 파키스탄의 적극적 참여를 독려하며 제트 전투기 개발을 포함한 방위산업 관련 협력과 지원도 약속하였다.[370]

---

368 Venugopalan, Urmila. "Pakistan's Black Pearl." *Foreign Policy*, 3 June, 2011.

369 Jason Lee, "China defends ally Pakistan after Trump criticism," *Reuters*, August 22, 2017.

370 Maria Abi-Habib, "China's 'Belt and Road' Plan in Pakistan Takes a Military Turn," *The Diplomat*, December 19, 2018.

그림 12. 북경에서 파키스탄의 임란 칸 총리와 중국의 시진핑 주석[371]

한편 파키스탄이 1998년 핵실험에 성공한 이후에 파키스탄의 대미, 대중 외교전략은 잠깐을 제외하고 핵무기 보유에 의해 크게 좌우되는 경우는 거의 없었다. 오히려 아시아 세력관계의 변화, 미국의 대전략 전환 등이 파키스탄의 대강대국 관계에 더 큰 영향을 끼친 것으로 보인다. 즉 중국의 부상을 견제하고 아프가니스탄 등에서 글로벌 테러리즘에 효과적으로 대적하려는 미국의 전략에 파키스탄은 주요 동반자로서의 전략적 매력을 잃어갈 수밖에 없었던 것에 반해, 인도의 부상 견제, 미국과 인도-일본-호주 등의 결속에 의한 중국 봉쇄를 타파하려는 중국에게는 더없이 소중한 파트너로 자리매김하게 된 것이다.

371 출처: https://indianexpress.com/article/world/xi-jinping-imran-khan-pakistan-china-india-pulwama-attack-balakot-5699649/

3) 소결론

인도와 파키스탄은 1998년 핵실험 이후 핵무기 보유국의 지위를 획득한 후에도 안보 증진과 유리한 지위 확보를 위해 강대국들과 친밀한 관계를 유지하려 하였다. 인도의 경우 미국과의 관계가 획기적으로 증진되면서 21세기 미국의 대중국 견제 대전략에 가장 중요한 파트너 국가 중 하나로 자리매김하게 되었다. 대내외의 반대에도 불구하고 미국이 NPT 가입국도 아닌 인도와 체결한 핵협정이 그 친밀함의 정도를 잘 보여준다 하겠다. 최근에는 인도-태평양 전략이 부상하면서 인도는 더욱 중요한 국가로 간주된다. 미국의 이러한 전략은 결국 장기적으로 중국을 견제하는 것인데 이런 목적이 인도의 이해와도 부합되기 때문이다. 한편 중국과는 역사적 라이벌 관계 외에 복잡했던 냉전 시기 이합집산을 거쳐 현재도 껄끄러운 라이벌 관계가 지속되고 있다. 여기에 국경분쟁이 양국 화해, 협력을 가로막는 걸림돌로 작용하고 있다. 하지만 양국 간의 무역량이 증가하고 양국 모두 세계화에 큰 혜택을 얻으면서 오히려 미국의 일방주의와 보호주의 기조에 대항하여 협력하기도 한다. 전반적으로 인도의 대미, 대중 관계에 있어서 1998년 이전까지는 이 두 강대국들이 수평적 핵확산을 막으려는 노력의 일환으로 인도를 대하였으나, 그 노력이 실패하면서 1998년 이후에는 인도의 핵보유국 지위를 인정하고 새로이 관계정립을 해나간 것으로 볼 수 있다. 인도는 어느 누구에게도 대단히 중요한 역량을 가진 국가이기에 미, 중 양 강대국에게도 인도와의 우호적인 관계유지는 중요하다. 그렇게 본다면 과연 인도의 핵보유 클럽 가입이 미, 중 두 국가와의 관계 발전에 큰 영향을 주었는지 질문하지 않을 수 없다. 핵무기 없이도 인도는 중요한 국가로 취급받았을 것이다. 하지만 동맹국과 파트너들의 군사력을 축적, 총합하여 계산할 때 핵무기의 보유가 큰 도움이 될 수 있다는 것도 사실이다.

파키스탄은 핵실험 이후 미국과의 관계가 잠시 틀어졌다가 9/11 이후로 지정학적 위치 덕분에 예전의 친밀했던 관계를 완전히 회복하였다. 하지만 미국의 관심이 대테러전에서 중국의 부상으로 옮겨가자 파키스탄의 전략적 가치가 상실되면서 미국과의 관계가 멀어졌다. 파키스탄의 현대사와 군부우위의 국내정치 사정을 고려하면 카시미르와 아프가니스탄에서의 무장세력 지원이 중요한 대인도 투쟁 전략의 하나였는데 이로 인해 미국과의 관계는 더욱 멀어졌고 파키스탄의 비민주성도 이러한 관계악화에 한 몫 하였다. 인도와 대치하고 있는 파키스탄에게 미국의 상실은 엄청난 타격인데 냉전 때처럼 이를 중국과의 관계증진으로 극복하려 하였다. 미국과 멀어질수록, 그리고 전략적 이유에서 미국이 인도와 가까워질수록 파키스탄의 전략적 유용성을 높이 산 중국과 가까워지는 것이다. 이렇게 글로벌 세력균형의 변화가 파키스탄의 대미, 대중 관계에 큰 영향을 끼쳤다.

대체로 인도, 파키스탄의 핵무기 보유는 이들 국가들의 실질적 동맹국들이 자신이 라이벌 관계라고 생각하는 국가를 견제하는 데 상당히 유용하게 작용한다. 즉 중국을 견제하는 미국에게 인도의 핵보유는 중국을 포위하는 데 큰 도움이 되고, 파키스탄의 핵무기는 인도를 견제하려는 중국에게 크게 이로운 것이다. 그러나 한편으론 인도, 파키스탄 간의 분쟁이 격화되어 확전이 진행될 때 미국이나 중국의 연루

(entrapment)를 강제할 수도 있는 양날의 칼이기도 하다. 인도, 미국과 파키스탄, 중국의 관계는 기본적인 글로벌 세력균형의 변화라는 틀 속에서 핵무기 경쟁의 심화, 국내정치의 변화 등의 변수와 얽히면서 긴장을 늦추지 못하게 하고 있다.

제7장

결론: 인도-파키스탄의 핵보유 이후 전략변화가 한반도에 주는 함의

제7장

결론: 인도-파키스탄의 핵보유 이후 전략변화가 한반도에 주는 함의

본 연구는 국제정치에서 상당한 주목을 받고 있으나 국내에서는 합당한 관심을 받지 못한 남아시아의 인도-파키스탄 간의 분쟁을 신현실주의라는 구조적 분석틀을 사용하여 양국의 핵무기 개발에 초점을 두어 분석하였다. 먼저 신현실주의, 또는 구조적 현실주의가 왜 인도-파키스탄 양국 간의 라이벌 관계 심화와 핵무기 개발 경쟁을 설명하는 데 가장 유용한 이론인지를 서술하고 인도, 파키스탄이 유구한 역사에도 불구하고 결국 분리독립할 수밖에 없었던 이유와 과정을 분리독립 이전의 남아시아 역사를 살펴보면서 간략하게 설명하였다. 이후 양국이 신생 독립국가로서 어떻게 자국의 안보를 증진시키려는 노력을 기울였는지 각각의 장에서 다루었다. 냉엄한 냉전 시기에 전략적 요충에 자리잡은 관계로 남아시아 지역은 미국, 소련, 중국의 이해관계 속에 존재했으며 이러한 연유로 이들 강대국들과 동맹, 또는 유사동맹을 맺으며 주권과 안보를 보장받고자 노력하였다. 그러나 이러한 노력이 좌절되고 강대국의 도움 가능성에도 의구심이 들자 자체 역량 강화에 힘을 기울였는데 그 결과물이 바로 핵무기 보유였다. 이렇게 양국 모두 핵무기 보유를 위하여 많은 노력을 기울였는데 그 이유와 과정에 대하여 신현실주의적 접근이 잘 설명해 줄 수 있었다. 물론 핵개발 과정 속에서 벌어진 모든 구체적인 단계나 사건을 명확히 설명할 수는 없지만 남아시아 지역에서의 핵확산에 있어서 신현실주의는 특히 파키스탄 핵보유에 관해서는 가장 설명력이 높은 이론이었다. 인도의 경우도 신현실주의적 접근이 인도 핵보유 과정의 실타래를 푸는데 큰 도움을 주었지만 국내정치의 다이내믹, 지도자 성향, 과학자-관료 그룹의 영향력 등이 종합적으로 고려될 때 보다 포괄적이고 풍성한 설명이 가능하였다. 양국이 핵무기를 보유하고 핵보유 국가로 인정받고 난 후 전략, 독트린의 변화, 발전과 핵군비 경쟁에 관한 장에서는 최근의 양국 간의 과도한 경쟁이 초래하는 위험한 추세에 대해서 살펴보았다. 이번 장에서는 결론적으로 인도와 파키스탄의 핵개발과 그 이후 대결 과정을 간결하게 정리하고 치열한 라이벌 관계의 양국 간에 화해와 관계개선의 방안에 관해 간략히 조망한다. 그리고 남아시아에서의 핵 라이벌 관계의 변화, 발전이 한반도에 주는 함의를 고찰하면서 마무리 짓고자 한다.

1) 인도와 파키스탄의 핵개발

인도는 독립 초부터 핵에너지를 비롯한 과학기술의 보급과 발전에 지대한 관심을 가졌었다. 핵무기에 대해서는 도덕적, 윤리적 이유로 배격하였으나 핵시설과 핵기술이 항상 민간용뿐만 아니라 군수용으로 전용될 수도 있다는 가능성을 배제하지 않았다. 군 현대화나 외부 안보위협 대비에도 소홀한 편이었는데 1962년 중국과의 국경전쟁에서 참패하고 나서 국방력 증대를 위한 노력을 기울였다. 1964년 중국의 핵실험이 인도 지도부를 더욱 자극하였고 자체 핵무기 보유 주장이 점점 고개를 들었다. 인도는 이러한 유혹을 계속 거부하였으나 핵시설과 기술력은 꾸준히 발전시켜 나갔다. 1971년 파키스탄과의 3차 전쟁 이후 방글라데시가 독립하는 등 파키스탄에 압승을 거두었으나 미국, 중국의 친파키스탄 행보 등 우려스러운 상황에서 당시 인디라 간디 총리가 인도도 할 수 있다는 것을 과시하기 위해 1974년 PNE 실험을 감행한다. 이후에는 핵개발 추진이 빠르게 진행되지 않았고 전략적 고려와도 계속 분리되어 있었다. 1980년대 파키스탄의 핵개발 노력에 대한 보고가 속속 들어오면서 양국이 어느 정도의 핵능력을 갖춘 상태에서 수차례의 위기가 발생하였다. 다행히 위기가 전쟁으로 비화되지는 않았고 대략 1990년 정도까지는 양국 모두 핵무기 능력을 보유하게 되었다. 1998년 집권한 BJP의 바지파이 총리는 5월에 전격적으로 핵실험을 감행함으로서 세계를 놀라게 하였다.

인도는 윤리적인 이유에서도 전 지구적 핵군축을 줄기차게 주장하였고 핵무기를 보유한 강대국들의 우산을 제공받으려는 외교적 노력도 지속적으로 기울였었다. 그러나 그 와중에도 과학자 그룹이 주도하는 핵기술 개발 축적을 게을리 하지 않았고 차근차근 핵보유 능력을 갖춰나갔다. 국내정치적인 이유도 한 몫 하면서 핵무기 능력을 만방에 과시하고 이후에는 본격적으로 파키스탄과 핵탄두와 투발수단 개발 경쟁에 나선다. 파키스탄과의 작용, 반작용이 지속되면서 핵전략, 핵독트린도 변화를 거듭하고 있는데 그 방향과 속도, 그리고 파키스탄과의 적대관계와 관련하여 우려를 자아내고 있다. 인도는 파키스탄이 후원하는 무장단체의 공격에 맞서고 공격 발생 시 파키스탄을 응징하기 위한 다양한 수단과 방안들을 고려하면서 제한된 재래식 공격부터 핵전력 분야에서 우위를 점할 수 있는 핵능력 구축까지 많은 노력들을 기울이고 있다. 그 중에서 특히 인도의 대(對)군사목표(counterforce) 능력과 미사일 방어 능력 확충 노력이 이러한 시스템에 내재한 불안정성과 파키스탄의 반작용 때문에 잠재적으로 위험한 접근으로 인식되고 있다. 한편 냉전때 소련과 우호적 관계를 가지면서 멀어졌었던 미국과는 21세기 들어 급속히 부상하는 중국을 견제해야 한다는 공통분모 덕분에 상당히 가까워지고 있다. 중국과는 국경을 맞대고 있는 강대국으로서 강대국 간 힘의 정치와 라이벌 관계 발전이 불가피해 보인다.

파키스탄은 재래식 전력에서 압도적으로 우월하며 자국에 존재론적 위협인 인도로부터의 확실한 억지를 위하여 수많은 노력을 기울였다. 미국과 중국이라는 강대국으로부터 보호와 도움을 받고자 하였으나 냉전기, 탈냉전기 강대국 간 세력관계의 변화와 강대국의 대전략 변화 등으로 수시로 어려움을 겪고 방기도 경험해야 했다. 그러한 불확실성에 대한 확실한 안보 대체수단으로 국제사회의 압력과 반대에도 불구하고 핵무기 건설에 매진하여 핵무기 보유에 성공하게 되었다. 이후에도 라이벌 인도와 핵무기 개발경쟁을 강화하고 핵전략, 핵독트린을 발전시켜 나가고 있는 상황이다. 그러나 파키스탄의 핵전략, 핵독트린,

핵 · 미사일 개발 방식에 있어서 우려가 많은 것이 사실이다. 즉 인도-파키스탄 간에 핵전력 경쟁 영역에서 서로의 억지력을 확실히 담보하기 위한 노력이 오히려 위기 시 양국 간의 불안정성을 증대시키고 더욱 쉽게 확전으로 비화되지 않을지 근심스러운 것이다. 또한 파키스탄의 핵무기 보유 이후 무장단체의 비대칭 투쟁을 더욱 조장하는 공세적인 정책이 미국 등 국제사회의 강력한 비판에 직면하여 역풍을 맞고 있다. 파키스탄의 안보에 중요한 역할을 하였던 핵무기, 미국, 중국, 카시미르 등지에서의 반군을 조화롭게 아우르며 균형을 맞추는 게 쉽지 않은데 특히 미-중 양 강대국의 라이벌 관계와 경쟁이 심화되면서 파키스탄의 전략은 더욱 어려움을 겪고 있다.

작금의 냉혹한 현실정치에서 21세기 패권을 두고 경쟁하는 미국과 중국 모두와 원만한 외교관계를 유지하고자 하지만 파키스탄에게 현실은 그리 녹록치 않다. 특히 중국의 부상을 견제하려는 미국에게 급속히 부상하는 인도와의 우호적 관계 유지는 기존 파키스탄과의 전략적 관계보다 훨씬 중요해졌다. 파키스탄의 한계와 현재에 대한 실망, 미래에 대한 불안은 파키스탄의 이웃이자 파키스탄의 숙적인 인도의 현재를 보면 극명하게 드러난다. 미국이 수십억 불의 경제, 군사 원조와 동맹관계를 통해 이루고자 했던 민주적이고 관용적인 국가는 현재의 인도 같은 나라이지 실패국가에 가까운 현재의 파키스탄이 아닌 것이다. 이렇게 파키스탄-미국 간의 갈등이 심화되고 있는데다 미국을 비롯한 주변국들이 최근 중국의 공격적인 외교행태를 우려하여 중국의 세력부상에 균형을 잡는 노력을 하고 있는 상황은 국내 정정의 불안정이 지속되어 일관된 외교정책 수행에 어려움을 겪고 있는 파키스탄을 중국과 더욱 가깝게 만들 가능성이 높다. 자신을 둘러싸고 있는 봉쇄를 극복하고자 하는 중국에게 최근 미국을 비롯한 서방 국가들과 관계가 틀어진 파키스탄이 유용한 동맹국으로 기능할 수 있는 것이다.

이렇게 남아시아에서의 인도-파키스탄 두 국가의 관계는 냉전과 탈냉전기 모두 강대국들의 세력 균형 변화에 크게 영향을 받으면서 양국 간의 라이벌 관계가 심화되어 온 것으로 특징지을 수 있다. 불확실한 안보 환경에서 서로의 안보를 확실히 하려는 노력은 양국 간의 핵개발 경쟁으로 발전하였는데 신현실주의적 접근이 이러한 동학을 설명하는데 대단히 유용하였다. 물론 핵개발의 풍부한 스토리를 역동적으로 담기 위해서 국내정치, 지도자 특성 등 다른 이론과 개념의 도움도 필요로 하였지만 큰 틀에서 이해하는 데 신현실주의의 공헌이 절대적이라고 할 수 있을 것이다. 양국의 핵무기 보유 이후에도 인도-파키스탄 간의 핵전력 확충, 새로운 전략, 독트린 개발에 신현실주의에서 파생된 억지이론의 많은 연관개념들에 대한 고려가 중요하게 작용하였다. 따라서 인도-파키스탄의 사례에서 보이듯이 비강대국 안보, 전략적 요충지, 핵개발과 핵억지, 강대국과의 관계 등을 이해하는데 신현실주의의 위상은 여전히 뛰어나다고 할 수 있겠다.

2) 남아시아에서 파키스탄과 인도 간에 긴장완화와 관계개선은 가능한가?

인도와 파키스탄 두 당사자 간의 직접적 관계는 어떻게 발전하였나? 주지하다시피 양국은 여러 차례의 전쟁과 위기를 겪으며 적대적 대결관계를 지속하고 있다. 그러나 양국 모두에게 엄청난 비용과 고통을 수반하는 이러한 적대적 관계 청산을 위해서는 결국 두 국가가 직접 머리를 맞대고 해결해야 한다. 미국, 중국 등의 강대국이나 유엔의 중재는 역사적으로도 그랬듯이 그 한계가 뚜렷하다. 인도-파키스탄 양국 간의 불행한 대결과 적대의 역사는 현재도 이어지고 있다. 이러한 적대감과 상호불신은 양국 모두의 핵무기 보유로 인하여 더욱 불안정성을 야기하고 전쟁 발발 시 확전 가능성에 대한 우려를 증대시키고 있다. 양 국가 간에 진정한 화해협력은 지난한 길이고 대단한 인내와 희생을 요구할 것이다. 그러나 양국 간의 전쟁 발발 위험성을 줄이고 확전의 가능성을 획기적으로 줄이려면 긴장완화와 관계개선을 위한 당사자들 간의 진지한 노력이 시급하다. 핵전쟁 가능성과 핵확산 우려라는 측면에서 볼 때 이는 단지 양국 국민들만의 이해와 미래가 걸려 있는 문제가 아니라 국제사회 전체가 관심 있게 지켜보고 함께 노력해야 하는 문제인 것이다.

● 양국 간의 긴장완화와 관계개선의 메커니즘 구축을 위해서는 먼저 통제 불능으로 치닫는 전략분야 군비경쟁을 멈추고 전쟁 발발 가능성과 발발 시 피해를 줄일 수 있게 군비통제 협상을 시작해야 한다. 그러기 위해서는 양국 간에 전략적 안정(strategic stability) 개념과 수단에 대한 이해와 공감대가 형성되어야 한다. 그러한 바탕에서만 양국 간의 핵 군비통제가 추진될 수 있기 때문이다. 냉전 때부터 군비통제는 전략적 안정과 떼어서 생각할 수 없는 개념이었고 군비통제는 미-소 초강대국 간의 전략적 안정에 공헌하는 데 그 목적이 있었다. 미-소는 이러한 역량과 개념의 이해에 광범위한 공감대가 형성되어 수차례의

대결과 지속적인 긴장상황에도 불구하고 양국 간의 전면전이나 핵무기 사용을 방지할 수 있었고 이러한 배경 하에서 양국 간의 전략적 군비통제가 가능했던 것이다. 미-소는 1970년대 전략무기 제한협정 (Strategic Arms Limitation Talk, SALT) 협상이나 이후 1980년대 전략무기감축협정 (Strategic Arms Reduction Treaty, START) 협상에서 특정 전략무기의 제한 혹은 감축을 통하여 안정성을 확고히 수립하고자 하였다. 그러나 냉전 기간 동안 미-소 양국 간에 공통적으로 인지되고 받아들여졌던 전략적 안정 개념은 이후 탈냉전기 소련이 몰락하고 이전과는 다른 미국 주도의 일극체제가 부상하는 상황으로 변화됨에 따라 달리 해석되면서 그 정의가 더욱 모호해졌다. 대체로 핵전쟁의 위험을 줄인다는 정도에는 동의하지만 구체적인 사항으로 들어가면 다양한 주장이 난립하고 있는 상황이다. 이는 미국, 러시아, 중국 등 전략무기 강대국 사이에서도 심각한 문제이다.[372]

인도와 파키스탄 간에도 전략적 안정과 관련하여 아직 양국 간에 전략적 안정 개념에 대한 공감대나 이 개념의 실천을 위해 어떠한 정책과 전략이 수반되어야 하는지 합의가 형성되지 않았다. 군비통제 협상을 시작할 때 미국과 소련 간에는 상호억지(상호 취약성에 기반한)에 대한 확신과 이해가 있었으나 현재 인도와 파키스탄 간에 그런 이해는 존재하지 않는다. 또한 전략적 안정의 실현을 위해서는 각국의 핵전략, 독트린에 대한 명확한 이해와 공감도 필수적인데 인도와 파키스탄은 이 분야에서도 갈 길이 멀다. 파키스탄은 핵선제 불사용을 노골적으로

372 김태형, "동아시아 지역 미-중 전략적 경쟁의 현황과 전망: 군비통제의 관점에서," 『국제 · 지역연구』 26권 4호 2017 겨울, pp. 47-9.

부인하고 핵무기에 대해 의도적인 모호성을 취하는 것과 더불어 최근의 전략무기 획득 방식, 수량, 배치 등과 관련해서도 전문가들의 의구심을 증폭시키고 있다. 전술핵무기에 대한 의존도 증가와 유연성을 구실로 한 다양한 투발수단의 개발, 증대도 전략적 안정에 다다르기 힘들게 하는 요인이다. 인도의 대(對)군사목표(counterforce) 능력과 미사일 방어 구축 노력도 양국 간의 접점 찾기를 어렵게 하고 지역 불안정성을 크게 악화시킨다. 인도-파키스탄 간 핵 라이벌 관계에서 강대국이자 제3국인 미국과 중국의 존재와 개입은 인도-파키스탄 양국 간의 셈법이나 합의를 더욱 어렵게 한다. 이러한 상황에서 인도 파키스탄 양국 간의 전략무기 협상, 특히 전략적 안정 개념의 상호이해에 기반을 둔 군비통제협상은 그 시작조차 쉽지 않은 상황이다. 하지만 그럴수록 양측은 머리를 맞대고 냉전 시기 미-소 양 적대국이 그러했던 것처럼 전략무기 분야에서 위기의 확전을 방지하고 핵무기 사용 가능성을 미연에 차단할 수 있는 방안에 대하여 논의를 시작해야 한다. 일단은 상대적으로 합의에 수월한 분야부터 대화와 협상을 전개하면 될 것이다. 구체적으로는

- 양국 간의 위기 발생 시 서로 간에 오인(misperception)과 오해를 피하기 위한 소통 시스템 구축이 시급한 과제이다. 평시에는 이러한 시스템이 작동하고 카길 전쟁 때도 양국 군 간에 구축된 소통 메커니즘이 확전의 방지에 공헌한 바 있다. 그러나 이러한 시스템이 위기의 급속한 고조시에 어떻게 작동할지에 대해서는 우려가 많다. 불필요한 오해와 오인으로 발생하기 쉬운 확전의 가능성을 미연에 차단하기 위해서는 양국 간의 의도가 명확히 전달되어야 하

기에 이러한 시스템은 양국 간의 안정을 유지하기 위해 반드시 필수적이다.

- 양국 간의 핵 독트린이 지나치게 전쟁 억지에만 초점이 맞추어져 있는데 전쟁이 발발하고 나서 어떻게 확전을 통제하고, 전쟁을 신속하게 종식시킬 것인지에 대해서도 치열한 고민을 통해 내부적 이해와 합의를 도출해 내어야 한다. 즉 전쟁종결(war termination)의 방안에 대해서도 각국 내부에서, 그리고 양국 간에 진지한 합의가 필요하다.
- 양국 간에 신뢰회복조치(confidence building measure)를 지속적으로 추진하여야 한다. 과거 양국의 대규모 군사훈련이 위기를 촉발하는 원인이었던 경우가 적지 않았던 바 규모, 기간, 장소, 목표 등 군사훈련에 대한 개략적인 사전 통보와 나아가 상대국 군사훈련 참관 등이 필요할 것이다. 예산 등 양국 군의 투명성을 증대시키기 위한 노력들도 필요하다. 또한 국경 지역에서의 긴장을 완화시키기 위한 장기적인 노력에도 공을 들여야 할 것이다. 이러한 신뢰회복조치에는 정부 관계자들만의 만남이나 협상이 아닌 학자, 기업인, 예술가, 스포츠인 등의 활발한 교류를 통한 관계개선 노력도 포함된다. 사실 정부 간에 상호 불신의 골이 깊을 경우 민간인들의 교류가 물꼬를 트는 경우가 많기에 적극 추진해야 할 것이다. 최근 인도에 거주하는 시크교도들이 파키스탄에 위치한 시크교 성지를 자유롭게 방문하도록 허용한 것은 작은 배려일지 모르지만 이러한 움직임이 쌓여서 커다란 관계개선의 물꼬를 틀 수 있

을 것이다.[373]

● 양국 간에 가장 갈등의 골이 깊고 해결하기 힘든 문제인 카시미르 문제를 해결하기 위한 특단의 대화와 협상도 진행되어야 한다. 양국의 분리독립 직후부터 현재까지 수십 년간 수차례의 전쟁을 불사하면서 치열한 접전을 벌였던 곳이기에 그 과정은 무척 힘들 것이 자명하다. 카시미르 문제는 종교, 민족, 국민건설, 정체성, 전략적 위치, 민주주의와 자치 등 여러 문제가 복잡하게 얽히고설켜 있어 어떻게 접근해야 할지조차도 쉽지 않다. 또한 뿌리 깊은 불신으로 인하여 카시미르 문제해결 포함 평화협상 자체에 대한 양국 내부의 반대도 상당하고 양국 간의 요구조건이 이미 워낙 타협 불가일 정도로 명백히 상이하기에 협상 시도조차 무의미하다고 주장하는 사람들도 많은 실정이다.[374] 이러한 노력은 파키스탄에게 특히 중요하다. 파키스탄의 핵개발 노력과 전반적인 안보추구 노력에서 보이듯이 대부분의 파키스탄 안보관련 정책은 지정학에 기반을 둔 인도의 행동에 대한 반응이었다. 즉 인도와의 관계개선이 없는 한 파키스탄은 지속적으로 불안할 것이고, 이러한 불안함에서 벗어나기 위해 외부 강대국의 도움을 얻고자 하게 될 것이다. 문제는 이러한 강대국과의 동맹 추구 정책이 반드시 긍정적이지만은 않았다는 것이다. 파키스탄의 오인(誤認)과 함께 무조건적인 외부에의 의존은 궁극적으로 파키스탄의 안보에 오히려 위해를 가할 수 있다. 따

373 Grant Wyeth, "India, Pakistan, and the Kartarpur Corridor," *The Diplomat*, December 11, 2018.

374 Ashley Tellis, *Are India-Pakistan Peace Talks Worth a Damn?* (Carnegie Endowment for International Peace, 2017).

라서 진정한 안보를 위해서 파키스탄은 인도와의 관계개선을 적극적으로 추구해야 할 것이다. 이는 수많은 난관에도 불구하고 더 이상 미룰 수 없는 문제임도 분명하다. 2000년대 초반에는 바지파이 총리가 이슬라마바드를 방문하고 무샤라프 대통령이 뉴델리를 방문하는 등 큰 진전이 가시화되기도 하였다. 하지만 카시미르 문제가 항상 발목을 잡았고 2008년 뭄바이 테러공격 같은 사건이 더 이상의 진전을 가로막았었다. 그러나 양국 간에 군사적 긴장과 충돌이 있을 때에도 교류가 완전히 중지된 적은 없었고 바로 인적 교류와 고위급 회담이 진행되었다는 것도 중요하다.[375] 카시미르 문제와 관련하여 구체적으로는

– 양국 모두 카시미르나 핵개발 등의 민감한 문제를 국내에서 정치적으로 이용하는 것을 삼가야 한다. 인도의 경우 힌두 민족주의 정당인 인도인민당(BJP)이 집권하는 동안에는 파키스탄과의 갈등을 국내 민족주의적 정서에 호소하는 경우가 많았다.[376] 2019년 봄 총선에서 집권 BJP가 손쉽게 재선에 성공한 데에는 모디 총리와 집권당의 힌두 민족주의에의 호소가 큰 역할을 하였다. 특히 2월 풀와마 공격에 대응한 모디 총리의 공습 지시는 상당한 대중적 호응을 얻으면서 총선 승리에 큰 도움을 주었다. 그러나 이러한 배타적 민족주의 호소는 장기적으로 양국 간의 우호증진뿐만 아니라 인도의 안보에도 결코 도움이 되지 않을 것임을 자각해야 할 것이다. 파키스탄 또한 군부나 강경 무슬림 세력들이 인도와의 갈

375 Khurshid Mahmud Kasuri, *Neither a Hawk Nor a Dove: An Insider's Account of Pakistan's Foreign Policy* (Penguin Press, 2015), Ch. 3.

376 Ariel Sophia Bardi, "India's Hindu Nationalists Still Feed Off Partition's Wounds," *The Diplomat*, August 14, 2018.

등을 통해 종교, 민족성 등의 상징성을 강조하여 자신들에게 유리한 상황을 유도하는 경우가 적지 않다. 그러나 결국은 양국 간의 관계개선이 양국 국내 정치의 안정과 국민들의 복리증진에도 궁극적으로 크게 도움이 될 것이라는 것을 깨달아야 한다.

- 무엇보다도 파키스탄군은 카시미르나 아프가니스탄에 근거지를 둔 테러조직과의 연계와 지원을 즉각 중단하여야 한다. 파키스탄군, 특히 군 정보기구인 ISI는 소련군의 아프가니스탄 점령기에 미국의 협조와 지원 하에 무자헤딘을 적극 지원하여 소련군의 패퇴에 크게 공헌한 바 있다. 이러한 기억으로 파키스탄군은 카시미르 지역에서 카시미르의 민족자결권과 인도의 강압통치에 대한 민주적 요구라는 미명 하에 인도를 대상으로 공격을 감행하는 반군세력과 테러조직을 적극 지원해오고 있다. 무장단체의 공격에 대한 지원은 핵무기 덕분에 인도군의 반격으로부터 안전하다는 믿음으로 지속될 수 있었다. 그러나 이러한 지원이 수차례의 심각한 위기 상황을 초래하였고 결국 국제사회, 특히 미국과의 관계가 거의 절연되는 수준으로까지 전락했다. 또한 이러한 그룹들의 발흥이 파키스탄 내부의 시설, 인명에 대한 공격으로까지 확대되기에 파키스탄군이 인도군을 대응하는 수준 못지않게 내부 반군세력들에 대한 소탕작전에도 많은 예산과 인력을 투여해야 하는 실정이다.[377] 사실 파키스탄의 무장단체 지원은 인도에 대한 파키스탄의 상대적 열세라는 파키스탄에 내재한 약점에서 기인하

377 Fair, *Fighting to the End*, Ch. 9; Brian Cloughley, *War, Coups, and Terror:* Ch. 8.

였다. 하지만 이러한 약점에서 출발하여 파키스탄이 필요로 하는 전략적 이득을 제공하였던 무장단체에 대한 지원은 이제 지하드 패러독스(Jihad Paradox)라는 표현이 어울릴 정도로 더 이상의 전략적 이득은 고사하고 파키스탄의 취약성을 더욱 부각시키며 오히려 병리적 위험요인으로 다가오고 있다. 즉 파키스탄의 무장단체 지원전략은 그 수명을 다한 것이다.[378] 따라서 파키스탄-인도 간의 관계개선, 나아가 파키스탄 국내의 안보를 위해서도 파키스탄군의 카시미르, 아프가니스탄의 반군, 무장단체에 대한 지원이 중단되어야 한다. 인도 또한 카시미르 지역에서의 강압적이고 강경한 통치를 지역 주민들의 좌절과 소외감을 헤아리고 경제 분야 발전을 추동할 수 있는 정책으로 전환하여야 한다. 그렇지 않으면 지역 주민들, 특히 젊은 층의 불만이 인도에 대한 반감과 무장단체 가입으로 귀결되고 파키스탄의 무장단체를 활용한 대리전 전략을 더욱 용이하게 할 뿐이다. 모디 총리를 비롯한 인도 정부의 결단이 요구된다.

● 결국 냉전 시대 미-소 간의 적대적 관계처럼 상대방이 자국 안보의 제일 큰 위협이라 할지라도 이러한 적대관계 지속보다 더 바람직하지 못한 것은 양 적대국 사이에 전쟁이 벌어지는 것이라는 것을 인지해야 한다. 특히 양 적대국이 모두 핵무기로 무장한 상태라면 문제는 더욱 심각하다. 양국이 보유한 핵무기가 전략적 안정을 가져다주어

378 Kapur, *Jihad As Grand Strategy*, p. 28.

위기 시 전쟁 발발의 위험성을 낮출 수도 있다. 그러나 이는 양국이 자신들이, 그리고 서로가 보유한 핵전력과 핵독트린의 내용과 함의를 이해하고 신중한 대화와 합의를 통해 안정에 이르는 방안에 대한 공감을 할 때에 가능하다. 이를 위해서는 양국 정부, 특히 양국 지도자 간에 국내정치 압력, 확전지배, 전쟁승리 등의 유혹에 흔들리지 않는 통 큰 정치적 결단이 필수적이다. 보다 구체적으로 인도-파키스탄 양국 간에 의도하지 않은 분쟁과 핵무기 사용 가능성을 낮추려면 파키스탄이 인도에 대한 비대칭 투쟁 전략을 폐기하고 이에 대한 반대급부로 인도도 Cold Start 독트린을 보다 방어적인 전략으로 재고하는 등의 정치적 결단이 필요하다.[379] 상호 억지력을 증대시키기 위해서는 군비통제 협상과 외교적 관여를 포함하는 정기적인 소통이 필수적이라는 냉전 시대의 교훈도 잊지 말아야 할 것이다.[380] 결국 인도와 파키스탄 두 적대국 간의 긴장완화와 관계개선은 인내심과 끈기를 요구하는 장기전이 될 것이다. 1999년에 파키스탄이 제안한 미사일 방어를 금지하는 내용을 담은 전략적 자제 레짐(Strategic Restraint Regime)의 구축이 인도에 의해 거부된 바 있다.[381] 20년 후 1999년보다 전략적 불안정성이 훨씬 가중된 오늘이야말로 이와 유사한 제도나 메카니즘 건설을 위한 양국 간의 대화가 필요한데 이는 장기 레이스의 훌륭한 출발점이 될 것이다.

---

379 Kampari and Gopalawamy, "How to Normalize Pakistan's Nuclear Program."

380 T. V. Paul, Complex Deterrence: An Introduction," in T. V. Paul, Patrick Morgan, and James Wirtz, eds., *Complex Deterrence: Strategy in the Global Age* (University of California Press, 2009), p. 9.

381 Khan, "India's BMD," p. 192.

3) 한반도에의 함의

남아시아에서 인도-파키스탄 간의 핵무기 개발경쟁과 핵무기 보유 이후 전략과 정책의 변화는 한반도에도 큰 교훈과 함의를 제공할 수 있다. 많은 전문가들이 국제사회, 특히 미국의 압력에도 불구하고 핵개발에 성공하고 결국 핵무기 보유국가로 인정받은 파키스탄의 전철을 북한이 밟고 있다고 생각한다. 전술했듯이 파키스탄의 핵개발 이유는 라이벌 적대국가가 경제, 재래식 군사력 등 모든 면에서 압도적 우위에 있고, 강대국 동맹국으로부터의 '방기'를 경험한 후 독자적인 핵무장이 유일한 생존전략이라고 결론지었기 때문인데 이를 북한의 상황과 유사하다고 보는 것이다. 즉, 경제력, 재래식 군사력에서 모두 우위인 한국(한미동맹 포함)의 존재와 1990년대 냉전 해체기에 겪었던 소련, 중국 모두로부터의 방기 경험이 북한 핵개발의 직접적 이유이기 때문이다. 또한 북한이 핵개발에 나서면서, 특히 핵무기 보유에 성공하면서 더욱 공세적이고 도발적인 행동을 보였는데 이 또한 파키스탄의 사례와 유사하다고 할 것이다. 2018년에 불어닥친 한반도 주변의 관계개선과 긴장완화의 훈풍이 언제까지 지속될지는 알 수 없다. 만일 북한 비핵화 노력이 소정의 결과를 끌어내지 못하고 북한이 기존의 핵, 미사일 능력을 계속 보유하게 된다면 이에 대한 대비책을 철저히 수립해야 할 것이다. 북한 비핵화가 진행되더라도 만일의 상황에 대비하여 남아시아의 핵개발과 대치 사례를 참고삼아 최적의 방안을 고안해 볼 수 있다. 북한의 핵능력이 현재 수준으로 계속된다고 가정할 때 남아시아의 경험에 빗대면 몇 가지 상황을 유추할 수 있을 것이다.

먼저 북한의 핵독트린 또는 핵태세(nuclear posture)는 핵탄두와 핵무기 투발수단을 급속히 증가시켜 확증파괴(assured destruction)에 가까운 대량보복에 가깝다는 견해와[382] 감당할 수 없는 위험 순간에 한미 연합 전력에 대한 핵무기 선제사용을 불사하여 정권안보를 보장하겠다는 비대칭 확전형에 가까울 것이라는 견해가 있다.[383] 어쨌든 파키스탄의 경우처럼 북한도 핵탄두 개수 증대와 ICBM, SLBM 등 투발수단 다양화, 정밀화를 위해 많은 노력을 기울이고 있는 중이다. 또한 남아시아의 사례처럼 한반도의 경우도 안정-불안정 역설이 진행될 가능성이 존재한다.[384] 수도권이 막대한 장사정포의 사정거리에 위치한 덕분에 과거에도 북한은 한미동맹의 보복 위협에도 불구하고 확전의 걱정 없이 제한적인 재래식 도발을 수차례 감행한 바 있다. 이제 핵능력까지 보유하였기에 파키스탄의 경우처럼 북한도 모험주의적인 행동을 감행할 가능성을 완전히 배제할 수는 없다.

지속되는 북한의 핵, 미사일 개발노력과 제한적 도발 가능성에 대비하여 한국과 미국은 긴밀한 공조를 유지, 강화하고 있고 한국의 경

382 Joel Wit and Sun Young Ahn, "North Korea's Nuclear Future: Technology and Strategy," North Korea's Nuclear Future Series, US-Korea Institute at SAIS (2015); Joseph Bermudeze, "North Korea's Development of a Nuclear Strategy," North Korea's Nuclear Future Series, US-Korea Institute at SAIS (2015); Robert Carlin and Robert Jervis, "Nuclear North Korea: How Will It Behave?" *38 North*, November 2015.

383 Paul Bernstein, "5. The Emerging Nuclear Landscape," in Jeffrey Larsen and Kerry Kartchner (Eds.), *On Limited Nuclear War in the 21st Century* (Stanford University Press, 2014), p. 120.

384 Terence Roehrig, "Stability or Instability? The US Response to North Korean Nuclear Weapons," In Sung Chull Kim and Michael Cohen, Eds., *North Korea and Nuclear Weapons: Entering the New Era of Deterrence* (Georgetown University Press, 2017), p. 144.

우 킬 체인(Kill Chain), 한국형 미사일 방어(KAMD), 그리고 한국형 대량보복(KMPR)이라는 한국형 3축체계의 조기 구축을 위해 전력을 다하고 있다.[385] 북한의 점증하는 위협에 대응하여 군사적으로 철저히 대비하는 것은 반드시 필요하고 단호한 결의와 준비태세를 과시함으로서 북한의 도발을 억지하는 것은 당연한 의무이다. 그러나 킬 체인의 경우 북한 핵미사일의 발사 징후에 대한 포착(탐지, 추적 및 식별)이 대단히 어려워서 군사적 효용성이 의문시될 뿐만 아니라 선제타격의 요소를 갖고 있어 북한이 오판하여 먼저 공격을 감행하게 될 가능성 또한 존재한다. 남아시아의 경우 인도, 파키스탄 모두 선제공격 불사의 군사전략을 추진함으로서 전략적 불안정을 더욱 악화시키고 핵군비경쟁을 심화시키고 있는데 동북아에서도 이러한 전개가 펼쳐질 가능성을 우려하지 않을 수 없다. 이러한 선제타격 전략은 군사적 효용성에서 의문이고 대치하는 국가들이 서로의 의도에 대해 확신하지 못하여 이로 인한 위기 불안정성을 증폭시킬 수 있으며 북한의 핵 선제사용을 의도하지 않게 부추길 수 있는 위험성을 내포하고 있다. 즉 도발에 대한 단호한 응징을 공언하는 적극적 억지 노력이 의도하지 않게 위기 상황에서 위기 불안정을 증대시키고, 국지적 분쟁의 대규모 재래식, 더 나아가 핵무기가 사용되는 확전으로 발전하는 것을 통제하기 힘들게 할 수도 있는 것이다.[386]

KMPR은 적의 미사일 공격 발생 시 그 발사기지와 함께 전쟁 지휘

385 2018년 말 3축체계가 '핵, WMD 대응체계'로, 그리고 킬체인이 '전략표적 타격', KAMD는 '한국형 미사일방어', KMPR은 '압도적 대응'으로 용어가 바뀌었으나 내용은 동일하다.

386 김정섭, 『낙엽이 지기 전에』, pp. 332-47.

부 등도 대량으로 초토화시킨다는 대량보복(massive retaliation)의 전형적인 특징을 갖고 있다. 그러나 냉전 시기나 현재 인도의 핵독트린에서 보이듯이 대량보복은 항상 실제 수행여부에 대한 신뢰성(credibility) 문제에 봉착한다. 물론 한국의 대량보복은 재래식 전력을 사용한다는 점에서 핵무기를 사용하여 적의 도시를 파괴하겠다는 인도의 대량보복 전략과는 엄연한 차이가 있다. 여기서 문제는 우리의 피해 규모보다 훨씬 큰 규모의 보복을 가하겠다는 공언의 신뢰성 여부이다. 신뢰성을 증명하기 위해 실제로 대량보복을 감행하게 된다면 확전의 위험이 급속도로 커지기 때문에 대량보복 전략은 그 공표와 실행에서 모두 문제점을 내포한 전략으로 볼 수 있다. 적의 도발 시 대응보복에 대해 너무 신뢰성의 증명에 집착해서는 곤란하다. 인도의 경우 대(對)도시 공격을 상정하는 대량보복 핵독트린의 신뢰성 결핍 문제를 극복하고자 대(對)군사목표, 즉 파키스탄의 핵자산을 타깃으로 하는 전력을 구축하는 방향으로 전환하고 있는데 이러한 변화가 파키스탄의 핵탄두와 투발 수단 증대, 핵무기 사용 준비단계 격상 등의 대응을 야기하여 오히려 위기 안정성을 악화시키고 있는 추세이다. 중요한 점은 확전의 방지와 위기 시 안정성의 회복을 통한 위기 진화에 있다는 것을 명심하고 도발에 대한 응징보복은 분명히 가하되 신뢰성 증명을 위한 확전 불사 태도는 주의해야 한다.

남아시아에서는 인도가 구축하려는 미사일 방어(BMD) 시스템이 선제 대(對)군사목표(counterforce) 위협과 맞물리면서 특히 1차공격 안정성을 저해하는 체계라는 우려가 크다. 한국이 구축하려 노력하는 KAMD 시스템에 대해서는 이러한 가능성에 대한 비판이 크지는 않은 상황이다. 또한 한국의 KAMD 구축은 그동안 한국군에게 부족했던 정찰, 탐지, 감시 등 위성을 포함한 우주역량을 향상시킨다는 점에서 고무적이다. 하지만 역사적으로 미사일 방어 시스템 자체에 내재하는 잠재적 위험성에 대한 고민은 필요하다. 또한 KAMD의 비용 대비 효용성도 면밀히 따져봐야 할 것이다.

한편 최근 논란이 되고 있는 미국 전술핵무기 재도입도 그 득실을 면밀히 따져봐야 한다. 비록 남아시아와 동북아의 상황은 차이가 분명히 있지만 미군이 냉전 시기 전술핵무기 운용에 겪었던 어려움은 한반도에서도 그대로 재현될 가능성이 높다. 남아시아에서 인도의 재래식 공격을 막기 위해 파키스탄에 의해 실전배치된 전술핵무기가 소기의 목적을 달성하기보다는 인도의 선제 대(對)군사목표(counterforce) 역량 확충을 유도하여 오히려 지역 불안정성을 악화시켰다. 또한 전술핵무기 운용의 최적화를 위해 사용 권한을 지역 사령관에게 위임한다면 위기 발생 시 확전의 위험은 대단히 커질 것이라는 우려가 크다. 즉 한국으로의 전술핵무기 재도입도 기대했던 억지력 증대나 핵균형에 공헌하기 보다는 한반도 긴장고조와 함께 위기관리와 확전통제에 악영향을 끼칠 가능성이 상당히 큰 것이다.

북한이 파키스탄의 카시미르 회복처럼 상징적으로나 전략적으로 너무나 중요한 현상타파적 (revisionist) 목표를 갖고 있는지에 대해서는 논란이 있다. 북한 핵미사일 능력, 특히 ICBM 기술의 급속한 신장에 관해서는 결국 북한이 미군철수와 한반도 통일이라는 오랜 목표달성에 있어 더욱 용이한 전략적 상황에 도달해 가고 있다는 우려의 목소리도 높다. 그러나 판다(Panda)와 나랑(Narang)이 밝혔듯이 북한의 핵, 미사일 능력의 고도성장이 이러한 목표달성을 하루아침에 가능하게 하는 것은 아니다. 파키스탄의 경우 핵능력을 보유하기 훨씬 전인 1965년에 카시미르 회복을 위해서 2차 인도-파키스탄 전쟁을 일으켰다. 그러나 파키스탄의 예상과는 달리 인도가 신속히 전선을 확장하고 반격에 나섬으로써 파키스탄의 공격은 실패하였다. 1971년 굴욕적인 패배 후 핵무장에 전력을 다하여 마침내 핵실험에 성공한 직후인 1999년 카길 지역에서 파키스탄은 1965년과 유사한 시도를 하였다. 이번에는 핵무기라는 확실한 억지 수단을 등에 업었으나 인도의 절제된 반격으로 역시 실패하고 말았다. 핵무기가 인도의 대량보복이나 확전은 방지했을지 모르나 카시미르 회복이라는 현상타파적 목표 달성에는 역시 큰 도움이 되지 않았던 것이다.

남아시아의 경험을 한반도에 적용해 보면 비록 북한이 미군철수나 통일 같이 야심찬 현상타파적 희망사항들을 갖고 있다 할지라도 핵무기를 이러한 목표달성을 위해 보유, 발전시키고자 하는지 불분명하고, 핵무기 보유가 이러한 목적달성을 위해 큰 도움이 될 것이라 보기도 힘들다. 따라서 북한의 핵무기 보유는 정권교체 방지, 미국의 압도적 재래식 전력 우위에 대한 완충, 안정-불안정 역설에 따른 제한적 재래식 도발에 대한 보호막 이상의 기능과 역할은 하기 힘들 것으로 보인다. 물론 북한의 도발이나 한미 동맹의 와해(decoupling) 노력에 대해 한미동맹을 굳건히 하고 미국의 확장억지도 꾸준히 신뢰할 수준으로 유지하는 노력이 필요할 것이다.[387] 즉 북한의 핵, 미사일 개발노력과 위

387 Ankit Panda and Vipin Narang, "Nuclear Stability, Conventional Instability: North Korea and the Lessons from Pakistan," *The Diplomat*, November 22, 2017.

협에 대응하기 위하여 여전히 가장 중요한 전략과 개념은 고전적인 억지라고 할 수 있다.[388] 파키스탄과 같이 북한의 도발은 핵개발 이전에도 수차례 있었고 핵무기의 보유가 이러한 현상을 크게 변화시켰다고 보기는 힘들다. 따라서 굳건한 동맹과 단호하면서도 절제된 억지력, 위기관리와 확전통제를 신중하게 조화시켜야 한반도의 안정과 평화를 지킬 수 있을 것이다. 무엇보다도 북한 핵, 미사일에 대한 대응책이 북한으로 하여금 'use it or lose it' 상황에 처하였다고 믿는 정도까지 밀어붙여서는 곤란하다.[389] 즉 북한에 대한 대응이 북한의 핵, 미사일 등 군사력 자산을 제거하는 대(對)군사목표(counterforce) 공격을 목표로 하면서 확전지배(escalation dominance)를 추구한다면 오히려 역효과를 가져올 수 있다. 북핵 대응에는 단호함 못지않게 신중함과 냉정함이 요구되는 것이다. 단호하고 확실한 응징 억지가 지나쳐 안보 딜레마를 악화시키고 위기 안정성을 저해하는 우를 범해서는 안 될 것이다. 또한 강력한 제재와 확고한 군사적 대비태세 구축과 함께 정기적인 대화와 협상을 통한 관계회복, 오인 방지, 점진적 신뢰구축에도 노력하는 것이 오히려 상호 억지력을 증대시킬 수 있다고 냉전 시대의 사례가 인도-파키스탄을 거쳐 우리에게 주는 교훈일 것이다.

388 Scott Sagan, "The Korean Missile Crisis: Why Deterrence Is the Still the Best Option," *Foreign Affairs*, 96/6 (Nov/Dec 2017), pp. 72-82.

389 Michael Cohen, "North Korea, Nuclear Weapons, and No Good Options? A Controlled Path to Peace," In Sung Chull Kim and Michael Cohen, Eds., *North Korea and Nuclear Weaspons: Entering the New Era of Deterrence* (Georgetown University Press, 2017), p. 67.

참고문헌

김정섭 『낙엽이 지기 전에: 1차 세계대전 그리고 한반도의 미래』 (서울: MiD, 2017).

김태형, "동아시아 지역 미-중 전략적 경쟁의 현황과 전망: 군비통제의 관점에서," 『국제 · 지역연구』 26권 4호 2017 겨울.

니콜로 마키아벨리, 『군주론』 (권기돈 옮김, 웅진씽크빅, 2008).

샤시 타루르(Shashi Tharoor) 『암흑의 시대: 약탈과 착취, 폭력과 학살의 시대(The Era of Darkness: The British Empire in India)』 (김성웅 옮김, 서울: 서런, 2018).

손자, 『손자병법』 (김광수 옮김, 책세상, 1999).

이옥순 『식민지 조선의 희망과 절망, 인도』 (서울: 푸른역사, 2006).

자와할랄 네루(Jawaharlal Nehru) 『인도의 발견』 (김종철 옮김, 우물이 있는 집, 2003).

조길태 『영국의 인도 통치 정책』 (서울: 민음사, 2004).

조길태 『인도와 파키스탄: 대립의 역사』 (민음사, 2009).

토마스 홉스, 『리바이어던』 (최진원 옮김, 동서문화사, 2009).

투키디데스, 『펠로폰네소스 전쟁사』 (박광순 옮김, 범우, 2011).

프란시스 후쿠야마 『정치질서의 기원: 불안정성을 극복할 정치적 힘은 어디서 오는가』 (함규진 옮김, 웅진 지식하우스, 2011).

하마우즈 데쯔오 『대영제국은 인도를 어떻게 통치하였는가: 영국 동인도회사 1600–1858』 (김성동 옮김, 서울: 심산, 2004).

Abi–Habib, Maria. "After India Loses Dogfight to Pakistan, Questions Arise about Its 'Vintage' Military," *New York Times*, March 3, 2019.

Abi–Habib, Maria. "China's 'Belt and Road' Plan in Pakistan Takes a Military Turn," *The Diplomat*, December 19, 2018.

Abraham, Itty. "India's "Strategic Enclave": Civilian Scientists and Military Technologies," *Armed Forces & Society*, Vol. 18, No. 2 (1992), pp. 231–52.

Abraham, Itty. *The Making of the Indian Atomic Bomb: Science, Secrecy and the Postcolonial State*. NY: Zed Books, 1998.

Abraham, Itty. "Contra–Proliferation: Interpreting the Meanings of India's Nuclear Tests in 1974 and 1998," in Scott Sagan, ed., *Inside Nuclear South Asia*. Palo Alto: Stanford University Press, 2009.

Aguilar, Francisco et al. "An Introduction to Pakistan's Military," Harvard Kennedy School Belfer Center, July 2011.

Ahmed, Samina. "Pakistan's Nuclear Weapons Program: Turning Points and Nuclear Choices." *International Security* Vol. 23, No. 4 (1999).

Amin, Shadid. *Pakistan's Foreign Policy: A Reappraisal*. New York: Oxford University Press, 2000.

Ayers, Alyssa. "The U.S. Indo–Pacific Strategy Needs More Indian Ocean," Expert Brief for the Council on Foreign Relations, January 22, 2019. https://www.cfr.org/expert–brief/us–indo–pacific–strategy–needs–more–indian–ocean (검색일: 2019년 1월 25일).

Bajpai, Kanti. "Ch. 1. The BJP and the Bomb," in Scott Sagan, ed., *Inside Nuclear South Asia*. Palo Alto: Stanford University Press, 2009, pp. 25–67.

Banerjee–Dube, Ishita. *A History of Modern India*. Cambridge University Press, 2015.

Banerjee, Vasabjit and Prashat Hosur Suhas, "Indian Air Strategy after Balakot: The China Factor," *The Diplomat*, March 22, 2019.

Bardi, Ariel Sophia. "India's Hindu Nationalists Still Feed Off Partition's Wounds," *The Diplomat*, August 14, 2018.

Barnett, Michael Barnett. "Identity and Alliances in the Middle East." In Peter Katzenstein, ed., *The Culture of National Security*. New York: Columbia University Press, 1996. pp. 400–447.

Barry, Ben. "Pakistan' Tactical Nuclear Weapons: Practical Drawbacks and Opportunity Costs," *Survival*, Vol. 60, No. 1 (February–March, 2018).

Basrur, Rajesh. *Minimum Deterrence and India's Nuclear Security*. Stanford University Press, 2006.

Bell, Mark., "Examining Explanations for Nuclear Proliferation," *International Studies Quarterly*, Vol. 60, No. 3 (September 2016), pp. 520–9.

Bell, Mark. "Beyond Emboldenment: How Acquiring Nuclear Weapons Can Change Foreign Policy," *International Security*, Vol. 40, No. 1 (Summer 2015), pp. 87–119.

Bermudeze, Joseph. "North Korea's Development of a Nuclear Strategy," North Korea's Nuclear Future Series, US–Korea Institute at SAIS. 2015.

Bernstein, Paul. "5. The Emerging Nuclear Landscape," in Jeffrey Larsen and Kerry Kartchner (Eds.), *On Limited Nuclear War in the 21st Century*. Stanford University Press, 2014.

Bhagavan, Manu. "The Historicla Context," in Sumit Ganguly and Neil DeVotta Eds., *Understanding Contemporary India*. Boulder: Lynne Rienner, 2003.

Biswas, Arka. "Pakistan's Tactical Nuclear Weapons: Relevance and Options for India," *The Washington Quarterly*, Vol. 40, No. 3 (Fall 2017), pp. 169–86.

Biswas, Arka. "Surgical Strikes and Deterrence–Stability in South Asia," Observer Research Foundation(ORF) Occasional Paper #115, June 2017.

Bose, Sugata and Ayesha Jalal, *Modern South Asia: History, Culture, Political Economy*. Routledge, 2004, 2nd edition.

Burr, William and Jeffrey Richelson, "Whether to "Strangle the Baby in the Cradle": The United States and the Chinese Nuclear Program, 1960–64," *International Security*, vol. 25. no. 3. (Winter 2000/01), pp. 54–99.

Carlin, Robert and Robert Jervis. "Nuclear North Korea: How Will It Behave?" *38 North*, November 2015.

Clary, Christopher and Ankit Panda, "Safer at Sea? Pakistan's Sea–Based Deterrent and Nuclear Weapons Security," *The Washington*

Quarterly, Vol. 40, No. 3 (2017), pp. 149–68.

Clary, Christopher and Vipin Narang. "India's Counterforce Temptations: Strategic Dilemmas, Doctrine, and Capabilities," *International Security*, Vol. 43, No. 3 (Winter 2018/19).

Cloughley, Brian. *War, Coups, and Terror: Pakistan's Army in Years of Turmoil*. Skyhorse Publishing, 2008.

Cohen, Michael. "North Korea, Nuclear Weapons, and No Good Options? A Controlled Path to Peace," In Sung Chull Kim and Michael Cohen, Eds., *North Korea and Nuclear Weapons: Entering the New Era of Deterrence*. Georgetown University Press, 2017.

Cornell, Svante. "Pakistan's Foreign Policy: Islamic or Pragmatic." In Brenda Shaffer, ed., *The Limits of Culture: Islam and Foreign Policy*. Cambridge: The MIT Press, 2006, pp. 291–324.

Corera, Gordon. *Shopping for Bombs: Nuclear Proliferation, Global Insecurity, and the Rise and Fall of the A.Q. Khan Network*. Oxford University Press, 2006.

Craig, Tim. "Pakistan tests missile that could carry nuclear warhead to every part of India." *Washington Post*, March 9, 2015.

Dar, Zafar, "Kashmir's Bloody November," *The Diplomat,* December 11, 2018.

Davis, Zachary and Benjamin Frankel, eds. *The Proliferation Puzzle: Why Nuclear Weapons Spread and What Results*. London: Frank Cass, 1993.

Desch, Michael. "Culture Clash: Assessing the Importance of Ideas in Security Studies." *International Security*, Vol. 23, No. 1 (1998), pp. 141–170.

Dittmer, Lowell. "South Asia's Security Dilemma," *Asian Survey*, Vol. 41, No. 6 (Nov/Dec 2001), pp. 897–906.

Fair, Christine. *Fighting to the End: The Pakistan Army's Way of War*. Oxford University Press, 2014.

Fetter, Andrew. 『핵무기의 정치』 (고봉준 옮김, 명인문화사, 2016).

"Full Spectrum Doctrine: Pakistan–Test–Fires Nasr Missiles," *The Express Tribune*, September 27, 2014.

Gady, Franz–Stefan. "India Tests Most Advanced Nuclear–Capable ICBM," *The Diplomat*, January 18, 2018.

Gady, Franz–Stefan. "India Successfully Tests Prithvi Defense Vehicle, A New Missile Killer System." *The Diplomat*, February 15, 2017.

Ganguly, Rajat. "India's Military: Evolution, Modernization, and Transformation," *India Quarterly*, Vol. 71, No. 3 (2015), pp. 187–205.

Ganguly, Sumit. "India's Pathway to Pokhran II: The Prospects and Sources of New Delhi's Nuclear Weapons Program," *International Security*, Vol. 23, No. 4 (Spring 1999), pp. 148–77.

Ganguly, Sumit. *Conflict Unending: India-Pakistan Tensions Since 1947*. New York: Columbia University Press, 2001.

Ganguly, Sumit, "India and China: Border Issues, Domestic Integration and International Security." In Francine Frankel and Harry Harding, eds., *The India-China Relationships: What the US Needs to Know*. Washington, D.C.: Woodrow Wilson Center Press, 2004.

Ganguly, Sumit and Devin Hagert. *Fearful Symmetry: India-Pakistan Crises in the Shadow of Nuclear Weapons*. Seattle: University of Washington Press, 2005.

Ganguly, Sumit. "Narendra Modi Should Calm Tension In Kashmir Rather than Inflame Them," *Foreign Policy*, February 19, 2019.

Ganguly, Sumit and Paul Kapur. "Is India Starting to Flex Its Military Muscles?" *Foreign Policy*, October 17, 2017.

Gill, Bates. *Rising Star: China's New Security Diplomacy*. Brookings Institution Press, 2007.

Guha, Ramachandra. India After Gandhi: The History of the World' Largest Democracy. NY: Harper, 2007.

Guruswamy, Mohan. "The China Factor," In Stephen Cohen, Ed., *The Future of Pakistan*. Brookings Institution Press, 2011.

Haqqani, Hussain. *Pakistan: Between Mosque and Military*. Carnegie Endowment for International Peace, 2005.

Heywood, Andrew. 『국제관계와 세계정치』(김계동 옮김, 명인문화사, 2013).

Horowitz, Michael. "The Spread of Nuclear Weapons and International Conflict: Does Experience Matter?" *Journal of Conflict Resolution*, Vol. 53, No. 2 (April 2009), pp. 234–57.

Huntington, Samuel. *The Clash of Civilizations: Remaking of World Order*. New York: Touchstone, 1997.

Hymans, Jacques. *The Psychology of Nuclear Proliferation: Identity, Emotions, and Foreign Policy*. Cambridge: Cambridge University Press, 2006.

"India to Resume Strikes on Militants in Held Kashmir," *Dawn*, June 17, 2018.

Iwanek, Krzystof. "Under Modi, How Did Hindu Nationalism Affect India's Foreign Relations?" *The Diplomat*, April 27, 2019.

Jaffrelot, Christophe. "Nationalism without a Nation: Pakistan Searching for Its Identity," in Jaffrelot ed., *Pakistan: Nationalism without a Nation?* Zed Books, 2002.

Jalal, Ayesah. *The Struggle for Pakistan: A Muslim Homeland and Global Politics*. Cambridge: Belknap Press, 2014.

Jamal, Umar. "Democracy and Judicial Activism in Pakistan," *The Diplomat*, May 1. 2018.

Jamal, Umar. "How the Pakistani Military Establishment Is Localizing Its Political Influence," *The Diplomat*, March 14, 2018.

Jamal, Umair. "The Consequences of Shifting US–Pakistan Military Ties," *The Diplomat*, August 18, 2018.

Jervis, Robert. *The Meaning of the Nuclear Revolution: Statecraft and the Prospect of Armageddon*. Cornell University Press, 1990.

Kampani, Gaurav. "New Delhi's Long Journey: How Secrecy and Institutional Roadblocks Delayed India's Weaponization," *International Security*, Vol. 38, No. 4 (Spring 2014), pp. 79–114.

Kampari, Gaurav and Bharath Gopalawamy, "How to Normalize Pakistan's Nuclear Program," *Foreign Affairs*, June 16, 2017.

Kaplan, Robert. *Monsoon: The Indian Ocean and the Future of American Power*. NY: Random House, 2010.

Kaplan, Robert. "What's Wrong with Pakistan." *Foreign Policy* (July/August 2012).

Kapur, Paul. *Jihad As Grand Strategy: Islamist Militancy, National Security, and the Pakistani State*. Oxford University Press, 2017.

Kapur, Paul. "4. Peace and Conflict in the Indo–Pakistan Rivalry: Domestic and Strategic Causes," in Sumit Ganguly and William Thompson, (Eds.), *Asian Rivalries: Conflict, Escalation, and Limitations on Two-Level Games*. Stanford University Press, 2011.

Kapur, Paul. *Dangerous Deterrent: Nuclear Weapons Proliferation and Conflict in South Asia*. Stanford University Press, 2007.

Kasuri, Khurshid Mahmud. *Neither a Hawk Nor a Dove: An Insider's Account of Pakistan's Foreign Policy*. Penguin Press, 2015.

Katzenstein, Peter. ed., *The Culture of National Security: Norms and Identuty in World Politics*. New York: Columbia University Press, 1996.

Kennedy, Andrew. "India's Nuclear Odyssey: Implicit Umbrellas, Diplomatic Disappointments, and the Bomb," *International Security*, Vol. 36, No. 2 (Fall 2011), pp. 120–53.

Keylor, William. *The Twentieth-Century World and Beyond: An International History Since 1900*. Oxford University Press, 2006.

Khalid, Iram. "Nuclear Security Dilemma of Pakistan." *Journal of Political Studies*, Vol. 20, No. 1 (2013), pp. 13–33.

Khan, Feroz and Mansoor Ahmed. "Pakistan, MIRVs, and Counterforce Targeting," in Michael Krepon, Travis Wheeler and Shane Mason (Eds.), *The Lure & Pitfalls of MIRVs: From the First to the Second Nuclear Age*. Stimson Center, 2016.

Khan, Feroz Hassan. *Eating Grass: The Making of the Pakistani Bomb*. Palo Alto: Stanford University Press, 2012.

Khan, Iqbal Ahmed. "Bhutto's Foreign Policy Legacy." *Dawn*. http://archives.dawn.com/archives/31374 (2015년 6월 27일 검색)

Khan, Saira. "7. Nuclear Weapons and the Prolongation of the Indo–Pakistan Rivalry," in T. V. Paul (Ed.), *The India-Pakistan Conflict: An Enduring Rivalry*. Cambridge University Press, 2005.

Khan, Zafar. "India's BMD: Implications for South Asian Deterrence Stability," *The Washington Quarterly*, Vol. 40, No. 3 (2017).

Khan, Zafar. "Pakistan's Nuclear First-Use Doctrine: Obsessions and Obstacles." *Contemporary Security Policy*, 36(1), 2015.

Khan, Zafar. *Pakistan's Nuclear Policy: A Minimum Credible Deterrence*. Routledge, 2014.

Khilani, Sunil. *The Idea of India*. NY: Farrar, Straus, and Giroux, 1999..

Kile, Shannon and Hans Kristensen, "6. World nuclear forces," in SIPRI, *SIPRI Yearbook 2018: Armaments, Disarmament and International Security*. 2018.

Kissinger, Henry. On China. New York: Penguin Press, 2011.

Krepon, Michael. "The Holy Grail of Deterrence Stability," July 9, 2018. https://www.armscontrolwonk.com/archive/1205441/the-holy-grail-of-deterrence-stability/ (검색일: 2019년 5월 14일)

Krepon, Michael. "Deterrence Stability is a Hoax. The Delicate Balance of Terror is, Too," July 19, 2017. https://www.armscontrolwonk.com/archive/1203633/deterrence-stability-is-a-hoax-the-delicate-balance-of-terror-is-too/ (검색일: 2019년 5월 16일).

Krepon, Michael. "Pakistan's Nuclear Strategy and Deterrence Stability," in Michael Krepon and Julia Thompson Eds., *Deterrence Stability and Escalation Control in South Asia*. Washington DC: The Stimson Center, 2013.

Krepon, Michael. "1. The Stability-Instability Paradox, Misperception, and Escalation Control in South Asia," in Michael Krepon, Rodney Jones, and Ziad Haider (Eds.), *Escalation Control and the Nuclear Option in South Asia*. The Henry Stimson Center, 2004.

Krepon, Michael Ziad Haider, and Charles Thornton, "Are Tactical Nuclear Weapons Needed in South Asia?" in Micheal Krepon, Rodney Jones, and Ziad Haider, Eds., *Escalation Control and the Nuclear Option in South Asia*. Stimson Center, 2004.

Kristensen, Hans and Matt Korda. "Indian Nuclear Forces, 2018" *Bulletin of Atomic Scientists*, Vol. 74, No. 6 (2018).

Kugelman, Michael. "We Should Have Seen This Indo-Pakistan Crisis Coming," *The Diplomat*, February 22, 2019.

Ladwig III, Walter and Vipin Narang. "Taking 'Cold Start' Out of the Freezer?" *The Hindu*, January 11, 2017.

Ladwig III, Walter. "A Cold Start for Hot Wars? The Indian Army's New Limited War Doctrine," *International Security*, Vol. 32, No. 3 (Winter 2007/8).

Lavoy, Peter, ed. *Asymmetric Warfare in South Asia: The Causes and Consequences of the Kargil Conflict*. Cambridge University Press, 2009.

Lavoy, Peter. "Pakistan's Strategic Culture." A paper prepared for Defense Threat Reduction Agency, 31 October 2006, p. 8. http://www.fas.org/irp/agency/dod/dtra/pakistan.pdf. (검색일: 2016년 8월 25일.)

Lieber, Keir and Daryl Press. "The New Era of Counterforce: Technological Change and the Future of Nuclear Deterrence," *International Security*, Vol. 41, No. 4 (Spring, 2017), pp. 9–49.

Lieven, Anatol. *Pakistan: A Hard Country*. NY: Public Affairs, 2011.

Lippman, Thomas. "US Lifts Sanctions on India, Pakistan," *Washington Post*, November 7, 1998.

Lynch, Thomas. "Crisis Stability and Nuclear Exchange Risks on the Subcontinent: Major Trends and the Iran Factor," Strategic Perspectives 14, Institute for National Strategic Studies(INSS) at National Defense University (Nov 2013).

Malik, Yogendra, et al. *Government and Politics in South Asia*. Boulder: Westview Press, 2009, 6th edition.

Masood, Salaman. "Pakistan Angered by Trump's Claim That It Does 'Nothing' for U.S." *New York Times*, November 19, 2018.

McCausland, Jeffrey. "Pakistan's Tactical Nuclear Weapons: Operational Myths and Realities," in Michael Krepon, Joshua White, Julia Thompson and Shane Mason, Eds., *Deterrence Instability and Nuclear Weapons in South Asia*. Stimson Center, April 2015.

McLeod, Duncan. *India and Pakistan: Friends, Rivals*, or Enemies? Burlington, VT: Ashgate, 2008.

Mearsheimer, John and Stephen Walt, *The Israel Lobby and US Foreign Policy*. NY: Farrar, Straus, and Giroux, 2007.

Mehta, Pretap Bhanu. "The Nationalist Movement," in Sumit Ganguly and Neil DeVotta Eds., *Understanding Contemporary India*. Boulder: Lynne Rienner, 2003.

Metcalf, Barbara and Thomas Metcalf. *A Concise History of India*. Cambridge, UK: Cambridge University Press, 2002.

Mistry, Dinshaw. *Containing Missile Proliferation: Strategic Technology, Security Regimes, and International Cooperation in Arms Control*. University of Washington Press, 2003.

Monteiro, Nuno and Alexandre Debs. "The Strategic Logic of Nuclear Proliferation," *International Security*, Vol. 39, No. 2 (2014), pp. 7–51.

Morgenthau, Hans. *Politics among Nations: Struggle for Power and Peace*. New York: Knopf, 1948.

Morrow, Daniel and Michael Carriere, "The Economic Impacts of the 1998 Sanctions on India and Pakistan," *The Nonproliferation Review*, (Fall 1999), pp. 1–16.

Naqash, Abu Argan and Sanjeev Miglani, "India Launches Air Strike in Pakistan: Islamabad Denies Militant Camp Hit," *The Diplomat*, February 26, 2019.

Naqash, Tariq. "COAS Visits LoC: Violence in IHK by Indian Forces Is State-Sponsored Terrorism," *Dawn*, April 30, 2017.

Narang, Vipin. "Strategies of Nuclear Proliferation How States Pursue the Bomb." *International Security*, Vol. 41, No. 3 (Winter 2016/17), pp. 110–50.

Narang, Vipin. *Nuclear Strategy in Modern Era: Regional Powers and International Conflict*. Princeton University Press, 2014.

Nolan, Janne. *Trappings of Power: Ballistic Missile in the Third World*. Washington, D. C.: Brookings Institution Press, 1991.

"Nuclear Deal for India Could Impact Deterrence Stability in South Asia: Aziz," *The Express Tribune*, January 27, 2015.

Panda, Ankit and Vipin Narang, "Nuclear Stability, Conventional Instability: North Korea and the Lessons from Pakistan," *The Diplomat*, November 22, 2017.

Panda, Ankit and Vipin Narang. "Pakistan's Tests New Sub–Launched Nuclear–Capable Cruise Missile. What Now?" *The Diplomat*, January 10, 2017.

Panda, Ankit. "Lessons from India's 'Surgical Strike,' One Year Later," *The Diplomat*, September 29, 2017.

Panda, Ankit. "Nuclear South Asia and Coming to Terms with 'No–First Use' with Indian Characteristics." *The Diplomat*, March 28, 2017.

Panda, Ankit. "Why Pakistan's Newly Flight–Tested Multiple Nuclear Warhead–Capable Missile Really Matters." *The Diplomat*, January 25, 2017.

Panda, Ankit. "Pakistan Pledges a Hot Finish for 'Cold Start'." *The Diplomat*, January 22, 2017.

Panda, Ankit. "Pakistan Clarifies Conditions for Tactical Nuclear Weapon Use Against India." *The Diplomat*, October 20, 2015.

Pande, Aparna. *Explaining Pakistan's Foreign Policy: Escaping India*. London: Routledge, 2011.

Panigrahi, D. N. *India's Partition: The Story of Imperialism in Retreat*. Routledge, 2004.

Pant, Harsh. "India's Nuclear Doctrine and Command Structure: Implications for Civil–Military Relations in India," *Armed Forces & Society*, Vol. 33, No. 2 (Jan 2007).

Paul, T. V. *The Warrior State: Pakistan in the Contemporary World*. Oxford University Press, 2015.

Paul, T. V. "Complex Deterrence: An Introduction," in T. V. Paul, Patrick Morgan, and James Wirtz, eds., *Complex Deterrence: Strategy in the Global Age*. University of California Press, 2009.

Paul, T. V. Power vs. *Prudence: Why Nations Forgo Nuclear Weapons*. Montreal: McGill–Queen's University Press, 2000.

Perkovich, George. *India's Nuclear Bomb: The Impact of Global Proliferation*. University of California Press, 1999.

Perkovich, George and Toby Dalton. Not War, *Not Peace: Motivating Pakistan to Prevent Cross-Border Terrorism*. Oxford University Press, 2016.

"Pulwama Attack: Nine Killed in Kashmir Gun Battle," *BBC*, February 18, 2019.

Rabinowitz, Or and Nicholas Miller, "Keeping the Bombs in the Basement: US Nonproliferation Policy toward Israel, South Africa, and Pakistan," *International Security*, Vol. 40, No. 1 (Summer 2015)

Rajagopalan, Rajesh. "India's Nuclear Doctrine Debate," June 30, 2016. http://carnegieendowment.org/2016/06/30/india-s-nuclear-doctrine-debate-pub-63950 (검색일: 2018년 2월 8일);

Ray, Ayesha. *The Soldier and the State in India: Nuclear Weapons, Counterinsurgency and the Transformation of Indian Civil-Military Relations*. Sage, 2013.

Ray, Ayesha. "The Effects of Pakistan's Nuclear Weapons on Civil-Military Relations in India," *Strategic Studies Quarterly* (Summer 2009).

Reiss, Mitchell. *Bridled Ambition: Why Countries Constrain Their Nuclear Capabilities.* Woodrow Wilson Center Press, 1995.

Rennack, Dianne. "India and Pakistan: US Economic Sanctions," CRS Report for Congress, February 3, 2003.

Riedel, Bruce. *Deadly Embrace: Pakistan, America, and the Future of the Global Jihad*. Washington, D. C.: Brookings Institution Press, 2011.

Roehrig, Terence. "Stability or Instability? The US Response to North Korean Nuclear Weapons," In Sung Chull Kim and Michael Cohen, Eds., *North Korea and Nuclear Weapons: Entering the New Era of Deterrence*. Georgetown University Press, 2017.

Sagan, Scott. "Why Do States Build Nuclear Weapons," *International Security*, Vol. 21, No. 3 (Winter 1996), pp. 54-86.

Scott Sagan, "The Korean Missile Crisis: Why Deterrence Is the Still the Best Option," *Foreign Affairs*, 96/6 (Nov/Dec 2017), pp. 72-82.

Sankaran, Jaganath. "Pakistan's Battlefield Nuclear Policy: A Risky Solution to an Exaggerated Threat." *International Security*, Vol. 39, No. 3, (2014/5).

Sasikumar, Karthika and Christopher Way. "2. Testing Theories of Proliferation in South Asia," in Scott Sagan (Ed.), *Inside Nuclear South Asia*. Stanford University Press, 2009.

Sathasivam, Kanishakan. *Uneasy Neighbors: India, Pakistan and US Foreign Policy.* Burlington, VT: Ashgate, 2005.

Seligman, Lara. "India's Dogfight Loss Could Be a Win for US Weapons-Makers," *Foreign Policy*, March 5, 2019.

Shaffer, Brenda, eds. *The Limits of Culture: Islam and Foreign Policy*. Cambridge: The MIT Press, 2006.

Shankar, Vijay. "No Responsible Stewardship of Nuclear Weapons," IPC articles # 5413, January 1, 2018.

Singh, Jaswant. "Against Nuclear Apartheid," *Foreign Affairs* (Sep/Oct, 1998), pp. 41–52.

Singh, Swaran. "India's Nuclear Doctrine: Ten Years After the Kargil Conflict," in Bjumitra Chakma ed., *The Politics of Nuclear Weapons in South Asia.* Burlington, VT: Ashgate, 2011.

Sjapoo, Sajid Farid. "The Dangers of Pakistan's Tactical Nuclear Weapons." *The Diplomat,* February 1, 2017.

Smith, David, "The US Experience with Tactical Nuclear Weapons: Lessons for South Asia," in Michael Krepon and Julia Thompson, Eds. *Deterrence Stability and Escalation Control in South Asia*. Stimson Center, 2013.

Smoke, Richard. *Nuclear Security and the Nuclear Dilemma: An Introduction to the American Experience in the Cold War*. Boston, MA: McGraw Hill, 1993, 3rd. edition.

Snow, Shawn. "Is India Capable of a Surgical Strike in Pakistan Controlled Kashmir?" *The Diplomat*, September 30, 2016.

Snyder, Glenn. *Alliance Politics*. Cornell University Press, 1997.

Solingen, Etel. *Nuclear Logics: Contrasting Paths in East Asia and the Middle East*. Princeton: Princeton University Press, 2007.

Sutter, Robert. *Chinese Foreign Relations: Power and Policy Since the Cold War.* New York: Lowman & Littlefield, 2008.

Talbot, Ian. "Does the Army Shape Pakistan's Foreign Policy?" In Jaffrelot, Christoffe, ed., *Pakistan: Nationalism without a Nation?* London: Zed Books, 2002.

Tasleem, Sadia. "Pakistan's Nuclear Use Doctrine," June 30 2016. http://carnegieendowment.org/2016/06/30/pakistan-s-nuclear-use-doctrine-pub-63913 (검색일: 2018년 2월 8일).

Tellis, Ashley. *India's Emerging Nuclear Posture: Between Recessed Deterrent and Ready Arsenal*. RAND, 2001.

Tian, Nan et. al., "Trends in World Military Expenditure, 2017," *SIPRI Fact Sheet,* May 2018.

Um-Roommana and Suhail Bhat. "Kashmir's Teenage Militant," *The Diplomat*, December 27, 2018

"Unease about US-India Deal." *Dawn*, February 1, 2015.

Vaishnav, Milan and Madhav Khosla, "India at 70: The World's Biggest Democracy Celebrates Its Birthday," *Foreign Affairs*, August 17, 2017.

Volpe, Tristan. "Atomic Leverage: Compellence with Nuclear Latency," *Security Studies*, Vol. 26, No. 3 (2017), pp. 517-44.

Walt, Stephen. *The Origin of Alliances*. Cornell University Press, 1987.

Waltz, Kenneth. *Theory of International Politics*. New York: McGraw-Hill, 1979.

Wani, Riyaz. "Kashmir: Killing Militants Won't Kill Militancy," *The Diplomat*, May 31, 2018.

Waseem, Mohammad, "The Dialectic between Domestic Politics and Foreign Policy."In Christophe Jaffrelot, eds., *Pakistan: Nationalism without a Nation?* London: Zed Books, 2002.

Wendt, Alexander. *Social Theory of International Politics*. Cambridge: Cambridge University Press, 1999.

White House, "The US National Security Strategy," *December*, 2017.

Wit, Joel and Sun Young Ahn, "North Korea's Nuclear Future: Technology and Strategy," North Korea's Nuclear Future Series, US-Korea Institute at SAIS (2015).

Wright, Lawrence. "The Double Game: The Unintended Consequences of American Funding in Pakistan," *The New Yorker*, May 16, 2011.

Wyeth, Grant. "India, Pakistan, and the Kartarpur Corridor," *The Diplomat*, December 11, 2018.

Yasmeen, Samina. "Pakistan's Cautious Foreign Policy," *Survival* Vol. 36, No. 2 (1994), pp. 115–133.

Zakaria, Fareed, *The Post-American World*. W. W. Norton, 2008.

찾아보기

ㅇ